SHANGWU TANPAN <<<<<

商务谈判

冯　炜　主编　易开刚　徐建伟　副主编

浙江工商大学出版社
ZHEJIANG GONGSHANG UNIVERSITY PRESS

图书在版编目(CIP)数据

商务谈判 / 冯炜主编. —杭州:浙江工商大学出版社,2013.8(2022.8重印)

ISBN 978-7-81140-987-1

Ⅰ.①商… Ⅱ.①冯… Ⅲ.①商务谈判—教材 Ⅳ.①F715.4

中国版本图书馆 CIP 数据核字(2013)第 202242 号

商务谈判

冯　炜　主编

易开刚　徐建伟　副主编

责任编辑	吴岳婷
责任校对	丁兴泉
封面设计	刘　韵
责任印制	包建辉
出版发行	浙江工商大学出版社
	(杭州市教工路 149 号　邮政编码 310012)
	(E-mail:zjgsupress@163.com)
	(网址:http://www.zjgsupress.com)
	电话:0571-88823703,88831806(传真)
排　版	杭州朝曦图文设计有限公司
印　刷	广东虎彩云印刷有限公司绍兴分公司
开　本	787mm×960mm　1/16
印　张	14.5
字　数	276 千
版 印 次	2013 年 8 月第 1 版　2022 年 8 月第 5 次印刷
书　号	ISBN 978-7-81140-987-1
定　价	32.00 元

前　言

在现代社会里,谈判已成为人们生活中无时不在、不可或缺的一种活动。大到国与国之间的政治、经济、军事、外交、科技、文化的相互往来,小到企业之间、个人之间的联系与合作,都离不开谈判。在谈判所涉及的诸多领域之中,商务谈判在社会生活中扮演着日益重要的角色。

浙江工商大学的"商务谈判"课程开始于1993年,是浙江省高校中第一批开设此类课程的学校,第一位任课教师是浙江工商大学(原杭州商学院)的老院长赵国柱教授。20年的课程发展,凝聚了本校老中青三代教师的努力和心血。本书的出版,正是多年来众多老师教学思想、教学成果的一个体现。

本书较为全面、系统地介绍了商务谈判的理论、策略和方法。全书共十三章,分为商务谈判基础、商务谈判策略、商务谈判操作三大部分,力求在系统介绍国内外各种商务谈判理论的基础上,着重分析商务谈判活动的组织与管理、各种商务谈判策略与技巧的综合运用,并对多种常见商务谈判形式的开展进行详细的论述。

本教材的特点主要表现在:

1.书中所介绍和引用的相关理论,都是国内外经典的或近几年兴起的。

2.在编写的框架上,对某些谈判中重要但易忽略的环节作了强调性的处理。如专门列出一节来分析"谈判态势与策略"。

3.书中所引用的案例都是近年来较有代表性的谈判实例,同时在每章中都穿插一些小案例和阅读材料。

4.本书不仅针对高校工商管理、市场营销等专业的学生,也适用于广大工商界人士。

本书由浙江工商大学工商管理学院的多位老师参与编撰,这些老师都长期从事"商务谈判"的教学研究工作,积累了丰富的教学经验。其中冯炜老师负责撰写第三、四、五、六和十三章,徐建伟老师负责撰写第七、八、十、十二章,易开钢老师负责撰写第一、九章,袁安府老师负责撰写第二章,郑斌老师负责撰写第十一章。最后由冯炜老师负责全书的统筹和校对工作。

本书在编写过程中，参考了大量国内外出版的有关商务谈判的专著与教材，也有部分引用了网络相关资源，恕不一一列出，在此深表谢意。本书的顺利出版，得到了浙江工商大学市场营销系主任顾春梅教授负责的浙江省重点专业（市场营销）建设基金的大力支持，也得到了浙江工商大学出版社鲍观明社长、编辑部何海峰先生的热情参与，对上述老师的关心扶持特表感谢。

由于编者水平有限，书中难免存在诸多不足之处，敬请各位专家学者批评指正。

编 者

2013 年 7 月于浙江工商大学

目　　录

第一章 商务谈判概述

■ 本章关键词

谈判 商务谈判 特征 原则 流程 类型

第一节 谈判及商务谈判的内涵

谈判(Negotiation),对我们每个人、每个企业乃至国家来说都是司空见惯和必然经历的事情。谈判存在于我们的生活、工作、学习等各个领域,谈判无处不在,可以说,"世界就是一张巨大的谈判桌,生活就是谈判的舞台,人的一生就是谈判的一生,我们正处于一个谈判的时代"。谈判是实力与智慧的较量,学识与口才的较量,魅力与演技的较量,能体现个人的内在修养、专业素养和综合素质。当然,每个人都不是天生的谈判专家,而是需要对谈判的理论加以学习、融会贯通,不断实践,最后才能不断提升自己的谈判水平。

一、谈判的内涵及其基本特征

(一) 谈判的内涵

关于谈判的内涵,有广义和狭义之分。广义的谈判,就是交往主体(双方或多方)为协调双方或多方利益而进行的沟通行为,或者说就是利益主体间的利益协调行为,包括各种形式的交涉、洽谈、磋商等;狭义的谈判,指仅在正式场合下,为达成协议而安排和进行的谈判。广义和狭义的谈判在概念上主要的差别在于谈判的正式程度,大多数时候人们所说的谈判是狭义的谈判。生活中一般不把沟通和交流行为称为谈判,而称为沟通或人际交往。

谈判,从字面上看,包含了"谈"和"判"两个紧密联系的环节。"谈",即说话或讨论,就是当事人明确阐述自己的思想、意愿和追求的目标,充分发表关于各方应当承担的权利和义务等看法。"判",即判断和评定,它是当事各方根据自己的价值观和利益导向,对双方提出的各种方案进行各自的判断,努力寻求关于各项权利和义务的共同一致的意见,以期通过相应的合同或协议正式予以确认。因此,"谈"是"判"的前提和基础,"判"是"谈"的结果和目的。"谈"表现为过程,充分的、有效的、顺畅的"谈"有助于达成协议;"判"是"谈"的延续,表现为过程的终结。

综观谈判的定义和内涵,古今中外,众说纷纭,出现在各类文献中关于谈判的定义比较有代表性的有:

美国谈判学会主席杰勒德·尼伦伯格(Gerard Nierenberg)在其 1968 年所著的《谈判的艺术》(The Art of Negotiating)中写道:"谈判的定义最简单,而涉及的范围却最为广泛,每一个要求满足的愿望和每一项寻求满足的需要,至少都是诱发人们展开谈判过程的潜因。只要人们为了改变相互关系而交换观点,或是人们为了某种目的企求取得一致而磋商协议,即是谈判。"

英国学者 P. D. V. 马什(P. D. V. Marsh)1971 年在《合同谈判手册》(Contract Negotiation Handbook)一书中对谈判所下的定义是:"所谓谈判是指有关各方为了自身的目的,对各项涉及各方利益的事务进行磋商,并通过调整各自提出的条件,最终达成一项各方较为满意的协议这样一个不断协调的过程。"

美国著名谈判咨询顾问 C. 威恩·巴罗(C. Wayne Barlow)和格莱恩·P. 艾森(Glenn P. Eisen)在合著的《谈判技巧》(The Negotiation Skills)一书中指出:"谈判是一种双方致力于说服对方接受其要求时所运用的一种交换意见的技能。其目的就是要达成一项对双方都有利的协议。"

法国谈判学家克里斯托夫·杜邦(Christophe Dupont)全面研究了许多谈判专家的著述后在其所著的《谈判的行为、理论与应用》(Negotiation Conduct , Theory and Application)中下了这样的定义:"谈判是使两个或数个角色处于面对面位置上的一项活动。各角色因持有分歧而相互对立,但他们彼此又互为依存。他们选择谋求达成协议的实际态度,以便终止分歧,并在他们之间(即使是暂时性的)创造、维持、发展某种关系。"

美国著名谈判学家霍华德·雷法(Howard Raiffa)在其《谈判的艺术与科学》(The Art and Science of Negotiation)一书中,不主张对谈判下精确的定义。他认为谈判包括艺术和科学两个方面。所谓艺术,包括社交技巧、信赖别人和为人所信服、巧妙地应用各种讨价还价手段的能力,以及知道何时和怎样使用以上能力的智慧。所谓科学,是指为了解决问题所进行的系统的分析。

综上所述,我们可以发现,给谈判下一个很科学的定义确实很难,因为与其说谈判是一门科学,不如说是一门艺术。不过,尽管关于谈判的定义颇多,我们还是得出一个比较普遍的定义:谈判就是为达成协议,各方当事人通过信息交流,互相让步与妥协,所进行的沟通行为。

（二）谈判的基本特征

1. 主体性

谈判活动必须在两个或两个以上的谈判主体之间进行，任何个人或组织都无法独自进行谈判。任何参与谈判的当事人都是谈判的平等主体，谈判是谈判主体之间的主体性行为，反映了谈判主体的主观意愿。

2. 利益性

也可以称为"需求性"。谈判是一种利益协调活动，是一种满足谈判主体需求的活动。不管是政治、军事、文化，还是商业谈判，满足谈判主体的需求，是任何谈判的基础性动机。事实上，参与谈判的双方均有各自的需求、愿望或利益目标，谈判是目的性很强的活动。人们的需求包括交换意见、改变关系、购买商品和取得共识等。这些需求促使人们去谈判。

3. 冲突性

如果谈判主体之间没有任何冲突，就没有谈判的必要。事实上，在资源和条件的约束下，谈判的各方之间经常存在着某种观点、立场、利益方面的分歧和冲突。谈判各方为了获得自身需要的最大程度的满足，势必处于利益冲突的对抗状态。他们试图通过谈判来缩小或消除分歧，缓和或调解冲突，建立或改善关系，最终达成一致。一定程度上说，正是因为利益主体的利益冲突性才有谈判行为的产生，才需要谈判这种协调活动。

4. 人际性

从本质上说，所有的利益关系只有与人本身建立关系，这种利益关系才变得有意义。利益的背后是人，关涉人的物质利益、精神需求。所以我们说，谈判是一种协调各方行为的人际交往活动，谈判的目的既在于满足谈判主体的利益需要，还在于建立良好的主体关系。事实上，世界本身就是一个关系体，不管是个人还是企业甚至国家，谁也不可能离开与他人的关系而生存。聪明的谈判者总是视谈判对手为伙伴或朋友，非常友善地对待谈判者，花大量的时间与谈判对手建立信任、合作、和谐的人际关系，而不是把大部分时间花在利益的争夺和抢占上。因为他们深刻地认识到，一个永远的、忠诚的客户远比一单生意来得重要和值得。从某种程度上说，关系远比利益重要。当然，我们不是说，谈判与利益就没有关系，而是说，我们在谈判时应该从多个角度，从利益和关系、短期和长期等视角来观照谈判的成功与否。

二、商务谈判的内涵及基本特征

(一)商务谈判的内涵

在谈判中有一种"谈判"是关于经济利益方面的协调和磋商,这种谈判就是"商务谈判"。"天下熙熙,皆为利来;天下攘攘,皆为利往。"司马迁早在2000多年前,就精辟地描述了人们对利益的追求。但是,现实是,并非所有熙熙攘攘的人都能实现他们追逐利益的愿望。谈判是实现利益的关键步骤。从商品经济的本质来看,商品经济就是一种交换经济,而交换成功与否必然涉及买卖各方的利益协调问题。因此,商务谈判是一种在商品经济中普遍存在的活动,不管是对于供应商、生产企业,还是终端客户,商务谈判技能和能力都是必备的。在当今的知识经济时代,社会生产力获得空前发展,可供交换的有形产品、无形产品数量极其丰富,竞争日益激烈的商品市场使买卖双方必须发挥自己的谈判能力、技巧与智慧,才能在商品经济中获得更多的实惠。而且,除了商品交换以外,人与人之间、企业与企业之间的经济合作关系也越来越密切,需要协调和处理的经济利益问题也越来越复杂,因而商务谈判在现代社会各种经济交往活动中占有越来越重要的地位。

严格地讲,商务谈判(Business Negotiation)作为谈判中的一种,也有广义和狭义的理解。广义的商务谈判为一切与商品交换有关的谈判活动;狭义的商务谈判是指人们为实现有形商品的交易或买卖而相互协商的活动。在日常生活中,人们遇到较多的还是有形商品买卖的商务谈判,不过随着服务业尤其是现代服务业的发展,无形贸易或者租赁、合资合作等的谈判也日益成为商务谈判的重要内容。

(二)商务谈判的基本特征

商务谈判是谈判的类型之一,当然具有谈判的普遍特性。但是,商务谈判作为谈判的一种特定形式,又必然具有自己的个性、特性。认识商务谈判的个性、特性,有助于更好地把握商务谈判。

1.谈判内容的交易性

可以这样说,商务谈判的目的就是达成某一项交易或合作。"无事不登三宝殿",之所以进行或参与商务谈判,其根本原因是为了实现各自需要所产生的交易愿望及其交易目标。所谓交易,即买卖商品。和赠与不一样,交易讲求的是"对价",即任何一方的获得都必须以付出同等数额的代价为前提。在市场经济的条件下,货物、技术、劳务、土地、资金、资源、信息、人才甚至管理模式等,都具有价值和使用价值，都是有形商品或无形商品的不同形式，因而，都可以成为交易内容。这一特征，是商务谈判的基本属性，它也表明，拥有对路的交易标的物，是能够与他方进行商务谈判并取得成功的条件。

2. 谈判主体的多样性

商务谈判的当事各方通常是各种类型的企业，但政府机关、军队部门、科研院所、医疗机构、文化团体、各类学校及广大的人民群众等，为采购所需的物资、设备、器具、用品等，同样会成为谈判的当事方，即谈判的主体。而且，国际间经济贸易合作项目的官方谈判也比比皆是，此时国家就成为谈判主体。可见，作为商务谈判主体的当事各方，涉及经济、政治、文化等各类社会组织和千千万万消费者，这就是商务谈判主体的多样性特征。这一特征，是商务谈判成为各类谈判活动中参与者最为普遍、与人们息息相关之所在。正是因为这样，我们才说："人人都是谈判者，世界就是谈判桌。"

3. 谈判利益的导向性

主流的商务谈判理论认为，商务谈判以追求和实现交易目标的经济利益为目的。在商务谈判中，谈判当事人的谈判计划和策略，都是以追求和实现交易目标的经济利益为出发点和归宿点的，离开这种经济利益，商务谈判就失去了存在的意义和可能。因此，商务谈判就是以经济利益为目的的谈判，谈判的利益导向实质上就是物质利益导向。诚然，商务谈判追求经济利益无可厚非，但需要指出的是，商务谈判中的利益是否就只有经济利益，没有其他的利益可言？答案显然是否定的。我们认为，商务谈判固然有很强的物质利益导向，但对情感利益、关系利益等精神利益方面的追求也是必不可少的。事实上，商务谈判的过程本身就是一个情感交流、增进交往的过程，成功的商务谈判是既能满足需求又能改善关系的商务谈判。而且，作为谈判者，在追求自身利益的同时，应站在对方的立场上，考虑对方的利益能否被满足，将心比心，换位思考，在这样的谈判心态下，商务谈判才更容易取得成功。

4. 商务谈判议题核心的价格性

以商品交易为内容和以经济利益为目的的商务谈判，其谈判议题必然以价格为核心。谈判议题很多，涉及标的物的名称、品质、数量、价格、包装、运输、交货时间、支付方式、保险、检验、不可抗力、索赔与仲裁等等，但这些议题中最重要的就是价格了。价格与其他的谈判议题均有着极其紧密的关系，比如支付的方式，现付的价格往往就低于远期支付的价格。所以，我们经常发现，其他交易条件谈来谈去，最终又回到了价格谈判这一核心。原因就在于，价格是谈判所获得价值的最直接表现，价格的高低直接表明谈判各方通过交易可以实际获得的经济利益的大小。

因此,在商务谈判中,无论谈判议题如何,其实质,不是直接围绕着价格,就是间接体现着价格,价格总是商务谈判议题的核心。这就是商务谈判议题核心的价格性特征。这一特征,要求商务谈判的当事人在进行商务谈判时,应全面考虑各项交易条件与价格之间的关系,制订出以价格为核心的整合式的谈判方案。只有这样,才能避免"顾此失彼,拾东丢西"的现象,最终实现自己的谈判目标。

5.商务谈判策略的智慧性

商务谈判是一门科学,更是一门艺术,在谈判中应用一定的谈判策略是再正常不过的事情了。不过,我们认为,谈判策略应该是智慧型的策略,不应是"雕虫小技",更不能是"阴谋诡计",不应靠"不诚信和欺诈"来赢得谈判。所以,一流的谈判高手都非常注重谈判智慧的激发和运用,靠丰富的智慧、优雅的举止、大方的谈吐和不凡的气度来赢得对手的尊重和谈判的成功。台北谈判研究发展协会理事长刘必荣先生甚至提倡谈判要达到"美学"境界。他认为:"谈判是一种双方共同决策的过程,赢得漂亮,就是一种谈判的美学。而要想达到这一境界,谈判者必须在语意、平衡、速度、节奏方面都拿捏得恰到好处。这几个问题,有的是战术,有的是谈判素养,但有一点是相通的,那就是谈判也必须讲究'背影',下台也要看身段。下台下得好,就是对手都会对你肃然起敬。"

第二节　商务谈判的要素与原则

一、商务谈判的要素

商务谈判的要素是指构成商务谈判活动的必要因素。一般来说,任何一项具体的商务谈判,都由商务谈判主体、商务谈判议题和商务谈判环境构成。这三个要素各自有着特定的内容。

(一) 商务谈判主体

所谓商务谈判主体就是指参加谈判活动的双方或多方。商务谈判主体可以分为关系主体和行为主体。关系主体是从法律的角度来看参与商务谈判的法人组织;而行为主体是实际参与商务谈判的谈判代表。我们可以说,关系主体是承担谈判结果的最终主体,但行为主体表现的好坏直接影响到关系主体的利益获得状况。当然,如果关系主体也是个人,而且是关系主体自己参与谈判,那么关系主体和行为主体就出现了重合的情况。事实上,商务谈判研究较多的是行为主体,因为行为主体的综合素质直接影响了商务谈判的进程和结果。有人专门总结了行为主体的基本素质：头脑清晰，充满自信，刚毅果断，有礼有节，精明机智，豁达大度，深谙专业，知识广博，能言善辩。

谈判活动归根结底是谈判人员为着各自的谈判目的或需要而进行的一种利益协调和思想沟通活动。谈判双方既要合作，又要竞争，在合作与竞争中求得双赢、共赢和多赢。有的书中认为，商务谈判的一方当事人为谈判主体，另一方就为谈判客体，这种观点显然是有一定缺陷的，因为参与谈判的任何一方当事人都具有谈判的主体性资格，在本质上没有主客之分，双方必须在平等磋商、互惠互利的氛围中谈判。所以，我们认为，商务谈判的主体应是双主体或多主体。

当然，参与谈判的主体不只是一个人，往往是一个谈判小组或一个团队。在正式的和规模较大的商务谈判中，买卖双方参加商务谈判的人员根据各自承担的任务，可分为两类。

1. 台前人员

谈判桌上直接与对方进行面对面谈判的人员，称为商务谈判的台前人员，如首席谈判代表、技术代表、营销代表、财务代表等。首席谈判代表也称谈判负责人或谈判小组组长，是谈判桌上的组织者、指挥者，起到控制、引导谈判的作用，是谈判台前的核心人物。其主要职责是按照既定的谈判目标和策略与对方进行有理、有利、有节、有根、有据的论辩，和坦率、诚恳的磋商，以说服对方接受自己的方案，或寻求和创造出双方都能接受的方案。其他的谈判代表，均称为辅谈人员，包括谈判中的各种专业技术人员、记录人员、翻译等，其主要职责是在谈判中提供某些咨询、回答与自己专业相关的问题、记录谈判的过程与内容及做好翻译工作等。

2. 台后人员

不直接与对方谈判而为己方谈判人员出谋划策、准备资料的人员，称为商务谈判的台后人员，如高层智囊、高级顾问、谈判秘书、后勤人员等。在大型的商务谈判中，就需要谈判小组在首席谈判代表的领导下分工合作，群策群力，注重团队精神的发挥，以谈判的整体合力去赢得谈判的成功。

（二）商务谈判议题

商务谈判议题，是指商务谈判需商议的具体问题，即双方共同关心并希望解决的问题。既然参加商务谈判，必然是围绕着大家都非常关心的问题进行磋商和沟通，以期达成一致意见。没有议题，谈判显然无从开始，也无法进行。

商务谈判议题最大的特点，就在于它不是凭空拟定或单方面的意愿，而是有着双方的共同性。商务谈判中可谈判的议题几乎没有限制，任何涉及当事方利益并共同关心的内容都可以成为谈判议题。正所谓"一切皆可谈"。商务谈判议题的类别形式,按其涉及内容分为:商品的品质、数量、包装、运输、价格、支付方式、保险、检验、不可抗力、售后服务、索赔与诉讼,以及交货的时间、地点与方式等。

(三)商务谈判环境

商务谈判环境,是指商务谈判所处的客观条件。任何商务谈判都是在一定的环境下进行的,如同人不能踏进同一条河流一样,人们也不可能经历两次相同的商务谈判。即使是同样的谈判人员,谈着同样的谈判内容,但谈判背景一直在变,商务谈判的结果也会发生变化。

谈判环境主要包括政治环境、经济环境、地理环境、人口环境、技术环境和文化环境等客观环境因素。

1.政治环境

政治环境在国际谈判中是一个很重要的背景因素,它包括所在国家或地区的社会制度、政治信仰、体制政策、政局动态、国家关系等。如国家关系友好,谈判环境一般较为宽松,彼此能坦诚相待,充满互帮互助情谊,出现问题也比较容易解决;反之,国家关系若处于或面临对抗与冷战状态,谈判会受到较多的限制,难度也较大,甚至会出现某些制裁、禁运或其他歧视性政策。有时由于政治因素的干扰,即使谈判的当事人有诚意达成的某些协议,也可能成为一纸空文。此外,如谈判一方政局动荡,该方谈判者自然处于弱势;政府人事更迭,有可能导致现行政策的某些变化,也可能对谈判的结果带来重大影响。

2.经济环境

经济环境也是很重要的环境因素,尤其对商务谈判有直接的影响,它包括所在国家或地区的经济水平、人均收入水平、经济发展速度、市场状况、财政政策、股市行情等。经济水平反映了谈判者背后的经济实力,如某方占有市场的垄断地位,他在谈判中就具有相对优势;市场供求状况不同,谈判态度及策略也会不同;财政政策与汇率既反映了谈判方的宏观经济健康状况,又反映了支持谈判结果的基础的坚挺程度;股市行情则往往是谈判者可供参照和借鉴的"晴雨表"。

3.地理环境

地理环境包括谈判者所在地区的区位情况、资源状况等。

4.人口环境

人口环境包括人口规模、老龄化程度、性别比例等。

5.技术环境

技术环境包括高新技术的拥有及创新情况、技术人才的数量等,也都不同程度地影响着谈判的结果。

6.文化环境

文化环境同样不可忽视,它包括所在国家或地区的历史渊源、民族宗教、价值观念、风俗习惯等。在这方面,东西方国家之间、不同种族和不同民族之间,甚至一个国家内的不同区域之间,往往都会有很大差异。事实上,每个谈判者都生活在一定的文化环境之中,在全球经济一体化的今天,跨文化谈判已经成为谈判者必然碰到的一种状况。

上述便是构成商务谈判活动的三个基本要素。对于任何商务谈判来说,这三个要素都是不能缺少的(见图1-1)。

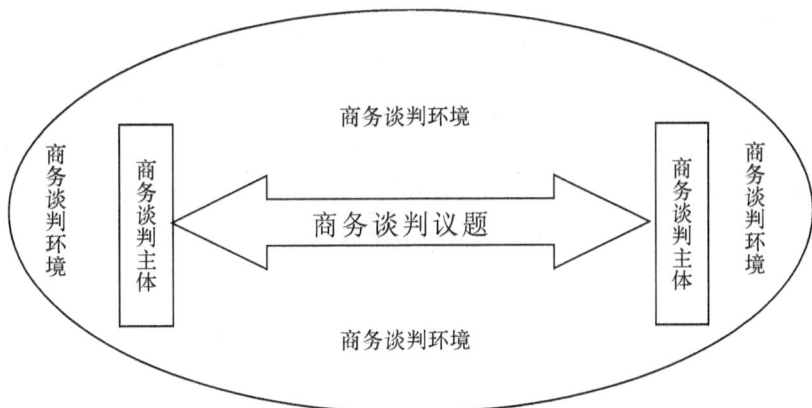

图 1-1　商务谈判构成要素示意图

二、商务谈判的原则

商务谈判的原则,是指商务谈判中谈判各方应当遵循的指导思想和基本准则,是商务谈判活动内在的、必然的行为规范,是商务谈判的实践总结和制胜规律。因此,认识和把握商务谈判的原则,有助于提升谈判者的综合素质,维护谈判各方的权益,提高商务谈判的成功率和指导商务谈判策略的运用。

(一) 平等主体原则

平等主体原则是指商务谈判中无论各方的经济实力强弱、组织规模大小,其地位和人格都是平等的。在商务谈判中,当事各方对于交易项目及交易条件都拥有自己的发言权、表决权和否决权,能否达成协议,不能一家说了算或少数服从多数。谈判各方必须充分认识到这种相互平等的权利和地位,自觉贯彻平等原则,要求谈判各方互相尊重、以礼相待,任何一方都不能仗势欺人、恃强凌弱,把自己的意志强加给人。只有坚持这种平等的原则,商务谈判才能在互信合作的气氛中顺利进行,才能达到互利互惠的谈判目标。可以说,平等主体原则是商务谈判的基础性原则。在遵循此原则的前提下,谈判各方才能真实自愿地表达自己的谈判意愿和想法,实现各自的谈判目标。

(二) 客观性原则

谈判的客观性原则就是要求谈判者尊重客观事实,服从客观真理,而不要仅凭自己的意志、感情主观从事。通俗地说,就是要服从事实、讲道理。克服主观成分的干扰,坚持客观性原则是任何人的活动都必须遵循的。谈判者因为处在相互对立的两端,在既定的立场、自己利益和强烈感情的支配下,更容易陷入臆想、偏见、固执己见、先入之见的泥潭中,以致不顾事实真相,不讲客观真理,一意孤行,从而抓不住达成协议的有利时机。所以,谈判的客观性原则对谈判活动更显重要。

(三) 互利双赢原则

互利双赢原则是指商务谈判的目的在于使所有参与谈判的主体都能获利,获得双赢、共赢和多赢。商务谈判不是竞技比赛,不是"零和博弈",不能一方胜利、一方失败,一方盈利、一方亏本,因为谈判如果只利于一方,不利方就会退出谈判,这样自然导致谈判破裂,谈判的胜方也就不复存在。同时,谈判中所耗费的劳动,也就会成为无效劳动,谈判各方都会成为失败者。现代谈判观认为,互利双赢是商务谈判"合作非零和博弈"的直接结果。著名的美国谈判学家尼伦伯格把谈判称为"合作的利己主义",他认为,合作是互利的前提,没有合作,互利就不能实现。谈判各方只有在追求自身利益的同时,也尊重对方的利益追求,立足于互补合作,才能互谅互让,争取"互惠双赢",才能实现各自的利益目标,获得谈判的成功。

(四) 遵守伦理原则

商务谈判既是一种经济活动,也是一种伦理活动。现代谈判观认为,成功商务谈判的标准不仅在于谈判有无达成协议,还在于谈判有无遵守商业伦理,如是否坚持诚信原则,是否尊重谈判对手,是否有欺诈行为等。诚信作为所有商家必须坚持的原则,是指谈判各方在谈判过程中要言而有信,一旦许诺,就要遵守。只有遵守诚信原则才能获取对方的信任,使谈判轻松愉快地进行下去。反之,如果言而无信,导致对手疑虑重重,那么谈判的气氛就会变得紧张,谈判必将朝着不利的方向恶化。当然,谈判者言而有信并不等于要把一切和盘托出,一个"过于热诚,一上来就自报家底"的谈判者恐怕也不是优秀的谈判者。一个精明的谈判者,他在传递信息时传递的必然是真实信息,宁可不说,也不可传达虚假信息。但同时他又能审慎分析谈判双方存在的差距及解决问题的良好办法,提出可行的多种解决方案,供对方选择。因此,谈判者既要言而有信,又必须讲分寸、讲原则。该说的应该说清楚,该传达的信息一定要传达,该坚持的应坚持,该回避的就要回避,这一切的前提便是遵守商务谈判的伦理道德规范。

(五)整合创造原则

整合创造原则是指整合式谈判和价值创造的有机结合。真正成功的谈判要求谈判者必须具备整合式谈判思维,善于从全局、整体、系统、综合、长期、可持续等多重角度思考达成协议的多种方案;同时,这种谈判也一定是能创造出新的价值的谈判。从某种程度上说,满足需求、分配价值(Distributing Value)是商务谈判的最低要求,而通过各自的信息交流,创造出使各自利益均能最大化或者双方利益之和最大化的方案才是商务谈判的较高要求。在谈判中双方应一起努力,首先扩大双方的共同利益,而后再来讨论与确定各自分享的比例,也就是我们常说的"把蛋糕做大"。有的人一开始谈判,就急于拿起刀要去切蛋糕,以为这蛋糕就这么大,先下手为强,如果对方切得多一点,意味着自己分到的就少一点,于是在蛋糕的切法上大伤脑筋。其实,这种做法并不明智。正如美国西北大学凯洛格管理学院的小德威特·W.巴查南(DeWitt W. Buchanan, Jr.)的观点,"我们一定要多加努力寻求更优的解决方案,不要把钱留在桌子上"。这句话的反面意思是说,很多时候,如果我们的信息交流不充分,态度不合作,我们所达成的结果对双方来说可能都不是最佳的,反而把钱留在了桌子上,这肯定不是一流谈判者所希望的。

所以,要使整合创造式谈判取得成功,必须有态度基础、行为基础和信息基础。态度基础是指要有诚意,愿与对方共享信息并坦率询问具体问题;行为基础是指要掌握熟练的谈判技巧,对事不对人,不让个人情绪影响谈判,不过早作出判断,根据客观标准判断可能达成的协议;信息基础是指要清楚了解谈判双方的利益焦点、最好的解决方案及自己一方应做的努力。

(六)灵活应变原则

灵活应变原则是指在商务谈判中既要坚持自己的原则和底线,但同时更要懂得应变,适时把握成交的机会,促使商务谈判取得成功。商务谈判应变能力是指商务谈判者对突然发生的情况或尚未料到情况的适应、应付能力。在谈判活动中,常常会出现各种意外的突发情况,如果谈判人员不能很好地应付和处理,就会陷于被动,甚至功亏一篑,导致谈判失败。应变能力的强弱与人的灵活性、创造性有密切的联系,当眼前出现的情况同原先预想的有较大出入时,应变能力强的人能够调动自己的想象力,提出各种灵活的办法、变通的方案,尽量妥善解决。同时,对对方提出的方案、措施,也能够冷静分析思考,权衡利弊关系,作出正确的抉择。但应变能力差的谈判人员却做不到这一点,他们习惯于按老办法去处理新问题,常常是这个我不能接受,那个我不予考虑,从来不去寻找更好的解决问题的方法。显然,这种类型的谈判人员是达不成有建设性的协议的。当然,灵活应变并不是说我们就不需要坚持自己的底线和原则。事实上,不坚持原则的谈判者也是不能取得谈判的成功的。这就要求谈判者能审时度势,把握好坚持原则和灵活多变的"时机"与"度",很好地驾驭整个谈判进程。

【案例】

　　有两个孩子讨论如何分一个橙子。两个人吵来吵去,最终达成了一致意见——由一个孩子负责切橙子,而另一个孩子先选橙子。结果,这两个孩子按照商定的办法各自取得了一半橙子,高高兴兴地拿回家去了。

　　一个孩子把皮剥掉扔进了垃圾桶,把果肉放到果汁机上打成果汁喝;另一个孩子则把果肉挖掉扔进了垃圾桶,把橙子皮留下来磨碎了混在面粉里烤蛋糕吃。

　　从上面的情形我们可以看出,虽然两个孩子都拿到了看似公平的一半,然而,他们各自得到的东西却未物尽其用。这说明,他们在事先并未做好沟通,也就是两个孩子并没有申明各自利益所在。没有事先申明价值导致了双方盲目追求形式上和立场上的公平,结果,双方各自的利益并未在谈判中达到最大化。

　　试想,若两个孩子充分交流各自所需,或许会有多个方案和情况出现。可能的一种情况,是两个孩子想办法将皮和果肉分开,一个拿果肉去榨汁,另一个拿皮去做蛋糕。然而,也可能经过沟通后是另外的情况:恰恰有一个孩子既想要拿皮做蛋糕,又想喝橙汁。这时,如何创造价值就非常重要了。结果,想要整个橙子的孩子提议可以将其他的问题拿出来一块谈。他说:"如果把这个橙子全给我,你上次欠我的棒棒糖就不用还了。"其实,另一个孩子的牙齿被蛀得一塌糊涂,父母上星期就不让他吃糖了,他想了一想,很快就答应了。他刚刚从父母那儿要了五元钱,准备买糖还债。这次他可以用这五元钱去打游戏机,才不在乎这酸溜溜的橙子呢。

　　两个孩子的谈判思考过程实际上就是不断沟通、创造价值的过程。双方在寻求对自己利益最大的方案的同时,也满足对方的最大利益的需要。

　　商务谈判的过程实际上也是一样的。好的谈判者并不是一味固守立场,追求寸步不让,而是要与对方充分交流,从双方的最大利益出发,创造各种解决方案,用相对较小的让步来换得最大的利益,而对方也是遵循相同的原则来取得交换条件。在满足双方最大利益的基础上,如果还存在达成协议的障碍,那么就不妨站在对方的立场上,替对方着想,帮助扫清达成协议的一切障碍。这样,最终的协议是不难达成的。

【案例启示】

本案例虽然简短,却阐述了现代商务谈判的核心思想:创造价值与整合谈判。在现实生活中,我们怎样在谈判的实践中做到"申明价值——创造价值——克服障碍",怎样把不同的谈判标的整合在一起,形成"一揽子"谈判方案,是需要加以认真考虑的问题。

第三节 商务谈判的职能与作用

商务谈判本质上是一种沟通活动,是实现商品交换的必需环节。了解商务谈判的职能,有助于提高对商务谈判的认识和强化对商务谈判的运用。商务谈判的主要职能与作用如下。

一、促进流通,创造价值

对于整个社会而言,要实现商品、人才、技术和思想等的价值,商务谈判是必不可少的,因为通过商务谈判促进了有形和无形商品的流通,促进了整个国民经济的发展。在计划经济条件下,国家可以通过计划、指令等行政手段来进行定价和调节供需,但在市场经济条件下我们实在无法设想除了谈判之外什么才是衡量商品价值和达成交易的手段和工具。可以这样说,没有商务谈判,市场经济就无法运行。商务谈判存在于每一个市场经济的角落,我们每个人都有在农贸市场、批发市场、百货公司、商业街区等场所进行商务谈判的经历,我们无时无刻不在通过电话、邮件、传真、网络等途径开展着各种各样的谈判,难怪说,世界就是谈判的大舞台,每个人必然都是谈判者。

二、达成交易,实现双赢

对于以企业为代表的组织而言,商务谈判是达成交易、实现双赢的基本手段。在现代市场经济条件下,任何市场经济主体都渴望创造利润和价值,达成交易才是创造利润和价值的唯一手段。但买卖双方却往往处于信息不对称状态,客户需要什么、需要多少、如何才能满足客户的需求往往是卖方最为关心却又最难搞清楚的问题。而商务谈判就能起到这个作用,通过商务谈判可以减少信息的不对称,使买卖双方的需求实现对接。商务谈判是市场经济条件下买卖双方获得信息、沟通有无、达成交易最为文明和有效的手段之一。以有形商品的买卖为例,其品种、规格、品质、数量、价格、运输、支付方式、交货、检验、索赔、不可抗力、违约责任等等,都要通过商务谈判来确定,只有当事各方经过认真的谈判,就上述一系列交易条件达成协议,货物的买卖才能进行。可以说,只要有商品交换就有商务谈判,商务谈判在现代社会举足轻重,它是实现各种买卖、合作和投资活动的桥梁和工具。

三、实现自我,提升素质

对于个人来说,学习并实践商务谈判是个人走向成功的必经之路。生活在这样一个以市场为导向的社会,谁也离不开谈判,谁都需要学习谈判知识和技能,提升谈判智慧,在谈判中赢得人生的辉煌。人人都是谈判者,但并不都是天生的优秀谈判者。可以这样说,只要与人交往,就需要提升谈判和沟通能力,就需要通过不断的商务谈判实践来突破自我的心理和意志,从而成为一名优秀的谈判者乃至谈判家。

▶▶ 案例阅读与讨论

【案例】

有一个水电工程项目,中方业主争取到一笔数额很大的国外优惠贷款,业主就水电设备采购选择供货厂商时,为便于统一标准以利于评估,按照国际惯例,同意由各国厂商用信用证支付方式报价,最后 T 公司中标。当供货合同将要签字时,业主内部就付款方式产生了分歧。通常情况下,利用这类国外贷款中方都是以托收方式付款的,因为采用信用证方式付款,中方没有审单权,风险较大,另外,开立信用证要支付较高的开证费。因此,业主提出改用托收方式付款。但是 T 公司对此表示强烈反对。他们提出,他们原来的报价是基于信用证方式付款而计算的,若中方一定要改为托收方式,则合同价格要增加 110 万美元。原来,T 公司若以托收方式收款,其间隔时间比信用证方式收款要长 10 天左右,即 T 公司每次收款从提交收据到实际收到货款都要比原来支付方式多 10 天左右,这就意味着要多占用其资金 10 天,即等于它要承担大致相当于向银行借款 10 天所需付利息的资本成本,整个供货合同分 8 次付款,则累计起来中标者差不多要多承担 110 万美元的银行利息。中方业主为此请教银行专家,设法做到了开立信用证的费用与托收方式支付的银行费用相近。同时为了减少风险,中方业主已与供货商谈定,并得到双方开户银行确认,有关信用证方面的条款将确保把真正的支付地点放在中国。在这样的条件下,中方业主内部很快统一了思想,一致同意采用信用证方式向中标厂商付款,由此加快了向外方的付款时间,避免了外方所要承担的额外费用,同时又使我方避免了因合同价格提高而带来的损失。

　　本案例是一个典型的追求双赢的商务谈判。中方在意开证费用的节省,对方在意的是托收方式所导致的利息负担,最后在双方的努力下终于找到了均能接受的解决方案。这种双赢的解决方案,有可能是扩大对方利益,而不减少我方利益;或扩大我方利益,而不减少对方利益;或增加部分开支,而使利益的增长幅度超过开支的增长;也有可能是减少部分开支,而使利益的减少小于开支的减少。

【讨论】

　　请联系实际谈谈商务谈判中的"双赢"之举。

思考题

　　1.简述谈判的内涵及其基本特征。

　　2.简述商务谈判的内涵及其基本特征。

　　3.简述商务谈判的要素。

　　4.简述商务谈判的基本原则。

　　5.简述商务谈判的职能与作用。

第二章　商务谈判理论

■本章关键词

需要　动机　博弈　控制　公平

商务谈判作为一门学科的历史并不长,但从 20 世纪 60 年代至今的 50 多年时间里,有关商务谈判的著述却颇为丰富,这反映了人们对商务谈判兴趣的增长和对商务谈判理论的需要。一些具有代表性的谈判学家和谈判理论对谈判实践活动的指导作用日益增强。本章将对有关商务谈判的理论进行阐述与分析。

第一节　谈判的理论体系及发展

谈判活动中最重要的参与者是人,如果在谈判中谈判者忽视了对参与谈判的人的研究,而仅注意到谈判内容,就会失去对谈判主动权的把握。因此,国内外研究谈判理论的专家都把人的研究放在重要的位置。谈判涉及许多领域(如心理学、社会学、宗教学等),对这些领域的研究,有利于指导谈判者在谈判中处理好人际关系,制订出有利、有效的谈判方案,最终取得谈判胜利。

心理学在研究人的心理及行为方面一直具有重要的地位,其基本理论和观点也一直是谈判理论的基础。马斯洛于 1954 年提出的具有代表性的需求层次理论(生理需求、安全需求、社交需求、尊重需求、自我实现需求),对心理学的研究有着深远的影响。不论后人如何发展,需求层次理论作为一种基础理论仍具有极其重要的指导意义。"相互性原则"指出了人类交往过程中的普遍规律与现象,指出人与人之间是出于一种互动状态,即如果对方对我们表示尊重、喜欢与亲密,通常也会得到我们的尊重、喜欢与亲密。而在这种状态下,改变原有的立场、态度是相对容易的。尼伦伯格吸收并发扬了这些观点,在《如何读懂人》和《谈判的艺术》两本书中,系统地提出了"谈判者需求理论"。他指出,人类是为了满足某种需求而进行有目的的行为的,同样谈判的前提也是谈判各方希望从谈判中得到自身想要的东西。"谈判者需求理论"的作用在于促使谈判者主动发现对方所需并加以重视,然后不断地想方设法去引导其朝着有利于自己一方的方向去思考。基于这种思路的谈判为谈判者进行谈判提供了方向,有利于谈判的顺利进行。

英国谈判学家马什通过对谈判结构与谈判程序的研究,提出了一套比较完整的从事商务谈判的策略,以及谈判的数学与经济分析方法,即"谈判结构理论"。马什把谈判的过程划分为六个阶段:计划准备阶段、开始阶段、过渡阶段、实质性谈判阶段、交易明确阶段和结束阶段。通过大量的研究,马什发现,在谈判的不同阶段,谈判活动各不相同,各个阶段均显示出了明显的阶段性特征和规律性特征。整个谈判过程可以作为一个整体系统来谋划,包括谈判计划的制订与决策,对谈判方案进行选择与评估,确立谈判的最终目标并形成每次谈判的具体目标,确定初次发盘①水平和讨价还价的范围与限度,对合同争议进行分析并采取相应的措施,分析研究谈判环境因素的影响,确定谈判班子的人选、配合、职责、任务,以及谈判信息的传递方式与保密工作等。在以上各个阶段充分运用心理学、统计学与对策论的知识和方法对谈判进行必要的数学与经济分析,根据谈判计划、原则与策略的要求,通过一切可能的措施、技巧、规定等正式与非正式的手段,就可以有效地实现谈判目标。

与马什同时代的另一位英国谈判学家比尔·斯科特(Bill Scott),曾任英国政府机构的谈判顾问和著名公司的咨询专家。斯科特在谈判研究中非常注重谈判的技巧性,形成了一套独特的"谈判技巧理论"。斯科特通过总结来自不同国家、不同企业的400多位商务谈判专家的亲身经历和经验,认为谈判技巧就是谈判者在长期的商务谈判实践中逐渐形成的,以丰富的实践经验为基础的本能的行为或能力。斯科特认为,谈判技巧是以管理学、心理学、社会学及博弈论等为指导并在实践的检验过程中不断完善成熟的。他的"谈判技巧理论"将谈判方针归纳为三种:一是谋求一致的方针,即让谈判形式、氛围尽量具有建设性、积极性,最终目的是求得双方目标的一致;二是皆大欢喜的方针,即以谋求谈判各方可以接受的、折中的谈判结果为目的的谈判方针;三是以战取胜的方针,即以战胜对方为最终目的的谈判方针。在斯科特看来,由于技巧的运用反映了一个谈判者的个人能力水平,还由于在谈判者之间存在着个性和谈判作风等诸多方面的差异,谈判者应该尽量掌握一些符合自己特点的技巧,从而最大限度地发挥自己的能力,而不必非要去掌握那些自己不习惯或不熟练的技巧。另外,斯科特极力推崇谋求一致的谈判方针。他认为

① 交易的一方为了销售或购买一批商品,向对方提出有关的交易条件,并表示愿按这些条件达成一笔交易,这种意思表示的行为称作发盘。在国际贸易实务中,发盘也称报盘、发价、报价。法律上称之为"要约"。发盘可以是应对方询盘的要求发出,也可以是在没有询盘的情况下,直接向对方发出。一般是由卖方发出的,但也可以由买方发出,称为"递盘"。

不论以什么样的技巧来配合实施谈判方针,谋求一致的谈判方针都应该是优先考虑的。谈判过程既是自身意图实现的过程,也是一个不断调整这种意图以及调整相应手段的过程。

与斯科特同是研究谈判技巧理论的美国谈判学家约翰·温克勒(Jone Winkler)在《谈判技巧》中提出了与之相对的"谈判实力理论"。温克勒认为,谈判实力是谈判技巧成功运用的基础,而增强谈判实力的基础在于对谈判的充分准备和对对方的充分了解。同时,技巧的运用也有赖于谈判实力的强弱。这就告诉我们,谈判者必须充分了解谈判双方的实力,并采取一切可能来增强我方实力。这样在谈判中也为技巧的灵活运用打下基础。根据商务谈判的特点,温克勒提出一种具有普遍意义的循环逻辑谈判法则,即"价格——质量——服务——条件——价格"。也就是说,在谈判中,如果对方提出价格要求,就和他们谈质量;如果对方提出质量要求,就和他们谈服务。以此类推,就能在谈判中取得比较好的成效。这个法则是灵活的,应当根据实际情况具体问题具体分析,而不是泛泛地简单应用。温克勒极为强调谈判行为对谈判的影响作用。他认为:"谈判过程与所有其他社会事务一样是一种社会交往的过程。当事人在谈判过程中的一言一行对于谈判的成败至关重要。谈判者在谈判中的表现关系着谈判的最终结果。"温克勒和上述其他各种谈判理论的代表人物一样,在大多数情况下研究的是商务谈判领域的情形。随着谈判领域的迅速扩大,谈判内容日益复杂和谈判对象的日益多元化,谈判理论也面临着更加强劲的挑战。

哈佛大学工商管理学院和肯尼迪政府事务管理学院教授、谈判培训中心主任、国际问题分析研究所所长雷法根据博弈论和决策分析的方法,系统研究了各种类型的谈判特点,对谈判原则和第三方介入问题提出了独到的见解。根据哈佛大学法律学院教授罗杰·费希尔(Roger Fisher)等人的研究成果,雷法为哈佛大学的谈判研究奠定了理论基础。从 20 世纪 60 年代末开始,不少专家基于对未来发展的考虑,致力于寻求使谈判者在谈判中能够更加直接有效地进行谈判的新方法。而对于使用低劣手段和依靠谈判者个人能力等传统思维的抛弃,也使得谈判者需要有更高明和便于使用的理论来指导实践。20 世纪 70 年代末,费希尔等人提出一种广泛适用的谈判理论,主张不从传统角度来研究谈判过程,不过多考虑其他因素,而只从价值公平的标准达成协议。费希尔期望谈判达成这样的结果:既使谈判者得到期望的结果,又保留面子。这种理论强调价值与公平,对人也是极为友善的,对当时促成"埃以和谈"起到了积极的指导作用。价值谈判法后经无数人发展逐渐完善为原则谈判法。

与雷法和费希尔同时代的还有美国的卡洛斯(Chester L. Karrass),他在《谈判游戏》(The Negotiating Game)一书中以美国人的观点对谈判进行实际的指导。

作为谈判理论的集大成者,他对于经贸谈判有着渊博的知识和丰富的经验。他对各种技巧的运用的描述都极为具体,从中人们可以体会到一个商人的"狡辩"。他认为要赢得谈判,达成自己的最终目的,就应该采用各种手段。除卡洛斯外,美国的沙恩等人也都对谈判领域有过深刻的影响。时至今日,谈判学研究领域已经有了很大的扩展,比如谈判学研究、谈判史学研究等也更加活跃。谈判理论研究的不断深入,为我们的实际谈判提供了更为强大的理论指导。

第二节　谈判的需要理论

人们的各种行为都是由一定的动机引发的,而动机又是由其内在的需要引起的。商务谈判中,需要和对需要的满足是谈判的前提。谈判者在谈判过程中表现出来的动机、行为和态度,也是由其自身的需要所驱使的。只有充分了解谈判人员的需要,才能对谈判过程进行有效掌控,最终达到预期目的。

一、需要、动机与谈判

人从一生下来就有着各种需要。最初,人类为了生存发展,对衣、食、住、行会产生需要,这属于生理需要或自然性需要;而在满足了最基本的生理需要后,就会对交往、友谊、信仰、理想等提出更高的需要,这属于社会性需要。需要是人类一切行动的原动力。在谈判中首先要将需要和对需要的满足摆在重要的位置上。谈判的前提是参与双方都存在着未被满足的需要,都需要通过谈判获得某种利益。如果说谈判的一方不需要对方所能提供的利益,或者不能提供对方所需的利益,谈判就没有任何意义。

动机是推动人从事某种活动,并朝一个方向前进的内部动力,是为实现一定目的而行动的原因。动机是激励和维持人的行动,并使行动导向某一目标,以满足个体某种需要的内部动因。需要是动机的直接原因,动机是行为的直接成因。动机是个体的内在过程,行为是这种内在过程的表现。在动机形成后,人们将会进行一系列的活动来实现它。动机表明了个体的一种意向,而行为则是动机的一种外在表现。

人们的日常行为活动是由动机推动的,而动机又是由个体的需要所产生的。谈判的前提是参与双方都存在着未被满足的需要,因此,谈判人员唯有了解对方的需要,才能得知对方的动机,预测出对方的行为,进而采取适当的方法和技巧调动对方达成协议的积极性,并尽量使谈判的结果有利于我方。

谈判者的需要是和其所处的客观环境相互作用而产生的,而动机则是由需要所激发的。引发谈判者动机的主要因素有内部动力和外部条件两方面。内部动力包括急切的需要、持续的兴趣、坚定的信念、向往的理想和牢固的世界观等，这些因素都是促使人们行动的动机。在这里，需要是动机的基础和前提，动机是需要的表现和反映。内部动力的各个方面都在不同程度上反映了谈判人员的需要。

除了内部动力，动机的产生还有赖于外部条件的刺激。外部条件主要包括两个方面，一是目标引力，二是外界压力。目标引力包括适度的刺激、良好的工作前景和个人发展条件、上级的信任、丰厚的生活待遇、和谐的人际关系、舒适的工作环境、合理的报酬等。实践证明，这些条件越充分，对人的吸引力也就越大，越能激发出人的积极性；外界压力主要包括必须履行的职责、领导同事及家人的期望、上级的督促检查、组织的批评处分、来自各方的舆论等。外界压力是有形或无形地强加给人的一种力量，这种力量迫使人们前进，同样能使人产生动机。

总的来说，动机的强度大小与上述两方面是密切相关的。其中目标引力起激励作用，外界压力起鞭策作用，内部动力则起决定作用。它们的作用各不相同，又互相影响。只有三者同时发挥作用并且方向或目标一致的时候，才能使人产生强大的能量去行动。

二、谈判者需要的层次和类型

不同人的需要是不一样的，有物质上的需要，也有精神上的需要。根据分类标准的不同，会表现出不同层次、不同类型的需要。这些需要会对谈判起一定程度的影响。因此，我们必须深入地了解和分析这些需要。

(一) 谈判者需要的层次

人类的需要可以按不同的标准划分，这其中要数美国心理学家马斯洛的需求层次理论最为经典，它可以对谈判者在谈判过程中起到很好的指导作用。马斯洛的需求层次理论把需求分成生理需求、安全需求、社交需求、尊重需求和自我实现需求五类，由较低层次到较高层次依次排列。各层次需求的基本含义如下：

1.生理需求

生理需求是人类生存和发展所必需的需求，包括维持生存所需的水、空气、食物等。在最基本的生理需求得到满足之前，人一般不会对更高层次的需求发生兴趣。

2.安全需求

在生理需求得到一定程度的满足后，随之而来的就是对安全的需求(其中包括对生命安全、财产安全、心理安全等方面的需求，以求免于威胁、免于孤独、免于遭到别人的侵犯)，只有这一需求得到满足后，个人的生活才会觉得有安全感。

3. 社交需求

当生理和安全的需求得到相应满足之后,则产生第三层次的需要,即社交需求。这是人们希望与其他人建立亲密关系、交流情感的一种欲望。它包括交往的欲望,如希望得到别人的关心和爱护、帮助和支持、友谊与爱情等;还包括归属的需要,如希望成为团体组织中的一员,在团体中彼此交流情感。

4. 尊重需求

在上面三个层次的需要得到满足之后,便产生更高层次的需要——获得尊重需求。尊重需求又可分为内部尊重和外部尊重。内部尊重是指一个人希望在各种不同情境中有实力、能胜任、充满信心、能独立自主。总之,内部尊重就是人的自尊。外部尊重是指一个人希望有地位、有威信,受到别人的尊重、信赖和高度评价。马斯洛认为,尊重需求得到满足,能使人对自己充满信心,对社会产生满腔热情,体会到自己活着的用处和价值。

5. 自我实现需求

这是更高层次的需要,它是指实现个人理想、抱负,发挥个人的能力到最大程度。达到自我实现境界的人,接受自己也接受他人,解决问题能力增强,自觉性提高,善于独立处事,要求不受打扰地独处,完成与自己的能力相称的一切事情。这种需要因人而异、多种多样,如企业家希望能办好企业,文学家希望能写出优秀的作品等,概括地说就是追求实现自身的价值的过程。只有在这个过程中,有自我实现需求的人才能感受到最大的快乐;也只有实现这一需要,他们才能心安理得、安居乐业。

上述五种需求的重要性对绝大多数人来说是逐级递减的,或者说,人们总会按照从低到高的顺序,逐一满足。五种需求如同阶梯一样从低到高,按层次逐级递升,但这个次序不是完全固定的,可以变化,也有种种例外情况。另外,也不一定非得百分百地满足了低层次的需要后,人们才会去追求高层次需要的满足。

(二) 谈判者需要的类型

谈判者的需要多种多样,又加之谈判者作为社会生活中的一个特定角色,其需要也就显得更加复杂。在有些时候,谈判者可能代表了多个不同类型的需要。

在很多场合中,谈判者并不是代表其个人,而是代表企业甚至国家参与谈判。在满足个人需要之前,他必须首先满足企业和国家的需要,并且将其放在更加重要的位置上。所以,谈判者的需要是个人需要、企业需要、国家需要三种类型的需要的结合体。这三种类型的需要,同样存在着层次关系。

对于代表企业或国家参与谈判的谈判者而言,必须牢牢把握住国家、集体的利益高于个人利益的原则,绝不能因为自己的私欲而损害国家、集体的利益。而在选择谈判者的时候,也必须考虑到谈判者的操守问题。只有考虑了这些,才能确保谈判者不会在谈判过程中中饱私囊,损害国家、集体利益。

三、需要理论对商务谈判的意义

(一)为摸清谈判对象的动机提供了理论基础

谈判是为了达成某项协议,而动机是由需要所引起的。当谈判的结果能够满足谈判者需要的时候,他就会产生动机来促使谈判成功;而当谈判的结果不能满足或只能满足谈判者部分需要的时候,他对于促使谈判成功的热情也就会降低。换言之,动机是促使人们去满足需求的驱动力。因此,在谈判中要找出能够满足对方的关键需求,激发谈判者产生促使谈判成功的动机,使得谈判最终能够取得成功。

(二)为多种谈判方案的制订提供了理论依据

成功的谈判方案需要在谈判前精心制订,这是因为谈判的成功由很多因素决定,但其主要的影响因素是双方的需要,弄清楚双方的需要是制订方案的前提。没有弄清楚双方需要就提出的方案是毫无意义的。当然,对需要的满足可以有不同的方式,不能一概而论。

(三)为商务谈判的方案选择提出了原则

需要理论表明谈判应该遵循的是双赢原则,而非零和博弈。这就要求在谈判的时候既要考虑到我方利益,也要兼顾对方的利益。唯有如此才能让对方感受到我方是带着诚心来谈判的,从而提高谈判的成功率。

(四)为弥补未满足的需要提供了可能

马斯洛的需求层次理论认为,每一个高层次的需求都是在前一个层次的需求得到满足后出现的。而通常情况下,在前一层次的需求得到部分满足后,后一层次的需求就出现了。因此在同一个时刻,不同层次的需求都是部分得到满足、部分未得到满足。在商务谈判中,可能出现的两种情况是:一是以小规模的交易开始满足低层次的需求,然后再不断满足高层次的需求;二是在同一次交易中,为了建立长久的关系,在某些方面作出较大让步。

四、需要理论在谈判中的运用

谈判的需要理论为我们指明了在商务谈判中谈判者的需要、动机是什么,它们在谈判者心中的位置如何。根据这一理论,我们可以清楚地明白谈判者的需要并想办法去满足这些需要,从而提高谈判的成功率。在运用这些需要理论的时候,要做好以下几方面的工作。

(一) 物质准备

谈判时,人的生理需要主要包括衣食住行等方面。商务谈判时,人的注意力高度集中,对体力和脑力的消耗都很大,因而谈判人员无论何时都需要格外注意自己的精神状况。只有将衣食住行的问题都解决妥当,谈判人员才能把所有精力都集中到谈判上来,否则可能会极大地影响谈判人员的精力和情绪,从而影响最终结果。如果我们作为东道主,要注意给对方提供良好的生活和工作环境,为双方建立一个友好、信任、合作的气氛。

从广义上来说,物质条件还包括样品、合同文本、有关技术资料、谈判场地、通信设备等方面的条件,它们也是谈判顺利进行的物质基础。要在费用一定的基础上,尽可能把上述物质基础安排好。安排时既要与谈判者的身份地位相称,又要满足其工作生活所需。另外,物质条件的准备要充分考虑到双方谈判人员,不能厚此薄彼。

(二) 安全需要

在谈判中,安全需要主要表现在谈判人员的人身安全、财产安全和地位安全等方面。谈判时地点的选择可能是一方到另一方所在地谈判,也可能是选择第三地进行。由于不熟悉当地情况,谈判人员便会本能地在心理上产生对安全的需求。作为东道主一方,应当尽量消除对方在这方面的顾虑,使其能够安心地谈判。具体方面包括加强治安,业余时间陪同游玩、购物、娱乐等。

(三) 良好的人际关系

谈判时由于谈判双方处于一种博弈的状态下,难免会造成气氛的紧张和立场的对立。但与此同时,谈判人员也是有情感的人,需要友谊与关爱。在气氛紧张的时候应适度缓和气氛,立场对立时适当转移焦点,努力营造友好合作的气氛往往是谈判成功的关键。因此,在谈判小组内部建立起互相谅解、团结合作的关系,有利于满足谈判人员的归属需要,对谈判的顺利完成有着十分重要的作用。

(四) 尊重对手

任何人都希望受到他人的尊重,那么自然就得首先尊重他人。在谈判中,对尊重的需要具体表现为:除在人格上需要得到尊重外,还需要在地位、身份、学识和能力上得到尊重。因此,谈判时应注意谈吐得当、双方身份地位应相称、对事不对人。

(五) 适时赞赏

每一个谈判者都希望达成自己的谈判目标,使自己的工作富有成效,并得到别人的认可,这就是谈判者的自我实现需要。这种需要是最高层次的需要,也是最难满足的。因为谈判的最终结果类似于一种零和博弈,对方获得利益也就意味着本方利益的损失。而谈判的最终达成,需要双方都考虑到对方的利益并给予一定的让步。因此,在谈判中既要尽量争取我方的利益,也要满足对方自我实现的需要,这需要相当高的艺术处理技巧。这要求我们在谈判中一定要把共同利益放大,使得双方利益都得到较好的满足。只有这样,才能使得双方的冲突降到最低,相互之间的耗损也就最少。另外,在对方获得利益不理想的情况下,应该尽量强调双方的共同利益,让对方明白,现有的谈判结果远比谈判失败来得乐观,如果谈判失败,双方将承担更大的损失。最后,要不失时机地向对方谈判人员表示肯定,使其明白我方在谈判过程中也作出了很大的让步,希望对方能够体谅到我方的难处,最终接受我方的建议。

总之,谈判需要理论对谈判者起着巨大的指导作用。只要我们在谈判中善于研究和发现对方或自身的需要,并以此来推动谈判的进行,就能在谈判中制订正确的策略,最终使谈判朝着有利于我方的方向进行。

第三节　原则谈判理论

以前的谈判双方在立场上要么抱着强硬的态度,要么抱着软弱的态度,从而使谈判陷入无休止的立场性争执中。美国哈佛大学与麻省理工学院的商务谈判专家们经过长时间的研讨,形成了一种新的谈判理论,即"原则谈判法",它以有效地达成双方都有所获的明智的协议为谈判宗旨,取代进行立场性争执的方法。

原则谈判法强调以价值作为取得协议的基础,不赞成在谈判中钩心斗角,使用诡计。当谈判双方出现意见不合的情况时,要从价值上、利益上寻找契合点,而不是在立场上纠缠不清;无论矛盾如何尖锐,要把问题与人分开;协议的最终达成要坚持根据公平、客观的标准作出决定,而不是通过双方互耍手段、计谋来决定胜负。原则谈判法可概括为四个要点。

(1)人——把人与问题分开。

(2)利益——一切都是为了利益。

(3)意见——尽可能找出所有的选择方案供彼此参考。

(4)标准——坚持最后谈判结果要根据某些客观标准,如市场价格、专家意见、惯例和法律条例等。

一、把人与问题分开

谈判的目的是谈判双方为了各自的利益共同解决问题,达成一致意见,所以它实际上是人与人之间的一种沟通过程,通常是面对面的。在进行谈判时要把人与问题分开,即把对方当作"人"来看待,而把问题按其价值来处理。但是,在实际谈判的过程中,经常会出现这样的情况,即自己的感觉与现实很难理智地分清楚,判断过于简单,结论缺乏根据。

在谈判中,由于双方所处的地位对立,对于对方总有一种戒备心理,所以常常从自己的立场看问题,这样就容易把自己的感觉与现实混淆在一起,受主观意识的影响,曲解对方的原意。于是,"误解"会强化为成见,导致恶性循环,从而理智地探求可能存在的解决方法也就变得不大可能,谈判最终会搁浅。

人们常常从没有根据的推论中得出结论,并把这些作为对人的看法和态度,而不去想其他的解释也可能是正确的。当然,有时这样的估计不是有意识的。

由于以上两个原因,谈判双方不但没有得到应有的结果,反而会使双方的关系恶化。因此,不能迅速地察觉和妥善处理对方的人性方面的反应,会给谈判带来致命的危害。要做到把人与问题分开处理,从总体上应从看法、情绪、误解这三方面着手。当对方的看法不正确时,应寻求机会纠正;当对方情绪太激动时,应给予一定的理解;当发生误解时,应设法加强双方的沟通。

总而言之,在思想上要把自己和对方看作是同舟共济的伙伴,把谈判视为一个携手共进的过程;在方法上,要把对方当作"人"来看待,了解他的想法、感受、需求,给予应有的尊重,把问题按照其价值来处理。

二、着眼于利益而不是立场

在谈判的过程中,双方可能会因立场问题,产生大的冲突。其实这都只是表面的冲突,双方利益、需求、欲望的冲突才是背后的根本原因。谈判的目的,就是为了达成调和双方利益的某种协议。例如:有两个人在图书馆的阅览室里争吵了起来,原因是一个想开窗,一个不让开窗,他们为了窗户该开还是该关、应该开多大而争论不休。图书馆的管理员走进来,问其中一位为什么要开窗,回答说:"让空气流通。"又问另一位为什么要关窗,回答说:"避免噪音。"那位管理员想了一下,然后打开了旁边房间的窗户,这样既可以让空气流通,又可以避免噪音。由此可见,不能只注意双方陈述的立场——"开窗"和"关窗",而应该从"空气流通"和"避免噪音"这两项双方潜在的利益出发,达成一项解决问题的协议。因此,明智的解决方法是针对利益,而不是针对立场,要尽可能从共同利益出发满足双方利益。

三、提出对彼此都有利的解决方案

在谈判中,人们为什么容易坚持自己的立场,争得个面红耳赤,使谈判陷入僵局?原因之一是"沿着单一方向进行谈判"而使谈判进入死胡同,忽视本来可能存在的"非零和博弈的选择"而使谈判形成单利性结果。但是,有一种办法能把一块"大饼"分割得让双方都满意,这就是在分割之前先使"大饼"膨胀起来,即提出对彼此都有利的解决方案——由一个人先切,而另一个人先挑选——这是一个分配"大饼"的好方案。

提出对彼此有利的方案,是在构思一系列可行的选择方案中产生的。因此,第一,必须把选择方案的"构思行为"与"判断行为"分开;第二,必须摒弃"只寻找一种方案"的意识;第三,必须确认"共同利益",让双方各有所得;第四,必须是对方容易作出决定。

把"构思"和"决定"划分清楚,对任何谈判都有好处。讨论选择方案与采取立场截然不同。双方的立场也许是对立的,但"构思"方案则可能使双方都提出可以相互接受的方案来。而这时双方所采用的语气也会迥然不同。"构思"包含问题,使人进行协商,而不是作出判断;它使人进行肯定;它是开放式的创意,而不是封闭式的思想。这样才能使谈判的双方不受拘束地进行创造性思考,并构思建设性的多种解决方案,而不是"只寻找一种答案"。

从理论上说,"共同利益"虽然有助于达成协议,但就实际情况而言,"共同利益"在所有谈判中都是隐蔽的,而双方想法上的"差异"却是达成交易的基础。比如股票交易的产生,正是因为买入者认为会涨价,卖出者认为会降价之故。换言之,在谈判中,确认"共同利益"并将其设定为共同的目标,就是使"共同利益"具体化,以作为未来的指向,并使谈判过程更为顺利和融洽。而在利益和想法上的"差异",可以使得某一项对本方有很大的利益,而在另一方看来也不无利益与好处,这就是"各有所得"。当然,在谈判的最后,一定要"使对方容易作决定",因为没有令对方动心的方案,对方是很难跟你达成协议的。

四、坚持使用客观标准

在谈判中,如何解决双方的利益矛盾冲突?原则谈判法主张,坚持使用客观标准。所谓客观标准,就是独立于各方意志之外的、不受情绪影响的标准。衡量的原则是:从实质利益上看,以不损害双方各自的利益为原则;从处理程序上看,在双方决定各自要扮演的角色之前,可以先针对他们心中的"公平程序"进行谈判。像两个人分饼时,一个切,另一个则先挑,谁也不会抱怨这种方法不公平。

原则谈判法能帮助谈判者经过认真讨论而达成共同的意向,避免双方在立场上相互纠缠而虚耗时间与精力。它的适用范围很广,无论是国际谈判还是个人之间的谈判,无论是一个问题的谈判还是多个问题的谈判,无论是双方的谈判还是多方参与的谈判,都适用它的原理和原则,这是当前最有普遍指导意义的一种谈判理论。

第四节　博弈论与商务谈判

在现代经济学理论的研究中,许多经济现象和经济行为都可以用博弈论(Game Theory)来解释,都可以理解为某种博弈问题,可以用博弈方法进行分析研究。近年来,随着博弈论被越来越广泛地应用,博弈理论在谈判活动中的应用越来越受到人们的关注,引起了人们逐渐高涨的兴趣。

博弈论的英文含义是"游戏"。如果注意观察发生在人们身边的一些具有竞技性质的活动,你会发现许多游戏都有这样一个共同特点,即策略或计谋起着举足轻重的影响作用。因为当确定了游戏的基本规则之后,参与游戏各方的策略选择将成为左右游戏结果的最关键因素。现实社会中非游戏性质的活动,如经济活动中的经营决策、政治活动中的竞选、军事领域中的战斗等,如果抽象出它们的本质特征,也都与游戏无异,都是在一定规则之下,参加各方的决策较量,这就是博弈现象。这也是博弈论应用广泛的重要原因。在商务谈判的理论研究中,一些学者将复杂的、不确定的谈判行为通过简洁明了的博弈分析,使研究进一步科学化、规范化、系统化,寻找某些规律性的东西,建立某种分析模型,从而构建了谈判理论分析的基础框架。博弈有多种形式,这里主要借助于经典博弈问题进行分析,介绍谈判合作的基本模型。

一、博弈论的基本概念

博弈论作为一门独立的学科,是由约翰·冯·纽曼(John Von Neumann)和奥斯卡·摩根斯特恩(Oskar Morgenstern)在 1944 年正式提出的。1977 年,约翰·查里斯·哈萨尼(John Chahes Harsanyi)建议从理论上把对策性游戏的最低限度组成归纳为以下四点。

(1)游戏规则可以通过武断的方式约定成俗。

(2)游戏规则应尊重现有的科学依据。

(3)游戏规则应包括参加者的信息、技能等原始手段。

(4)游戏规则应把参加者的基本功利和职能考虑进去。

博弈论是指"两两博弈",其目的在于为以下两类问题提供规范性答案:一类问题是对策性游戏的最终结果如何;另一类问题是参加者应该采取怎样的策略。

二、"囚徒困境"

各种策略和获得的结果,可以通过数学矩阵来表示,其中最简单的例子就是"囚徒困境(Prisoner's dilemma)"。

"囚徒困境"是一种非合作性的博弈状况。假设有两个嫌疑犯被分别关在隔离的房间里受审,他们彼此之间无法进行交流和通气。警察分别向两个嫌疑犯表明:如果一个人坦白,而同伙不坦白,招供者会被判半年有期徒刑,同伙将被判10年有期徒刑;如果都坦白,将被各判5年有期徒刑;如都不坦白,将各被判1年有期徒刑。如表2-1。我们知道,就这个博弈来讲,两个嫌疑犯最佳的策略选择就是双方都不坦白。

表2-1 "囚徒困境"中的策略选择

甲＼乙	不坦白	坦白
不坦白	(−1,−1)	(−10,−0.5)
坦白	(−0.5,−10)	(−5,−5)

三、约翰·纳什(John Nash)均衡

设:U_a、U_b代表甲乙两人在一场传统比赛中(双方有利害冲突)可能获得的利益,C_a、C_b代表各方最不利的状态,此时双方达不成协议(发生战略冲突)。双方可以接受的范围为区域D,在利益一定时,存在唯一明确的解决方案。其几何图形如图2-1。

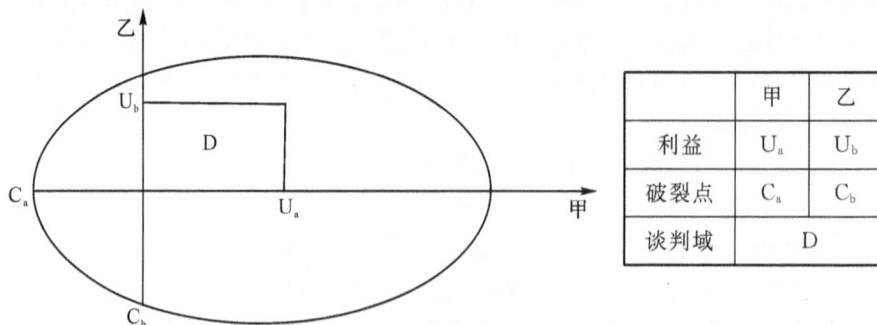

	甲	乙
利益	U_a	U_b
破裂点	C_a	C_b
谈判域	D	

图2-1 谈判利益分割图

四、博弈理论基础上的谈判程序

根据博弈论分析方法,可以将谈判过程分为三个步骤:一是建立风险值;二是确立合作剩余;三是达成分享剩余的协议。

(一)建立风险值

建立风险值是指打算合作的双方对所要进行的交易的评估确定,包括产品风险、资金风险、社会风险、舆论风险等。在实际交易中,情况比这要复杂得多。首先,许多合作项目的风险值的确定,本身就是一个庞大的工程,收益也是长期的,短期内难以确定;其次,还取决于谈判的双方是竞争者或是合作者的关系,前者双方的利益是对抗的,后者双方的利益是一致的,显然后者的风险值比较容易确定。

(二)确立合作剩余

风险值确定后,会形成双方合作的剩余,但是,如何对合作剩余进行分配却是最关键的问题,双方的讨价还价、斗智斗勇就是为了确定双方的剩余。关于剩余的分配,从来没有统一的标准,一般取决于实力的对比和谈判策略与技巧的运用。实际上,对于许多谈判项目来讲,合作剩余的多少也是一个难以确定的未知数,因为合作剩余还应该包括一些附加的利益。确定合作剩余的一个最根本的问题就是如何分配参加博弈的各方的利益。人们的社会经济活动除了获得胜利、收益和正效用外,也会得到失败、损失和负效用。在许多情况下,一方收益的增加必定造成另一方收益的减少,如双方的矛盾焦点都集中在交易价格上,不论怎样分配,都不会影响总的结果的改变,这种情况在博弈中被称为"零和博弈"。它的特点是各方利益是相互对立的,为了在博弈中占据上风,多得利益,都不想让对方知道自己解决问题的思路和所选择的对策,所以,其博弈结果总是不确定的。

现代谈判观念认为,谈判不是将一块蛋糕拿来后,商量怎么分,而是要想方设法把蛋糕做大,让每一方都能多分。这一点已被博弈理论所证明,即"变和博弈"。变和博弈研究的是进行不同策略的组合,使博弈各方的得益之和增大。这就意味着参与谈判(博弈)的各方要相互配合,即在各自的利益驱动下自觉采取合作的态度和行为,将利益扩大,使每一方都多得,追求皆大欢喜的结果。

(三)达成分享剩余的协议

商务谈判是一种具有不确定性的行为,即无法保证谈判一定会成功。如果谈判不能坚持下去,各方就不能进行有效的合作,也就无法创造新的价值,实现更大的利益。阻止谈判顺利进行和各方有效合作的最大障碍,就是谈判各方难以在如何分割或分享价值问题上达成一致协议,即我们通常所说的确定成交价格。

当然,这里的"成交价格"含义较广,包括以价格为主的一切交易条件。实际上,诸多的谈判,人们对双方合作的剩余是多少也很难确定。如果各方都认识到达成协议对彼此都有益的话,各方的谅解与合作是完全可能的。达成协议,是谈判各方分享合作剩余的保证,也是维系各方合作的纽带。

第五节　与谈判相关的其他理论

谈判在近代社会活动中扮演了重要角色,随着许多新兴学科的不断出现,有关谈判研究的理论也在不断发展,许多在其他领域研究所取得的成果也在商务谈判活动中广为应用。

一、控制论与商务谈判

(一)控制论的内容

20世纪中叶,美国科学家诺伯特·维纳(Norbert Wiener)创立了控制论。所谓控制,就是运用某种手段将被控制对象的活动限制在一定的范围内,或按照某种特定的模式运转。将控制论运用于谈判领域,可以使谈判活动更加程序化,能够运用最佳模式,产生最佳效果。

在控制论中,通常把未知的区域或系统称为"黑箱",而把全知的区域或系统称为"白箱",介于"黑箱"和"白箱"之间的区域或系统可称为"灰箱"。

(二)"黑箱"问题

在社会生活中,广泛存在着不能观测却可以控制的"黑箱"问题。"黑箱"是我们未知的世界,也是我们要探知的世界。要解开"黑箱"之谜,只能通过观察"黑箱"中的输入和输出变量,寻找、发现规律,实现对"黑箱"的控制。在商务谈判中对于"黑箱"问题的控制技巧是:多观察、少说话。

(三)"白箱"问题

"白箱"问题属于已知问题,可以对输出、输入变量事先确定变数和相互关系,当我们对系统结构有了深刻的认识时,可以把这种关系以确切的形式表现出来,即"白箱网络"。运用"白箱网络"来分析谈判,就可以通过"白箱"规范已知的系统,将非常不确定的状况加以约束,更好地控制谈判。

（四）"灰箱"问题

现实生活中的问题大部分是"灰箱"问题,谈判活动也是如此。因为在人们的认识中,对于某个系统,已经有了局部的了解,而对于其他方面则是未知的,这就需要人们充分运用已有的了解和知识,探求这个系统过去的历史,尝试用多种方法去掌握它的内部状态,从而破解"灰箱"。

二、公平理论与商务谈判

商务谈判的实质,就是人们相互间交换意见、协调行为的过程,这就必须遵循一些原则,制订一些规章,才能使得这种活动更有成效,而公平就是人们所依据的一个重要原则。公平理论对谈判活动有着重要的指导意义。

（一）公平理论的基本内涵

美国行为科学家 J. S. 亚当斯(J. S. Adams)在 20 世纪 60 年代提出的公平理论最具有代表性,并在社会实践中产生了深刻的影响。亚当斯根据人们认知公平的基本要素,确立了这些要素相互间的函数关系,从而归纳出衡量人们分配公平感的公式:

$$O_p/I_p = O_r/I_r$$

式中：O 为结果(物质的、精神的),I 为投入(物质的、精神的),P 为感受公平或不公平的当事人,r 为比较中的参照对象。

两侧相等时,人们就会感到公平、公正;当左侧小于右侧时,即 $O_p/I_p < O_r/I_r$ 时,人们就会觉得吃亏;而当左侧大于右侧时,即 $O_p/I_p > O_r/I_r$ 时,人们就会觉得占便宜或有愧疚感。

（二）不公平感的消除方法

当人们感觉到吃了亏而产生不公平感的时候,就会心存不满或产生怨恨,进而影响到整个情绪与行为,后果是极其消极的。为了恢复公平感,就需要消除产生不公平的根源,一般采取以下几种调整措施。

(1)改变变量,以达到公平。

(2)改变参照,以避免不公平。

(3)退出比较,以恢复平衡。

不公平感的形成,是人的一种心理感觉,而且参照物十分重要,要消除不公平感也应从这些方面入手。

商务谈判活动具有极大的不确定性,谈判双方在接触过程中会从各方面对双方谈判人员的心理产生微妙的影响。诸如,谈判中的一方只作出很小的让步,但在签订协议时,让步的一方可能会觉得非常不公平。而有的时候,一方作出了很大的牺牲,但他们却觉得心里很平衡。消除谈判一方的不公平感,防止由此带来的消极作用,是十分重要的。一个高明的谈判者,必须谙熟各种谈判技巧,及时察觉对方心理的微妙变化,使谈判各方处于有助于达成协议的积极的心理状态。

(三)公平理论对商务谈判的指导作用

(1)由于选择的角度与标准的不同,人们对于公平的看法及所采取的分配方式会有很大差异,完全的、绝对的公平是不存在的。

(2)公平感是一个支配人们行为的重要心理现象。如果一个人产生了不公平感,就会极大地影响其行为的积极性,他会千方百计地消除不公平感,以求心理平衡。

(3)心理因素的影响作用越来越重要。

▶ 案例阅读与讨论

【案例】 范蠡害子①

范蠡对人的识别能力,不仅表现在对待越王勾践的认识和向越王归还相印的行为上,还表现在对自己儿子的判断上。

范蠡定居于陶后,又得了一个小儿子。小儿子刚长大成人,范蠡的第二个儿子因杀人被楚国囚禁。范蠡得知此消息后,叹道:"杀人者死罪,但我也听说过富家子弟也有可能逃避被处死的命运。"于是,他装了一牛车黄金,准备派小儿子去楚国设法营救。大儿子听说后,便来找范蠡,请求由他去,但范蠡不同意。大儿子见范蠡不让他去,长叹道:"家里的长子称家督(旧时长子管理家务,故称家督),如今弟弟获罪,父亲不派我去营救而派小弟去,这是我不才啊!"便欲自杀。范蠡的夫人也来求范蠡:"你派小儿子去,未必就能救下老二,却先失去了老大,那将如何是好?"范蠡无奈,只得改派大儿子去。他写了一封信,要大儿子到了楚国后交给他的故交好友庄生,并嘱咐大儿子道:"到了楚国后,你就将黄金全部交给庄生,由他支配,千万不要和他争论。"大儿子起身时,又私自带了一些黄金。

到了楚国后,范蠡的大儿子找到庄生家,只见其家矮小破败,非常贫穷。大儿子还是按照范蠡的吩咐,将书信和一牛车黄金都交给了庄生。庄生收下书信和黄

---

① 参见熊良钟:《中国古代宰相传》,有删改。

金后，对范蠡的大儿子说："你马上离开楚国，千万不要停留，如果你弟弟放出来了，也不要问他是如何被放出来的。"大儿子从庄生家出来，并没有按庄生的要求做，而是留了下来，并用自己私自带来的黄金去打点一个在楚国有权势的人，希望得到他的帮助。

　　庄生虽然贫穷，却以廉洁正直而闻名于楚国，自楚王以下都以师礼尊敬他。庄生收下范蠡送来的一牛车黄金，并不是他想占为己有，是准备事成之后再归还范蠡的。范蠡的大儿子不知庄生的良苦用心，还认为庄生没有什么本事。庄生找了个借口入见楚王，对楚王说："我夜观星象，发现楚国有遭受灾异的迹象。"楚王忙问："有什么化解的办法呢？"庄生说："只能以德行来感动上天。"楚王说："庄生先生放心吧，我将按照你的话去做。"于是，楚王便派使者去将钱库封了。楚国那个拿了范蠡大儿子黄金的有权人便去告诉范蠡的大儿子说："大王要大赦全国了，你的弟弟就要放出来了。"大儿子问："你怎么知道楚王要大赦全国呢？"那人说："大王每次准备大赦全国时，都会派人先封钱库。昨晚大王又派人封钱库了，因此知道大王将要大赦全国。"范蠡的大儿子便认为，既然楚王要大赦全国，自己的弟弟也就会被赦免，一牛车黄金岂不是白白地送给了庄生。于是，他便又去找庄生。庄生一见范蠡的大儿子，吃了一惊，问道："你还没有走呀？"大儿子说："没有。我来楚国，是为了营救我的弟弟，现在得知楚王要大赦全国，我弟弟自然也会被赦免了，因此特来辞行。"庄生一听，知道范蠡的大儿子是来要回那一牛车黄金，便对他说："你的黄金放在屋子里，你自己去拿走吧。"范蠡的大儿子真的把黄金都拿走了，心里还十分欢喜。

　　庄生觉得自己被范蠡的大儿子出卖了，感到十分羞辱，便又去见楚王说："我先前和大王谈到星象之事，大王准备修德来感动上天。今天我外出，只听得满街的人都在说陶地的富人朱公子因杀人而被我国所囚，其家带了很多钱财来贿赂大王身边的人，大王决定大赦全国并不是为了向上天报德，不过是为了要放了朱公子罢了。"楚王一听，大怒说："我虽不德，但也不至于为了一个朱公子而大赦全国。"于是马上命令先杀了朱公子，再大赦全国。范蠡的大儿子只得将弟弟的遗体带回。

　　范蠡的大儿子带着二弟的遗体回到陶地，家人和乡人都十分悲哀，只有范蠡平静地说道："我早就知道二儿子是一定要被处死的，因为老大舍不得那些财物啊。老大从小与我一道创业，和我一道经历过苦日子，知道钱财来之不易，所以将钱财看得很重；而他的弟弟出生时家中就很富有了，他过的是纨绔子弟的生活，哪里知道钱财是如何来的，因此也就不会看重钱财。原先我之所以要派小儿子去，就是因为他能舍得那些钱财啊。大儿子就舍不得，因此他的弟弟就逃不脱被处死的命运了。事情到了这个地步，我早就在等着这令人悲伤的消息了。"

可见,范蠡具有非凡的识人眼力,同时也验证了中国的一句古语:"知子莫若父"。

【讨论】

试结合本章的相关理论,谈谈你对这个故事的看法。

思考题

1.简述谈判的理论体系构成。

2.需要理论的具体内容有哪些?如何应用需要理论进行商务谈判?

3.原则谈判理论对商务谈判有哪些指导作用?

4.博弈论对商务谈判有哪些指导作用?

5.控制论对商务谈判有哪些指导作用?

6.公平理论对商务谈判有哪些指导作用?

第三章　商务谈判人员和谈判队伍的组织

■本章关键词

复合型知识结构　主谈人　智囊团

商务谈判是一项复杂的经济活动,要使谈判顺利进行并取得预期的结果,关键在于人,在于谈判人员具备良好的素质。重大的商务谈判又是一场群体间的交锋,除了谈判者的个人素质,还必须使谈判队伍组织严密、协调自如,实现整体结构的优化。

第一节　商务谈判人员素质的要求

商务谈判既是一种具有高度原则性、涉及重大经济利益的紧张思维活动,又是一种充满灵活机动性、需要多方面知识才能完成的社交活动。它是谈判人员政治觉悟、道德品格、智慧能力、勇气耐心的全面较量。

一、政治素质

良好的政治素质是一切经济工作人员的基本要求,对于商务谈判人员来说,更是考察选拔的首要条件。建立起一支能够在多种经济成分并存的国内市场和云谲波诡的国际市场始终坚持国家和人民利益至上的商务谈判人员队伍,乃是经济振兴、国家繁荣的决定性条件。对商务谈判人员政治素质的要求主要表现在以下几个方面。

(一) 忠于职守,遵纪守法

商务谈判人员不论是代表国有单位、集体企业与国内其他单位或个人进行谈判,还是参加国际经贸谈判,都必须忠于职守,遵守党纪国法和职业道德,贯彻执行党和国家的方针政策。谈判人员在国内谈判中会遇到形形色色的对手,有的人会施展"千方百计",如用金钱、女色进行诱惑、拉拢。所以,谈判人员必须要有良好的思想品质、灵敏的政治嗅觉,自觉抵制各种腐朽思想作风的侵蚀,这是必须强调的首要条件。至于国际商务谈判,情况往往更为复杂。据报道,某些国家的企业每年要开支上千万美元,用于请客送礼、拉关系。有的企业对客户馈赠礼品种类繁多,大的如房产、汽车,有的干脆以各种名目付给"津贴"。因此,以清醒的头脑分清贿赂与礼节性馈赠的界线,这对商务谈判人员至关重要。只有奉公守法、道德高尚的人才能自觉遵守组织纪律,严格保守商业机密,维护国家和民族的利益与尊严,才能无私无畏、专心致志地施展才能,在各种复杂的情况下,为国家争得更大的利益。否则,经不起外界的诱惑,为个人获得蝇头小利而牺牲国家和民族的利益,最后自己也会落得身败名裂的下场,这方面的教训是不少的。

(二)百折不挠,意志坚定

要在一场重要谈判中取得预期的结果,无异于赢得一场战斗,需要耗费许多心血。商务谈判人员从接受任务开始,就要用心掌握自己和对方的情况,做好一切谈判准备,而在谈判进行过程中又会风云变幻,出现种种困难和障碍。谈判人员一定要有坚强的事业心和高度的责任心,运用自己的智慧和能力,百折不挠地去克服一个又一个困难,尽心尽力地完成自己承担的任务。尼克松曾经这样评论已故的周恩来总理:他"是矢志不移的理想家,也是精于筹划的现实主义者,是政治斗士,也是高明的调停者","周的身上既有儒家君子的特色,又有列宁主义革命者的政治本色,这两者结合的个性对于他担任的政治角色十分理想。犹如几种金属熔成的合金那样,他的个性的各种成分融合起来比任何一种单独成分都更坚强有力"。周恩来同志崇高的思想品德和坚韧不拔的意志,值得每个谈判人员学习。

(三)谦虚谨慎,团结协作

商务谈判需要掌握大量的情况和资料,运用多方面的知识和技能。一个人的知识和能力总是有限的,必须依靠谈判班子的每一个成员,以及幕后顾问班子的协作和支持,才能把事情办好。所以,无论个人的经验有多丰富,能力有多强,在过去谈判中起的作用如何卓著,都要虚怀若谷,尊重别人。既尊重领导,又尊重下属;既尊重己方成员,也尊重对方成员。谦虚谨慎,宽厚仁爱,把自己真正置于组织之下、群众之中,认真听取有利于实现谈判目标的各种意见和建议。把谈判组织中各类人员的积极性和主动性充分调动起来,才能够克服谈判中面临的各种困难。

(四)诚实无欺,讲求信誉

诚实无欺,是市场经济中企业的经营原则,也是我们每个谈判者应有的道德风范,是树立国家和企业良好信誉的基本前提。企业之间的关系,既是竞争的关系,又是相互协作、相互支援的关系。不择手段、尔虞我诈的做法在法制健全、企业行为规范的社会是绝对行不通的,也是没有前途的。当然,商场如战场,诚实无欺不等于毫无心机,把自己的底数全盘托出,把谈判的主动权拱手让人。在商务谈判中,为使交易顺利达成,使用暗示、夸大、假动作、声东击西等策略和技巧还是必需的。但前提是无害人之心。不懂得运用谈判策略的所谓诚实,等于发傻。"老实是无能的别名",在国际商务活动中尤其如此,谈判中如拘泥于实打实,将不可避免地受人宰割。反过来说,如果只知道运用策略和技巧,抛弃了基本道德规范,无异于欺诈。这样的人也不可能获得事业的成功,最多也只是"一锤子买卖",却使国家、集体和个人信誉扫地。所以,谈判策略与技巧的运用还是要在坚持信誉的范围之内,一旦协议达成,必须按质、按量、按时履行协议条款,以信誉赢得顾客,赢得未来。

二、业务能力

商务谈判人员的业务能力是多方面知识和能力的集合,是在谈判中充分发挥作用、驾驭各种复杂局面所应具备的重要条件。业务能力主要应包括以下几方面。

(一)复合型的知识结构

知识就是力量。从一定意义说,商务谈判过程实际上就是双方知识和能力的较量过程。在谈判中涉及的知识领域极其广泛,经济、营销、法律、金融、储运、财会、心理、公关等学科的知识都十分需要。在某些产品和技术的贸易谈判中,还需要有专门的技术知识。在国际商务谈判中,良好的外语水平和国际政治、经济、法律方面的知识更是必不可少。所以,为应付复杂的商务谈判,要求谈判人员必须具备广博的社会科学和自然科学知识,还要深入掌握有关产品的技术特点、成本估算、行业特点以及市场行情变化趋势,摸清谈判对方的要求和意向等。当然,满足多方面知识的需求应该依靠商务谈判组织的集体,而每一个谈判人员在自己成长过程中应该尽快地掌握更多方面的相关知识,这是发挥自己才能的必要准备。

(二)分析判断能力

即以谈判者丰富的业务知识和长期的经验积累为基础,在实践中逐步养成的一种能力,是商务活动中极可贵的资源。分析判断能力包括两个方面。

一是对市场形势的分析判断。有经验的谈判者总是密切地注视着有关商品或服务的市场形势,能够从微小的信息中见微知著,对可能发生的市场变化趋势作出正确的分析判断,从而应用于商务谈判的实际。事实证明,当某种商品或服务的市场尚处于若明若暗的形势下,首先能作出正确分析判断的人,就能掌握主动权,赢得更大的利益。

二是对谈判对手的分析判断。有经验的谈判者通过会上会下的接触,通过各种现象,包括对手运用的夸大、假象、声东击西等手法,能迅速准确地分析其经营规模、资金情况、购销形势、管理水平和信誉状况。特别是对购销形势的分析,作出产品需求或供给状况的判断,可以在很大程度上判断出对手在谈判中的态度,这是制订相应谈判策略的重要根据。有经验的谈判者要能在日常接触中掌握对方的个人状况并作出分析判断,特别是对主谈人的知识、阅历、性格、气质、爱好、特点等要做到心中有数,这对顺利应付各种突发事件,驾驭谈判进程大有益处。

(三)核算能力

商务谈判不同于其他的谈判,它的出发点和归宿都是经济利益,整个谈判的进程实际上是利益的不断核算、调整的过程。所以,谈判人员要有丰富的财会知识和核算能力,熟练掌握有关产品的各项经济指标,如成本、进销差价、费用水平、资金周转率等,能够在各种方案的商谈中,做到心中始终有"一把算盘",可以进退自如。高水平的谈判人员在核算其经济利益时,不仅仅着眼于眼前利益,锱铢必较,更着眼于长远的最大利益,显示其气度和风格。他们不是孤立地"闭门算账",而是把经济的核算与企业面临的市场情况紧密结合起来。如果产品质量确属上乘,在消费者心目中已享有较高声誉,则为了扩大市场份额,尽量争取较多客户,应舍得在价格上作出必要的让步,以退为进。

(四)商谈能力

商谈能力是谈判者各种知识和能力的集中体现,它包括:

1.倾听能力

能够悉心倾听谈判对手的各种意见,掌握其思想脉络,迅速理出其要点,同时对用暗示表达的似乎无关紧要却反映其真实意向的苗头,能够迅速捕捉。这是做到"知己知彼",从而确定正确的谈判策略的关键。只会讲,不会听,绝非高明的谈判者。

2.推理能力

即由一个或几个已知的前提推理出新的方案、设想的能力。根据谈判中双方的陈述,我们往往会发现其在心理上处于对立、戒备的状态,而在利益上又相互依存。要使对方接受己方的方案和建议,唯一的方法是以理服人。因此,在推理能力上比对方略胜一筹或至少能与其分庭抗礼,这是在维护本方利益的前提下推进谈判的重要条件。

3.运用语言能力

谈判是各方意愿、要求、方案等信息的表达、传递和磋商的过程,谈判人员的语言表达至关重要。谈判语言有口头谈判语言、电话谈判语言、书面谈判语言和电讯谈判语言等;按运用目的和要求的不同,则可以分为合作性、磋商性、竞争性、暗示性、保密性、交际性谈判语言等。谈判语言要求准确、适当、有理有据,不能任意发挥,出现破绽;要注意口音的标准化,尽量采用对方能听懂、能理解的语言,避免"粗话"、易生歧义的用语;表达要生动活泼,有感染力和说服力。国内谈判,至少要会讲普通话;与港商洽谈,广东话很有用;有时掌握一些地方乡音,在谈判时也有独到的妙用;与外商谈判,外语功底要扎实,重大问题的翻译上绝不能出现差错,合同文本的用词必须十分精确,经得起推敲。

（五）协调能力

在商务谈判过程中常常会出现各种矛盾和预想不到的情况,对于谈判班子的领导成员来说,一定要有正确处理各种内部矛盾、通过说服教育调动各方面积极性、为实现既定目标而奋斗的协调能力,这是保证谈判成功的基本条件。

三、心理素质

商务谈判在实践中不仅是一种经济行为,而且是谈判者在智力、体力、意志等多方面的一种较量,因此要求谈判者具备很好的心理素质。

（一）自制能力

谈判人员经常会在遇到激烈的环境变化和严重的挑战后感到窘迫和难堪,在这种情况下一定要有克服自身心理障碍的自制能力,能在各种特殊环境下始终心平如镜,从容不迫,内紧外松,排除一切不符合既定目标的忧思和杂念。激烈辩论时,思想要集中,心态要保持平和、冷静,坚持用说理和恰当的态度去说服对方;当对方情绪激动、态度失常时,也不可怒形于色,"以牙还牙"。当谈判陷入久拖未果的境地时,压力不仅来自对方,而且会来自己方。谈判组织成员之间也可能发生分歧,而且往往由于某些领导者不了解实情而造成谈判中的巨大困难。有水平的谈判者一定要坚持实事求是的原则,能顶住各种压力,据实测算分析,如实反映报告,帮助领导和其他成员进一步了解情况,做到统一思想、协调一致。这种自制能力往往能从危机中挽救谈判,并最终取得谈判成功。

（二）随机应变

谈判进程变幻莫测,各种意想不到的事情都有可能突然发生。有时谈判对手会运用各种谋略,使自己陷入难以处置的困境,这就要求谈判者有很好的心理素质,能够随机应变,巧妙地应付和处理好突发事件,摆脱困境。如在谈判中对方提出棘手的难题时,可以委婉地转移话题,把讨论先引到容易谈的问题上,然后经过一段思考,有了清晰思路时再逐渐接近之前的难题。有时当对方逼迫你就问题立即作出抉择时,你若回答"让我考虑一下",便会显得缺乏主见,无判断能力,从而在心理上处于劣势。此时,可以从容不迫地看看表,礼貌地告诉对方:"对不起,10点钟了,我得出去与一约定的朋友通个电话,请稍等5分钟。"于是,在对方并未觉察你真正意图的情况下赢得5分钟的思考时间,可能的话还能听到他人的咨询意见。有时还可通过外在力量或调节自身状况作应急用,如点烟、倒水、开个小玩笑、与自己同伴谈一件无关紧要的事,从而缓和气氛,争得冷静思考的时间,使"山穷水尽"转变为"柳暗花明"。

(三)创造力与灵活性

一个好的谈判者不仅要经得起各种挫折的考验,不受感情波动的支配,而且要始终表现出理智和优雅的风度,富有创造力和灵活性。这就要有很好的耐心、毅力和智慧,有很好的心理素质和思维方法。谈判者要善于随着谈判场上的风云变幻,及时调节自己的心理状态,不断建立起新的心理平衡,在坚持原则性的同时,发挥自己的创造力与灵活性,否则就不易使僵持局面得到及时化解。① 创造力与灵活性的发挥和思维活动的及时调整密切相关。要善于把谈判前经过准备而形成的前期思维方式,及时地根据谈判中出现的各种新情况调整为临时思维方式;正确运用反馈思维与超前思维相结合,以超前思维为主的思维方式,以及静态思维与动态思维相结合,以动态思维为主的思维方式。正确的思维方式和坚韧不拔的毅力,说到底是谈判者创造力和灵活性得以充分发挥的源泉。

此外,谈判者的年龄、体质、仪表、风度也是重要的条件,在谈判人员选拔时也要认真加以考虑。

第二节　商务谈判队伍的组织

商务谈判在多数情况下,需要组成一个谈判班子,配备各类人员,分工协作,有效地开展谈判活动。谈判队伍的组成不能千篇一律,但总的要求是"少而精",组成的人员应具有良好的专业知识和谈判能力,并且各具不同的特点,以实现优势互补、团结合作、协调运作。

---

① 1972年《中美上海联合公报》中关于台湾问题的立场表述,就是一个很好的例证。

一、谈判组织的类型和规模

(一) 单一谈判者

即由一个人与对方进行谈判。在特定情况下,授权某一个人参加谈判,此人必定是熟悉该项业务的行家,掌握足够的信息资料,在谈判过程中能够迅速决策,抓住稍纵即逝的机遇,实现高效率。但是,在较为复杂的谈判中,谈判者既要陈述自己的各种交易条件,又要倾听对方的发言,做好笔录,衡量各种交易条件的利害得失,作出相应的决策,等等,这些工作都由一个人去完成是十分辛苦的,如果谈判过程中出现一些复杂情况,缺乏必要的信息交流和讨论,难免发生失误;遇到个人健康状况或其他原因,更会使谈判中断。因此,除了极个别情况外,一般公司、企业不派单人参加谈判。

(二) 谈判小组

可由两至五人组成。一般商务谈判都会涉及四方面内容。

(1)商务方面,包括确定商品品种、质量、价格、交货期限、风险划分等。

(2)技术方面,包括产品技术标准、工艺要求等。

(3)法律方面,包括合同文本的确定和各项条款在法律上的准确性。

(4)金融方面,包括支付方式、资信保证、财产担保等。

谈判小组通常要由这四方面人员组成,有时遇到一些特殊的技术问题和法律问题,还需要聘请一些专家加入。对于一些规模较小的谈判,参加者也可兼顾两个或三个方面的业务,从而使小组人员得到精简。外贸企业出国推销小组多数属于这一类,要求外销人员具备多方面的知识,能够身兼数职。谈判小组由各方面人员参加,能够分工合作,集思广益,运用各种谈判技巧,有较大的回旋余地,它对谈判实力的增强不是简单的"叠加效应",而是"乘数效应"。当然,谈判小组由不同专业的各方面人员组成,会增加费用的支出,同时对问题难免会出现意见分歧。谈判小组要做到统一认识、团结一致,需要有力的领导并进行协调。

(三) 谈判团

可由几人、数十人,甚至上百人组成。对于涉及重要问题、谈判难度较大的高层次国际商务谈判,需要组建谈判团,集中各类专家,保证能在各方面与对方势均力敌或略胜一筹,尽量减少失误,以实现预期的目标。大型谈判团内部各类人员要进行合理分工,成立若干个专业性的部门或谈判小组,各部门、小组保持恰当人数,在工作中互相协调、配合,做到既能胜任重大谈判任务,又能获得高效率。谈判团的工作任务应包括：

(1)主动提出交易条件并观察对方的每一个细节和反应。

(2)倾听对方的条件和意见，并做好记录。

(3)思考对方的意见并及时作出答复。

(4)研究各项意见、条件可能产生的后果，并拟订相应的对策。

(5)明确各项交易条件，拟定合同文本。

(6)从法律、技术、金融等方面审核、修订合同文本。

(7)最后达成成交条件，签订合同。

(8)记录并追踪谈判的结果。

重大项目的谈判团不仅有相当数量的正式谈判代表，还设有顾问、观察员等第二线工作班子。如"入世"谈判中的中方代表团，根据中央领导的部署，除了配备好第一线的谈判代表外，还专门选定具有很高政策水平、富有谈判经验的领导同志居于二线，具体掌握谈判的进程。

二、谈判班子的组成

进行重大商务谈判的班子，一般要由主谈人、经济人员、专业技术人员、法律人员等组成。在对外经贸谈判中，翻译人员也是很关键的人物。

(一) 主谈人

或称首席代表，是谈判班子的核心，是代表一方利益的主要发言人，整个谈判主要是在双方主谈人之间进行。因此，主谈人水平的高低，直接关系到谈判的成败，他既要有企业家的敏锐眼光和决策能力，又要有宣传家的口才和思维逻辑，还要有外交家的风度和气质。一个理想的主谈人应该具备：

(1)熟悉国内、国外贸易的有关方针政策。

(2)掌握当前市场情况及其发展趋势，具有良好的分析判断能力。

(3)能够迅速洞察谈判对手的目的。

(4)熟悉相关的法律知识。

(5)在对外经贸谈判中，需要有一定的外语水平。

(6)胸襟开阔，善于听取各方面的意见，作风民主。

(7)善于思辨，有较好的表达能力。

(8)职位与对方主谈人相当，有作出相应决定的权力。

所以，主谈人不但自身素质要高，而且要有指挥和协调谈判班子所有成员的活动、最大限度发挥群体效应的能力。在谈判开始前要组织有关成员做好一切准备工作，掌握与谈判有关的各种信息，使全体成员准确了解本次谈判的目标和策略，明确自己在实现谈判目标和策略中所担负的责任。在谈判过程中,主谈人要发挥核心作用,"言必信,行必果",使对方认识到主谈人言行的权威性,并能设身处地地考虑对方的行为环境、对方意见的真实含义,增强双方合作的信心。同时,也要能及时识破对方的假动作和"迷阵",找准主攻点,推动谈判全局的进展。主谈人责任重大,面对的矛盾和困难也多。当发生非授权范围内的重大情况时,应将事情的本来面貌如实地向上级汇报,包括事情的正面和反面、积极和消极的各个方面;当很难作出决策时,应向上级决策层提供多种可供选择的方案,并指明各种方案的利弊;当上级作出决策后,应全力贯彻决定,并使之具体化、完善化,可供实际操作。

（二）经济人员

经济人员是谈判班子中的重要成员,应由熟悉业务的经济师或会计师担任。在主谈人主持谈判时,经济人员应充分发挥助手的作用,提供经济方面的资料和意见;而在与对方经济人员直接就具体交易条件进行磋商时,经济人员要独当一面,充分发挥自己的主动性和创造性。经济人员的具体职责是:

（1）谈判准备期间,参与信息调研与行情分析,做好谈判方案的准备工作。

（2）掌握谈判项目整个财务状况。

（3）分析、了解谈判对方的财务状况及其在项目利益方面的期望值指标。

（4）及时分析、计算谈判方案变动所引起的收益和财务情况的变化。

（5）在谈判中为主谈人出谋划策,排忧解难,促进谈判按预定目标前进。

（6）当发生重大意见分歧时,提请或暗示主谈人休会,在场外作进一步分析、核算。

（7）在正式签约前提供对合同或协议的财务分析表。

（8）参与合同、协议的起草和签署,参与谈判总结事宜。

（三）专业技术人员

重大的商务谈判,要有熟悉本企业的生产、科研技术,并能解决谈判中发生的各种技术问题的专业技术人员参加,作为主谈人的助手。在主谈人开始谈判前,专业技术人员要准备好谈判有关的详细技术资料,帮助主谈人掌握具体的技术参数;当谈判中发生技术争议问题时,专业技术人员要能分析、判定问题的症结,解答本方有关的技术难题。专业技术人员的具体职责是:

（1）谈判开始前,收集有关技术信息资料,做好谈判项目技术方案的准备工作。

（2）及时掌握双方在项目技术要求上的分歧和差距,研究解决分歧的途径和办法。

（3）根据主谈人的委托,同对方进行技术问题上的具体磋商。

（4）向主谈人提出有关技术难题的建议和方案。

（5）草拟和修改合同、协议中有关技术问题的条款。

（6）为最后决策提供专业技术方面的论证，参与合同、协议的签署和谈判的总结。

（四）法律人员

在重大项目谈判中，法律人员是不可缺少的，他要熟悉各种经济法规，在国际商务谈判中还要懂得国际商法和有关国家、地区的法律规定，能够透彻掌握和解释合同、协议中各种条款的法律含义和要求，使得本企业在各种经贸交往中得到法律保障，在发生法律纠纷时，能有力地维护自身的利益。法律人员的具体职责是：

（1）认定谈判对方经济组织的法人地位。

（2）保证谈判程序和谈判内容在法律许可的范围内进行。

（3）参加拟订谈判文件，保证其在法律上的有效性和准确性。

（4）当发生法律纠纷时，依法为本方利益进行辩护。

（五）翻译人员

在对外大型商务谈判中，翻译人员是谈判班子的核心成员。重要谈判的翻译不能临时确定，而应尽早吸收翻译人员参加谈判的准备，使其充分了解谈判的任务、目标和策略，掌握有关业务和技术术语。好的翻译人员能洞察对方的心理和发言意图，为主谈人提供重要信息和建议，同时也可为本方谈判中出现的失误，找到改正的机会和借口。对外经贸洽谈往往包藏着许多复杂、微妙的问题，主谈人或其他成员发言中难免有失言之处，高水平的翻译能在语言传递中巧妙地给予更正。有时当主谈人意识到自己出言有误，在配合默契的情况下，还可找借口把失言之责任往翻译身上推，体面地纠正自己的错误。此外，通过翻译进行谈判，可以避免过早暴露自己的外语水平，利用翻译复述的时间，细心观察对方的反应，争得较多的思考时间，决定下一段行动的步骤。翻译人员的工作职责是：

（1）谈判开始前尽量熟悉业务情况，了解谈判对手特点，做好充分准备。

（2）在谈判过程中全神贯注，力求使翻译内容准确、忠实原意。

（3）当发觉主谈人表述不妥或有差错时，以巧妙的方式提醒其注意，但最后必须以主谈人的意见为准，不能表达翻译自己的意向。

（4）对方提出的意见和要求，应如实告知主谈人，不能自作主张作出回答，也不能故意省略。

（5）谈判对方如有不正确言论或不满意表示，应全部译告主谈人，由主谈人考虑后作出适当反应。

在谈判进行中翻译不应随便更换,以保证工作的连续性。翻译的工作相当艰苦,应予尊重爱护。

(六) 记录人员

一项重大的商务谈判往往旷日持久,多有起伏,把谈判全过程如实记录下来,形成完整的资料,既是本次谈判的重要档案资料,也是进一步发展关系的参考依据。因此,配备具有良好素质的记录人员是十分必要的,他虽不是正式代表,但应是谈判班子的组成人员。重要谈判还设有二线工作班子,他们除听取口头汇报外,主要从记录中了解谈判的全部过程,发现问题症结,提出相应的建议和对策。记录人员要有良好的文字记录能力,最好学会速记,并有一定的业务知识,注意力集中,反应机敏。完整地记录谈判内容应包括:

(1)商谈的全部过程和主要问题。

(2)双方提出的各项条件和建议。

(3)双方争议的主要问题和最后达成的协议。

(4)主要谈判人员的用语、习惯、提法和表情等。

(七) 国外商务活动中的代理人

在国外商务活动中,代理人作为企业委托在当地经营渠道的成员,不仅熟悉委托人经营的商品和服务,而且更重要的是充分掌握当地的社会、经济情况,了解谈判对方及参加谈判人员的特点,熟悉同行圈子的内情,与当地各方面人士有密切联系。因此,在国外进行商务谈判时,经过事先认真的选择,可以让作用能发挥得更好的代理人参加正式谈判。在客户有翻译的情况下,代理人可以帮助双方传递意图,验证对方翻译的正确性;而在对方没有翻译的情况下,代理人常常可以充当翻译,尤其当谈判对方使用的是小语种时。正确地利用代理人,关键是要建立起长期合作的友谊纽带,处理好双方的利益关系,使其认识到谈判的成功会给他带来比目前更好的发展前景和更多的利益。当然,代理人与谈判对手之间也常常会有一些不易察觉的联系,他既可以为我方服务,也可以为对方效力。因此,在代理人参加谈判时,既要利用其促进谈判的顺利进行,又要做好工作,掌握分寸,防止发生对我方不利的情况。

除了上述主要成员外,根据谈判需要,还要配备一些信息收集、数据分析、文件打印等服务人员,使谈判工作能有序地进行。

第三节　商务谈判人员的选拔和管理

一、选拔商务谈判人员的原则

正确选拔商务谈判人员是决定谈判成败的关键,根据许多单位的实践经验,人员选拔应遵循以下原则。

(一)坚持政治和业务统一的标准

重大的商务谈判,特别是国际经贸谈判,关系到国家和人民的根本利益,必须选择在政治上坚定可靠、能自觉维护人民利益的人去担当谈判代表。如果让一些品质恶劣、为达到个人目的不惜牺牲国家利益的腐败分子钻进谈判队伍,其后果将不堪设想。当然政治标准并不能代替业务水平,没有足够的专业知识和谈判实践经验,在与对方接触中即会露出破绽,不仅会影响国家和单位的声誉,而且将在实际工作中造成损失。因此,选拔商务谈判人员一定要坚持政治素养和业务水平统一的原则,两者不能偏废。

(二)不拘一格选拔人才

一些单位的领导,在选拔大型谈判和对外经贸谈判参加者时,往往视野不够开阔,只看到几位有资历、有影响的人物,这样的人本来就少,加上年龄偏高,不一定能适应业务不断发展的需要。所以,要打破"论资排辈"的传统做法,起用那些虽然没有很高资历,但经实践证明有能力、肯钻研、能够担负起谈判重任的较年轻的人。要在竞争中不拘一格地选拔人才,造就大批适应业务发展需要的英才。

(三)发扬长处,不求全责备

商务谈判人员的条件是很高的,而且是多方面的。但是"金无足赤,人无完人",要找到各方面都符合条件、完美无缺的人,实际上是不可能的。因此,在人员选拔时,要做到全面考察,既了解其短处,更要着重了解、分析其长处,看其主流方面,在使用中扬长避短,不求全责备,充分发挥人才的作用。

(四)在实践中发现人才、起用人才

商务谈判要有理论指导,能灵活运用多方面的知识,但重点还在实践。有的人有较多理论知识,但是缺乏实际谈判经验,需要给他们创造运用所学知识的机会,使之在实践中得到锻炼提高,逐步成熟起来,并委以重任。有的人学历和专业知识

不足,但已有较长时期的实际工作经验,并且善于在工作中学习,各方面素质较好,也可以放在适当位置,使其潜在优势得以发挥。总之,要以实践第一的原则,以发展的观点考察人才、培养人才、使用人才。

二、谈判小组负责人的选择

要保证谈判人员的群体作用得到很好发挥,一定要选择好谈判小组的负责人。选定谈判小组负责人时,应考虑以下几个条件:

(1)具有谈判项目有关的专业知识和较多的谈判实践经验。

(2)具有领导谈判、协调组织成员的能力。

(3)对谈判的成败得失有着直接关系,有很强的责任心。

因此,谈判小组领导人的选定,在一般情况下总是与其在公司中原来的职务相联系,这样做比较容易满足以上的要求。当然,有时出于某种需要,选择其他专业人员担任谈判小组领导人的情况也是有的。在通常情况下,谈判项目的内容与谈判小组负责人所任职务的关系如表 3-1 所示。

表 3-1 谈判小组负责人的来源

谈判项目内容	谈判小组负责人的来源
购买生产所需原材料	原材料主要采购员、生产经理、厂长
购买工厂设备的重要零部件	采购部经理、有关部门经理、技术负责人
重要的销售合同	销售部经理、资深的业务负责人、指定的项目经理、负责营销的副总经理
合同的争议	项目经理、销售部经理、合同执行经理、曾参加谈判的有关人员

以下人员不适宜担任谈判小组负责人:

(1)并无有关专业知识,只是当时此人正好没事干。

(2)缺乏实际谈判经验的技术专家或是与技术贸易有直接个人利益关系的专利发明人。

(3)与谈判对方负责人或谈判人员有私人交往的人员。

三、重视谈判组织群体结构的优化

有效率的谈判组织,不仅要选好每一个成员,而且要使其群体结构优化、优势互补。正如一个好的乐队,不但要求每一位乐师具有高超的技艺,能够运用自己掌握的乐器演奏出优美的乐章,更重要的是要求每位乐师各就其位,严格按照统一的指挥奏出协调悦耳的声音,使整个乐队完成预期的演奏任务。如果其中有一个人的演奏不协调,可能就会毁掉整个乐队的演奏。谈判组织群体结构的优化首先要注意使各成员在性格上实现互补,以充分发挥每个人的长处。人的性格大体可分为急性型、沉静型、活泼型和黏液型四类,各类性格的人在思想方法和行为特征上都不相同,并在不同的情况下形成不同的谈判风格,显示出自身明显的优点和缺点。

(1)急性型性格的人,一般头脑灵活,处事果断,敢说敢讲,直爽坦率,但往往考虑问题不够周密,遇到外界刺激时,容易冲动,自制力不强。

(2)沉静型性格的人,不爱交际,办事细致,沉默寡言,责任心强,能严守机密,但过于拘谨,一旦受到外界刺激,难以处置适当。

(3)活泼型性格的人,多数思维敏捷,富幽默感,亲切随和,富有朝气,善交际,但有时情绪易于波动,缺少深入钻研问题的精神。

(4)黏液型性格的人,一般工作细致,责任心强,沉着冷静,对人亲切随和,对谈判对手的心理和行动反应敏锐,遇到矛盾和困难能沉着处理,对重大问题有时优柔寡断,但能听取他人意见,作风较为民主。

不同性格的人,如在谈判组织中配置得当,扬长避短,将会发挥很好的互补作用。如黏液型性格的人经实践锻炼成熟之后,是理想的谈判组织负责人;活泼型性格的人适宜做谈判的联络工作,在困难时作调停人;急性型性格的人可以在商谈关键问题时充当"红脸";而沉静型性格的人适宜做资料准备、情况分析、文件拟订等工作。在配置各类性格的谈判成员时,当然还要考虑对方人员的性格特点,这样才能有针对性。如若对方人员中急性型性格的人占多数,我方宜较多配备黏液型和活泼型性格的人员,以便"以柔克刚",取得成效。至于谈判组织内部人员的专业能力的优化配置,更属应认真处理的问题,此处不再赘述。

【案例】

选择主谈人应考虑的个人因素主要包括以下四方面。

(1)地位。无论是商业还是技术主谈,主谈人在其所在企业、公司或部门的地位,对他承担的主谈人角色有相当大的影响。地位是权力的象征,也是谈判决策能力的标志,谈判双方均会关注并采取相应的谈判措施。实践表明,地位高低与谈判重要性成正比。谈判标的涉及的金额越大,政治影响越大,主谈人的地位也越高。谁也不会因"小标的"而派出"大将",除非这个"小标的"是个"引子",或者作为进行重大交易的"突破点"。而对"大标的"的谈判则不可能随便派人负责,否则会造成"无诚意"之嫌。所以,主谈人的身份应与谈判的标的相称。同时也要参考对方主谈人的身份高低。

（2）年龄。实践表明，人的年龄在交往中会引出不同的态度。商业谈判中亦不例外。谈判的年龄要求可分为老、中、青三档，相对于三种谈判级别。28岁以下的年轻业务人员承担小型、单一的交易主谈会有很好的表现，若承担中、大型交易谈判会有力不从心的感觉。30岁以上的业务人员是谈判桌上的"中年人"，可以承担小型谈判主谈人，也可承担大型谈判主谈人的角色。40岁以上的业务人员可以说是对外商业谈判中的"老年人"，主要承担大、中型的谈判主谈人角色。当然，现实生活中，打破这种年龄分配的例子也有。如40岁左右的业务员不一定都能带什么"长"或任什么"经理"，在其负责的业务中也不免有"小型谈判"。此外，"小将挑大梁"的事也会有，但属个别情况。

（3）性别。在商业谈判中大部分是男性，也有部分为女性。尤其在重大谈判中，男性主谈人为多，女性则较少。这里有其历史性和传统性。由于国际贸易本身具有的谈判流动性、冒险性，加之体力要求高等因素，男性从事活动已成传统，在所谓"文明发达"的西方也仍是男性占据主宰地位。新中国成立以来我国培养了不少外贸工作人员及工程技术人员，其中不乏女性佼佼者。实践中，在单一、小型的贸易谈判中女性占有一定比例。

（4）风度。主谈人的风度往往对谈判成败起重要作用。"风度"包括外表与内涵两个方面。外表包括长相、衣着与举止行为。生理上有缺陷就很难有"风度"，会给谈判带来消极的影响。衣着脏旧或过于怪异都会给谈判对方不舒服感，可能产生无心与你谈判的想法。举止尤为重要，站不直（姿势不端）、坐不稳（半躺、半倚、晃动腿脚），都会让人产生轻浮、不礼貌、不认真行事之感觉。

四、智囊团成员的选择

参加重大项目谈判的谈判组织，都需要依靠智囊团这个"外脑"帮助解决谈判中出现的各种经济、技术问题，以弥补谈判组织成员自身的某些不足。智囊团是由若干高层次的专业人才组成的智力优化的群体，它要在调查研究的基础上，发挥其智力优势。智囊团的作用是：在谈判准备期间对谈判目标、谈判程序设计和谈判主要问题的对策提出建议和方案；对谈判进行中出现的重大问题，提供解决的咨询意见；对可能出现的新问题和已发生的失误，提供预防和补救意见及建议。因此，选择和配备好智囊团人员，对谈判的成败关系重大。

智囊团既可能是经某种程序予以正式授权成立的组织，也可能是由谈判小组或其成员个人邀请而建立的松散的非正式组织。大型国际性商务谈判一般需建立前一种形式的智囊团，后一种形式则更适合规模较小的谈判，有时两种形式可以同时存在。

智囊团成员最好要有以下几类人员参加:

(1)知识型。具有广博的知识,又精通某一门专业,依靠这些专家能使我方提出的每一项意见和方案在政策上、法律上具有坚实的理论根据和现实的可行性。

(2)预见型。凭借其丰富的知识和实践经验,能及时发现谈判中一些问题的征兆,见微而知著,能把握事物发展的趋势,便于采取相应的预防或引导措施。

(3)求实型。能够真正以实事求是、一切从实际出发的科学态度去考虑问题,揭示问题的实质,客观公正,不趋炎附势,不文过饰非,敢于在深入分析研究的基础上,直陈自己的见解。

(4)效率型。处事果断,注重效率,能够帮助督促谈判组织抓住谈判进行过程中的各种机会。有的谈判专家说:要达成理想的谈判协议,一定要能抓住两列快速列车相互交会的瞬息时刻。

因此,选择智囊团人员也要注意其结构的优化,不能只考虑地位、名望,更不应让一些患得患失、见风使舵的人进入智囊团。

五、商务谈判人员的管理

谈判班子组建之后,管理工作十分重要,尤其是一些内容复杂的综合项目往往从多方面抽调人员组成班子,加强管理更为重要。

(一) 授权与负责

确定谈判班子领导人之后,要明确其权限与责任,使其在授权范围内有充分的行动自主权。特别是在异地、异国进行谈判,不可能事事、时时都作请示汇报,在明确授权范围的基础上充分发挥谈判班子领导人的主观能动性和创造性,是顺利完成谈判的前提。在对外经贸谈判中,谈判班子领导人的物色要作长期周密考虑,如对某一引进项目的谈判,在可能情况下应使谈判班子领导人或主谈人参加从选择合作对象、出国考察、开始谈判、项目引进直至投产的全过程,这样才能大大提高其谈判能力,增强使命感,保证工作连贯性,避免"短期行为"造成的损失。

(二) 协调

谈判班子领导人是整个谈判的决策者。专业技术人员、经济人员、法律人员有时会接受谈判领导人的委托,成为主要谈判人,他们相互之间经常交流情况和信息,提供支持和配合。谈判班子领导人应做好各类专业人员之间的协调工作,使他们既当好自己的参谋,又赋予他们在专业范围内的检查和监督权,能及时向领导人提出建议和劝告,相互之间又能密切配合,相互支援。

领导班子构成人员之间的关系如图 3-1。

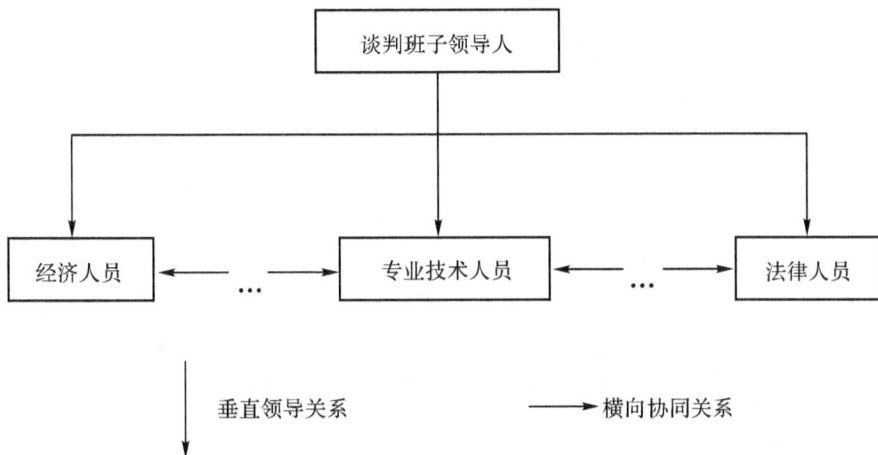

图 3-1　谈判班子构成人员关系图

层次少、职责明确的谈判班子结构,能有效地进行协调和管理。

（三）调换与撤换

重大谈判要经历相当长的时间,除主要谈判人员必须自始至终参加外,其他专业人员可根据其职责和工作进程的需要进行调换。在谈判进行中,视情况也可将谈判人员进行撤换,如该人不适合继续参加谈判,包括工作失误、犯错误,以及有不适宜继续参加谈判的其他情况等。据策略和技巧的需要,有时变换人员便于打开僵持的谈判局面。

（四）高级领导参加谈判

有些在国外进行的重要谈判项目,尤其是由国外政府部门支持、我国大型国有企业或类似机构参加的谈判,在适当时候可请有关方面的高级领导人出面,参与部分谈判。通过上层的接触,可以沟通情况,增进双方的关系,也表示对该项目的支持。但是,这类活动只应对谈判有所促进,需避免可能产生的不利影响,且在进行中必须注意以下几点:

（1）访问的必要性及访问的时间应听取谈判班子负责人的意见,不可由高级领导人贸然决定。

（2）高级领导人的出场应增强而不是削弱谈判负责人的地位和权力,不能让谈判对方、代理人越过谈判负责人与高级领导人另行建立联系渠道。

（3）高级领导人出场时间不宜安排过紧，要留有余地，有一定的灵活性，以确保所有重要事情都能处理完毕。

（4）出访的高级领导人事先应充分掌握被访问国家的政治、经济、文化、宗教等基本情况，熟悉当前谈判的进程和问题。

（5）要认真执行我国的外交路线和方针政策，不要摆出施恩的姿态，在关键性会谈中应坚持原则，做到有理、有利、有节。

（6）应按规定把出访计划和日程告知我国驻外使（领）馆。

在市场经济中身份和地位往往和商品一样被列入评价，它是促成交易的重要因素。但高级领导人在谈判中出现也会引起一些问题，如对谈判项目具体情况了解不够，在与对方直接对话中可能出现失误；也可能使谈判班子人员分散精力，束缚其才能的充分发挥；如果在高级领导人参加谈判的情况下发生对抗，将缺少回旋余地；等等。因此，高级领导人应在必要时出场，以示尊重对方，支持谈判，具体的谈判还是在谈判负责人领导下进行更为妥当。

案例阅读与讨论

【案例】 "铁娘子"撒切尔夫人

当欧洲经济共同体的政府首脑于 1979 年 12 月在都柏林聚会时，撒切尔夫人以她的坚决、果断赢得了胜利。在各国首脑会谈时，撒切尔夫人以英国政府首脑的身份向他们提出，英国在共同体预算中支出得太多，英国投入共同体的费用比从中得到的好处要多得多。她为此要求把英国每年支付的预算款项减少 10 亿英镑。其他欧洲经济共同体首脑的笑脸立即消失了，他们答应英国可以减少 2.5 亿英镑，并认为这是个极限了。在这一阶段，讨价还价的范围已经形成。欧洲经济共同体的首脑们之所以同意减少 2.5 亿英镑，是因为他们预计在一场艰难的讨论之后，可能不得不减少 3 亿英镑。

欧洲经济共同体的首脑们满怀信心地认为把英国支付款项减去 3 亿英镑左右即能达到英国的要求。但是他们错了，他们忘记了他们正在和一个果断、坚决的女性打交道，她有自己的规则，她正在迫使他们按她的规则办事。撒切尔夫人提出了一个非常高的要求并且坚持这一要求，结果出现了一个不愉快的场面——双方都固守自己的地盘，而不是按照礼仪使双方逐渐地互相靠拢，他们的要求相距太远，结果出现了僵局，没有达成协议。

由于双方的坚持，在欧洲经济共同体的争论中，双方都发出了威胁的信号。撒切尔夫人仍不放弃她的高要求，于是，德国首先提出了 3.5 亿英镑的让步，英国拒绝了；后来，德国开始谈论 8 亿英镑的让步，但只限于 1 年，这同样被拒绝了，因为撒切尔夫人主张年年都有减少。这样,由于英国的坚持,到后来,时间的优势跑到英国这边来了,撒切尔夫人逐渐使欧洲经济共同体往她自己期望的方向发展。她瞄准那个数字,牢牢地坚持这个要求,并拒绝作出第一步主要让步,一旦欧洲经济共同体朝英国的要求走出了第一步,他们就得在相同的方向上走下去。欧洲经济共同体国家最后达成了开始两年每年减少8亿英镑的协议,还加有一个保证,保证第三年在由于通货膨胀而需要比较高的储备时继续进行同一水平的安排。撒切尔夫人最终在这场讨价还价中获得了胜利。

大多数讨价还价的情况都没有像欧洲经济共同体与英国之间的争论那样急速地变化,事实上,一方通常在已经清楚自己想从交易中得到什么的同时,另一方面也正在明确自己的想法,这就给已经知道自己想得到什么的讨价还价者提供了很好的可乘之机。

【讨论】

1.你认为撒切尔夫人的性格是否在本场谈判中起到了关键作用?

2.在什么样的情况下,坚决果断的性格能帮助我们在谈判中取得成功?

▎▎▎➡ 思考题

1.商务谈判人员应具备哪些基本素质?对比一下,你自己已经初步具备了哪些素质,还需要做哪些努力?

2.谈判组织的类型和规模有几种?分析一下你能在不同的谈判组织中充当什么角色?

3.选拔商务谈判人员的原则是什么?

4.怎样选择商务谈判小组负责人?

5.为什么要重视谈判组织群体结构的优化问题?评估一下你是属于哪类性格的人,在谈判中要如何扬己之长,避己之短?

6.谈判智囊团的作用是什么,如何选择智囊团人员?

7.怎样加强商务谈判人员的管理?

8.高级领导人参加商务谈判有哪些必须注意的问题?

第四章　商务谈判信息

　　谈判信息　　谈判性格　　谈判作风

　　现代社会进入以信息为中心,由人力、物力、财力、信息四大要素构成的信息时代。信息已经渗透到人类社会活动的各个层面。本章将从商务谈判这一特定的经济活动出发,在介绍谈判信息的特征、作用和类型的基础上,着重论述谈判信息收集和处理的基本方法。

第一节　商务谈判信息的内涵和功效

一、商务谈判信息的内涵

　　信息是开放社会环境中将人们的政治、经济、文化和社会生活紧密联系起来的重要媒介,它是一种无形的财富和资源,既可使不确定的知识确定化,又能为信息接收者带来某些变化。

　　什么是谈判信息？从一般理解,谈判信息是指与谈判活动有密切联系的各种情况及其属性的一种客观描述。这里的各种情况,既包括谈判主体(当事人)的情况,如当事人的职业、年龄、性格、社会经历等等,也包括影响谈判进程或结果的各种客观环境,如国家政策、法律法规、贸易惯例、风俗习惯及一些偶然因素,还包括与谈判主题直接相关的情况,如产品的销售状况、技术水平、质量等一系列因素。

　　据此,商务谈判信息就是指那些关于参与商务谈判的各方当事人的信息和直接间接影响谈判内容、谈判进程、谈判结果的信息。实际上,它包含了两方面的信息,即人的信息和物的信息。

　　商务谈判信息具有以下明显特征。

（一）谈判信息的目的性

信息传递的是本来并不知道的事情，已知的东西不管听到多少次也不能称之为信息。信息到底有多大价值，取决于它在多大程度上符合接收者的需要。所以，在信息传递过程中，至关重要的是接收者（或称需要者）的目的意识。信息是为人服务的，而一切人类活动都是有意识、有目的的活动。反映在商务谈判上，谈判信息的收集就是为了达到某种经济目的或满足一定的企业利益而进行的有目的的活动。也就是说，这类信息的获得，可以给谈判者带来直接的经济利益。漫无目的地获取信息既不能为谈判带来有益的行动，也不能获得相应的企业利益，甚至还会造成不必要的时间和资源浪费。可见，谈判的目的性直接决定了谈判信息的目的性。

（二）谈判信息的复杂性

谈判信息的复杂性，首先是指谈判信息往往真伪混杂、良莠难辨。真实性是人们对信息的根本要求之一，即信息应该是对客观现象及其运动作出符合实际的描述。但在现实生活中，很难做到这一点。这不仅由于信息收集者本来的知识水平、业务经验会影响到他对信息的判断，而且还因为收集到的谈判信息本来就可能是一种错误的引导。在商务谈判中，我们常可以看到这样一种情况：一方（或双方）为达到自己的目的，故意在谈判前散布假消息，而如果对方对此信以为真，就会在谈判中落入圈套，导致一败涂地。所以，在谈判信息的收集分析过程中，信息工作人员一定要有很强的辨别能力。其次，谈判信息的复杂性是指它对谈判活动的影响是不一样的。一方面，不同的谈判信息对同一谈判过程所起的作用是不同的，有的信息直接决定谈判的成败，而有的信息只是间接地起作用；另一方面，同一个谈判信息在不同的谈判者手中所起的作用也是不同的，有的人能领悟并恰当地作出反应，而有的人却难以把握信息的实质，甚至作出错误的判断。

（三）谈判信息的时效性

信息的价值大小很大程度上取决于能否及时送到接收者手中。市场情况瞬息万变，在激烈的市场竞争中开展经营的各个企业，耳目是否灵通，对市场的变化反应是否敏捷，能否适时地抓住各种有利的机会并采取相应的对策，直接关系到企业谈判的成败。为此，信息收集者要有很强的时间观念，一旦发现同本次谈判有关的信息线索，就应立即追踪，迅速获取。只有这样，才能使企业及时地作出各种相应的决策。否则，如果反应迟钝、行动缓慢，就会使企业的决策落后于变化的市场形势，使己方在谈判中处于被动挨打的地位。

(四)谈判信息的系统性

所谓谈判信息的系统性是指它是由若干个具有特定内容和有相关性质的谈判信息所构成的彼此联系、相互作用、相互制约的信息体系。任何谈判活动都是受到多种因素制约和影响,而且随着客观环境的变化,呈现出错综复杂的情况,所以,信息不应仅仅是对某一方面、某一片段或某一时段的客观描述,而应是多侧面、多层次、长时效的。例如我们要求获得对方谈判人员的信息,就应该仔细搜集有关他们的一切情况,如年龄、性格、工作经历、社会背景、家庭状况、个人爱好等一系列信息。

二、商务谈判信息的功效

谈判信息的收集是了解双方意图、确定谈判目标、制订谈判策略的前提,它的功效具体体现在以下几方面。

(一)商务谈判信息是谈判取得成功的可靠保证

谈判能否取得成功,取决于很多因素,如双方的实力对比、客观环境的变化、个人能力的大小、策略运用的得当与否等。而其中谈判者对各种谈判信息的拥有量,特别是谈判者对各种谈判信息的收集、分析、识别和利用的能力,对谈判成功与否有着极大的关系。占有谈判信息优势的一方几乎总是掌握着谈判的主动权。日苏渔业谈判就是一个极好的证明。早先日本渔民用血汗开拓的北洋渔场,逐渐成为日苏对分渔业资源的局面,之后,日方所得的份额一直在下降。日本连遭败绩的原因很多,其中一个重要的原因是苏联在情报方面所处的绝对优势。日本不清楚苏联渔业方面的动态,而苏联却能把日本水产厅的资料、日本全国各地每日的报纸等送往莫斯科,随即译成俄文,直接送到谈判桌上。

(二)商务谈判信息是确定谈判目标的基础

任何谈判的产生都是由双方的需要所引起的,因此,如何最大限度地满足各自的需要就是双方的目标。而要想确定一个明确、具体、可行的目标,则必须以掌握大量的谈判信息为基础。这些信息包括我方的实力、对方的实力、市场形势、竞争者状况、客观环境等许多方面。只有综合考虑上述因素,制订的目标才是符合实际、切实可行的,否则只能是沙中建塔、空中楼阁。如日本某公司在和东欧国家进行贸易谈判时,面临着西欧国家的激烈竞争。日本公司根据掌握的信息,了解到若要达成协议,必须在价格上作很大让步,甚至无利可图。但是,从全局看,若此次贸易达成,该公司将得以打进东欧市场,这是非常有利的。因此,该公司给己方谈判人员制订的目标就是尽量争取合理的价格,即使让利,甚至无利,也要达成协议。事实证明,这一目标是正确的,日本公司借此在东欧站稳了脚跟。

（三）商务谈判信息是制订谈判策略的依据

谈判离不开策略,而策略又离不开信息。谈判高手们在谈判桌上有时因势利导,有时将计就计,有时以逸待劳,有时模棱两可,有时声东击西……举手投足、言谈举止间无不包含着策略,而种种策略都是以信息为前提的。"用师之本,在知敌情",只有充分占有信息,了解对手,才能制订相应的策略。1879 年,英国派遣了一个外交使团到摩洛哥去谈判,临行前英国人获得了苏丹宫廷和国王本人的详细情报,其中有个信息引起了官员们的兴趣——苏丹国王非常迷信。于是,英国政府加派了一个魔术家道格拉斯·汉弗特,他的任务就是在苏丹国王面前表演魔术,使他慑服于维多利亚女王的"超自然"的威力,迫使他在谈判中让步,使英国的殖民政策得以推行。

第二节 商务谈判信息的类型和内容

一、商务谈判信息的类型

科学地区分谈判信息的类型是研究、分析、运用谈判信息的基础。从不同的角度出发,谈判信息可划分出不同的类型。

（一）按谈判信息的载体划分

按信息载体划分,谈判信息可分为语言信息、实物信息、文献信息。语言信息主要是指表达信息的口头语言,此外还包括肢体语言,如手势、表情。由于人类生产的各种产品,都不同程度地经过了人类加工改造,凝结了人的劳动和智慧,因此,这些产品常常能透露一些有用的新知识,使人们在产品的设计原理、原材料配方、工艺特点、性能等方面获得有价值的信息,这些都是实物信息。文献信息是指通过一定的符号系统、图形记录和传播知识的一切物体,如图书、声像制品、计算机磁盘所传递的信息。

（二）按谈判信息的产生时间划分

按产生时间的先后,谈判信息可分为谈判前信息、谈判中信息和谈判后信息。谈判前信息是指发生于正式谈判之前的所有信息,它有助于企业了解外部环境,确定自身目标,制订谈判策略。它也是谈判信息的主体。谈判中信息是指在谈判过程中发生的有关客观环境、对方意图等变化的信息。由于事前我们不可能了解所有必要的信息,因此在谈判过程中还需要通过观察、提问等手段来收集信息,它有助于企业随时修改本方目标,调整策略,控制谈判的主动权。谈判后信息是指企业在谈判结束后,通过其他途径得到的有关本次谈判的情报,如对方的评价、外界的评论等。它有助于企业正确地审度、评价这次谈判,并为下一次谈判作好必要的准备。

(三) 按谈判信息的产生领域划分

按产生领域的不同,谈判信息可以分为政治性信息、经济性信息、科技性信息、社会性信息。政治性信息是指由于某一政治活动、政治事件的出现而引起市场和整个谈判环境变化的信息。经济性信息是指与企业生产经营活动密切相关的各种经济领域的信息,如国民经济发展状况或财政、金融、信贷情况等。科技性信息是指与企业产品研制、设计、生产、包装有关的信息。社会性信息是指与本次谈判相关的诸如社会风俗、时令风尚、社会心理、社会结构等方面的信息。

二、谈判信息的主要内容

(一) 政治法律信息

1.有关政治、经济形势的基本情况

在国际商务谈判前,应对影响本次交易的政治、经济形势,尤其是双方国家的政治、经济形势的变动情况进行调查研究。如会不会发生政局动荡,两国关系是否会趋于紧张,国际经济形势的变动趋势,政府有没有采取一些新的贸易管理措施等。掌握这些方面的因素有利于促成双方的交易,或对一些可能出现的问题采取相应的防范措施。

2.双方国家或地区与本次谈判内容有关的法律法规

例如,对谈判标的、税收、进口配额、最低限价、许可证管理等方面的法律法规,都会对谈判形成的协议和合同产生法律约束力。在商务谈判前应尽量掌握与本次交易有关的法律法规的具体内容和变动情况的信息,以供谈判时参考。

随着社会主义市场经济的逐步建立,我国在健全法制方面取得了很大的成就,各项经济法规正在完善与配套。各个地区和部门也根据国家的有关法律法规,结合本地区、本部门的实际,制定了相应的法规条例。上述政策法规都是当事人的依据,因此在谈判前必须有所了解和掌握。

3.国际惯例

在国际商务活动中,还经常需要引用国际贸易惯例的有关规定。国际贸易惯

例是在国际经济贸易业务的长期实践中,逐渐形成的一些通用的习惯做法或先例。在商务谈判中,采用国际惯例主要有两方面的作用:一是把国际商务活动中的一些做法加以统一,以便减少或避免纠纷,即使发生了纠纷也易于处理;二是可以补充法律法规之不足,有些事项在有关法律中均未作明确规定,就可以按照国际惯例来处理。

(二)市场信息

1.市场状况

如国家对该行业的政策倾向,市场目前所处的状态和发展趋势,潜在市场开拓的可能性和存在的问题。

2.消费需求状况

如消费的总需求量、总供给量及其发展变化的总趋势;消费者对本企业(或对方企业)现有的和潜在的需求,消费者的收入水平、购买能力和购买品位,消费者的构成和层次的地区分布、消费频度等;影响消费者购买行为实现的社会因素、心理因素、家庭因素及文化因素。

3.产品状况

如产品的结构、功能、品种、规格、质量、数量、信誉、包装、运输、服务等;同类产品的发展与供求状况及其市场占有率;生产同类产品或代用品的企业的构成、经营管理水平与手段、企业实力、产品竞争状况和消费者信用度等情况。

4.价格状况

包括企业定价方法与程序;影响价格变化的因素,如竞争企业的价格策略、替代产品的生产价格与发展趋势、国际市场同类产品的价格及走势等;国家和地区价格的差异,如产品的地区差价、季节差价、质量差价、服务差价、时间差价、政策差价等。

(三)科技信息

这里的科技信息是指与本次谈判内容有关的新技术、新工艺和新设计的信息。卖方收集科技信息的目的在于可以更科学合理地制订相应的价格和其他交易条件。而买方除了上述目的外,应关心两个问题:①先进性,即所购进的标的物应具有技术上的领先性,以便能更好地发展自己或超越竞争者;②适用性,即该标的物所含的技术是否能与自身的企业条件及社会经济发展水平相吻合,以便能最大限度地发挥经济效益。

（四）谈判对手的信息

1. 对手的实力

包括对方企业的注册资金、固定资金和流动资金规模,自有资金和借贷资金的比例;企业的年产值、利润及其在同行业中的地位;企业的人数、员工素质、有关政府部门对该企业的态度;企业在社会上的知名度、影响力等。

2. 对手的营运状况

即使对方是一个注册资本很大的公司,若经营管理不善,也会导致负债累累甚至破产,使我方蒙受不必要的损失,所以谈判前必须就对方企业的营运状况进行调查。包括:对方企业的产品畅销程度、市场占有率、消费者反应、开发新产品的能力、领导者的业务水平、经营管理的科学性、内部的凝聚力等。

3. 对手的谈判性格

指对方谈判人员在谈判中表现出来的比较稳定的个性特征,可以分为以下几种:

(1)贪权者。这类人敢于决策,敢于冒风险,攻关能力强,并且求胜心切。他们往往狂热地追求成绩,不管他人的反应或感觉,为了取得称心满意的结果会不惜代价,甚至不择手段。这类人在谈判中十分难相处,他们不会给人留下任何余地,在大部分问题上和大部分时间中,他们始终以自我为中心,我行我素。

(2)说服者。在某种程度上,说服者比贪权者更难对付。他们办事的方法相对隐蔽,手段精巧(意志力特别强,而外表总是温文尔雅),充满吸引人的魅力。在谈判中,他们十分随和,能迎合对手的话题与兴趣,在不知不觉中把别人说服。他们追求良好的人际关系,追求公众满意的形象,任何对他们形象不利的事都会引起他们的焦虑。说服者的另一大特点是超脱细节,他们总是规划总体蓝图和制订战略,力图摆脱工作细节,一旦陷入琐事则显得极不适应。

(3)忠实的执行者。这些人喜欢照章办事,做任何事都要寻找先例,而对于变革则显得无动于衷;他们需要不断得到上级的肯定与承认,对新事物的适应能力相对较差;在谈判中执着于细节问题,总想找出最好的解决办法。

4. 对手的谈判作风

谈判作风是指谈判者在多次谈判中所表现出来的一贯风格。谈判作风因人而异,千差万别,一般而言,可以分为以下几种:

(1)"强硬型"。"强硬"是由于谈判对手在经济实力、谈判能力等方面占有明显的优势而导致的不让步的谈判作风。这种谈判对手在谈判过程中,情绪容易冲动,滥施压力,几乎没有让步的余地,更不愿意拖延谈判时间。他们不渴求在本局谈判中达成协议,更愿意在不同的对手之间择优而定。

(2)"阴谋型"。这种对手往往不采用正面对抗来实现自己的目的,而是使用阴谋诡计进行欺骗。在谈判过程中,往往通过心理战术、说谎等手段施加各种有形和无形的压力来使我方不知所措或误入圈套,从而获得一些靠正常渠道很难得到的实质性收获。

(3)"合作型"。这种谈判作风的最大特点是合作意识强,能给双方带来皆大欢喜的结果。这种人比较现实、谨慎,当遇到重大利益的分歧或争议时,能理智地提出双方都能接受的新的提议。

(4)"不合作型"。这种谈判作风的人往往以自我为中心,热衷于运用谈判技巧来达到自己的目的。

第三节　商务谈判信息的收集和处理

一、收集谈判信息的渠道

根据信息来源的不同,收集信息的渠道可分以下几种:

(一)活字媒介

活字媒介是指以报纸、杂志、内部刊物和专业书籍所透露的消息、图片和数字等作为资料的来源。这是信息收集的主要渠道,也是最大的渠道。

(二)电波媒介

电波媒介就是通过广播电台、电视台播放的有关新闻、报道、广告等来源去收集信息,它往往比活字媒介更为迅速。

(三)统计资料

这主要包括各国、各地区、各部门、各行业以至各企业的各类统计月刊、年鉴和统计报表。上述资料的收集有一个好处,就是可以将各类资料、数据加以综合分析,以便了解有关事情的过去、现状和未来的发展趋势。同时,通过数据的加工整理还可以辨别资料之真伪,所以它往往比公布的单项数据更可靠。

(四)各类专门机构

社会上很多的经济和非经济机构,手中掌握有大量企业所需的宏观、微观信息。这些机构包括银行、保险公司、经济研究所(中心)、商品检验局、专利局、海关、行业主管部门以及各类的信息中心。如果是国际商务谈判,还可以到驻外使馆商务处去查找资料或进行咨询。

(五) 会议

会议往往是收集信息的一个很有用的渠道。企业可以从各类商品交易会、展览会、订货会等可以进行直接商务谈判的会议以及商务报告会、讨论会,甚至一些行政性会议中,有效地调查商品的生产、流通、消费以至市场趋势和竞争现状及发展前景等方面的资料,还可以捕捉大量可能影响谈判结果的政治情报。如 1965 年加拿大国会通过决议将"枫叶旗"定为国旗,由于我国台湾地区以及日本的一些企业对可能通过的决议进行过大量的信息收集工作,故在决议通过后第三天,这些企业赶制的枫叶小国旗和带有枫叶旗标志的各种玩具就运到了加拿大,取得了商业上的成功。

(六) 公共场所

如车站、码头、餐馆、商店、街道、集会场地、娱乐场所等都是收集信息的良好场所。这些场所的特点是人多,人们来自四面八方,从事不同的职业,因此信息来源特别广泛,与他们交谈是很好的获取信息的机会,往往可以达到事半功倍的效果。

(七) 函电、名片、广告

函电不但是商务谈判的主要形式之一,还是信息收集的工具,通过它可以获取销售信息、生产信息、价格信息等。人们在商务活动中,往往通过电话、传真、书信、询价函、征订单等去了解产品的销售情况,再结合其他信息就可以得到或预测有关的商务情况。名片也是收集信息的一条渠道。人们可以利用名片媒介扩大商务、结交朋友、获取资料。广告中一般载明商品的产地、厂家、电话及产品的性能乃至价格,有些广告册还登有商品的照片和简单说明书等,通过这一渠道往往能得到一些意想不到的信息。

(八) 网络

作为新技术与应用面越来越广的工具,网络在信息收集中所起的作用也越来越大。网络商务信息收集是指在网络上对商务信息的寻找和调取工作。这是一种有目的、有步骤地从各个网站、社交工具如微博等查找和获取信息的行为。但互联网所涵盖的信息远远大于任何传统媒体所涵盖的信息,人们在互联网上遇到的最大的困难是如何快速、准确地从浩如烟海的信息资源中找到自己最需要的信息,这已成为困扰全球网络用户的最主要问题。

二、收集谈判信息的方法

处于激烈竞争中的商务谈判各方,都想通过各种手段去收集尽可能多的、有用的信息,做到"知己知彼",取得预期中的利益。谈判信息的收集工作带有高度的技巧性和艺术性,不同的人对信息有不同的收集方法。这里只是介绍一些基本的、常用的方法。

(一)5种常规的信息收集方法

1.收集公开传播的有关信息

(1)阅读法。即通过阅读有关报纸、杂志、简报和文献资料,从中获得需要的信息。多年来,美、英、日等国一直很重视这种方法,他们通过积累和分析这些公开刊登的资料得到了许多有价值的信息。如美国国会研究处负责亚洲问题的专家罗伯特·萨特,研究中国问题 12 年,其主要方法就是毫无遗漏地阅读中国的报纸和其他出版物,一感到有某种质的变化,就进行更为深入的调查与研究。一名日本人通过长期阅读苏联的《科学与生活》杂志,从中分析出很多重要情报,他将这些情报整理出来,向日本、苏联申报专利,又卖给苏联,应用于民用生产,因而大发其财。

(2)视听法。从广播、电视中收集资料,往往由于其声像转瞬即逝,故难度相对较大。一般应从报纸登的节目单入手,找出可以成为资料源的节目,在预定的时间内准备好录音或录像设备将其记录下来,然后将其中重要的资料整理归档。有时在无意的视听中也会突然发现有价值的信息,所以在采用这种方法时,应有意识地准备好笔与记录本。

2.向有关单位索取信息

有些资料不是刊载于大众化的出版物上,而是需要通过派人磋商或发函联系等方式才能获取。如国内外企业的产品样本、产品说明书、产品介绍、企业内部刊物、宣传品及实物样品等。有些企业为了宣传本企业形象、扩大企业影响、推销产品,往往愿意免费赠送有关资料。这种方法可能是无偿的,也可能是有偿的。

3.委托收集

即企业委托有办法得到某些信息的情报网络、咨询机构、企事业单位或个人帮助收集。美国某企业在了解日本企业内部技术诀窍时,就曾采取多种形式的委托收集方法。如出钱资助某代表团到某企业去参观或讲学;为某企业的工人提供服务,以期取得情报等。

4.通过信息交换收集

信息交换是企业获取情报的重要办法,它不仅能使企业得到许多难得的情报资料,而且能比通过各种公开出版物收集信息节省许多时间。如在国际交换方面,可提前半年或一年得到有关的最新资料。另外,由于信息交换通常都是对口交换,因此,所得的信息大部分是及时的、适用的。

5.实地收集

有许多信息是不可能通过间接的手段得到的,这就要求企业有关人员深入实地进行直接的调查收集。相关方法主要包括以下几种。

(1)面谈法。即通过与有关当事人直接交谈来获取信息。它分为两种:预定面谈(已组织好的面谈)和遇事面谈(未组织好的面谈)。预定面谈是指事先经过安排,确定日期、时间、内容、方式乃至参加人数的面谈。它的优点是事先做了准备,届时可以有条不紊地取得尽可能多的资料,因而是面谈收集法的主要途径。遇事面谈指调研人员无法按照一套列明提纲的方案来提问题,而是启发对方自由谈论,逐步从中获取所需收集的信息资料。这种面谈方法,提问越简明扼要越好,在谈话过程中要尽量使对方围绕主题来谈。

(2)问卷法。即根据所需要的情况,设计出一套要求被调查者回答的问题的表格,通过被调查人员的答案来收集有关信息。这种方法使用起来费用较低,而且调查面广,可以在较短时间内获取大量的资料。

(3)观察法。是指企业有关人员根据一定的观察目的,运用自己的感官直接了解谈判对手,以取得第一手感性材料的方法。观察法通常有两种形式:参与观察与非参与观察。前者是指我方人员参加与对手之间进行的谈判活动,在谈判过程中观察、记录和收集对手的情况,供己方人员参考使用。如在 1955 年秋天,联邦德国总理阿登纳飞赴莫斯科与赫鲁晓夫会谈。在一次宴会上,赫鲁晓夫没完没了地向对方敬酒,目的就是观察阿登纳的性格,看看这个在谈判桌上极难对付的人能否用酒来征服。79 岁的阿登纳为了应战便端起了酒杯,在干完了 15 杯酒之后依然精神抖擞、头脑机警。赫鲁晓夫通过这次宴会了解了阿登纳那种强硬的谈判风格来源于其性格本身,因而在以后的会谈中态度有所收敛。非参与观察是指观察者并不直接参与和对手的谈判,而是站在局外,以并不影响被观察者活动的旁观者的身份去了解和掌握对手的有关材料。

(4)访问法。是指企业有关人员直接参观、访问对方公司,通过提问、观察等方法来得到大量的有关信息。实地的参观、访问往往能够掌握大量有关对手企业生产经营的情况,甚至是一些机密情报。如苏联在与波音飞机制造公司洽谈生意期间,曾派技术人员去该公司实地考察,这些人员穿的是一双特制的鞋子,能粘住稀有金属。通过这次参观,苏联就掌握了波音公司一直引以为豪并视为机密的某个零件的原料构成,省下一大笔购买费用。

(5)购买实物法。它是指购买对手的产品进行研究,即将对手的产品拆开后进行分析,研究其结构,可推断出其产品的原材料构成、成本价格、工艺先进程度等一系列极具价值的情报。如日本一些公司在20世纪五六十年代日本经济飞速增长的时期,就通过大量购买美国、西欧的先进机械电子产品,仔细分析其运行原理和生产流程,以极小的代价就生产出了类似的产品,并在质量、价格上与国外公司展开竞争,通过坚持不懈的努力,奠定了其出口大国的地位。

(二) 从谈判对手的雇员中收集信息

1.通过虚假招聘对方人员得到信息

某些公司根据自己想了解的信息在一些公众媒体上刊登招聘广告,说明急需哪些方面的专业人员,并提供较高的报酬和较好的工作环境,一般来说,在优厚的条件下,应聘人员总是趋之若鹜,这其中也不乏企业现在或未来竞争对手单位中的人员。公司派有关专家面试这些人员,利用应聘者急于想得到这一职位的迫切心情和急于显示自己能力、水平和经验的炫耀心理,诱使他们泄露原来公司的生产经营状况等有价值的信息。而一旦信息收集完毕,这些应聘人员无一例外地都会收到一个通知:"对不起,因招录人员已满,这次暂不录用您,请继续保持联系。"这一过程就称为假招聘,它的真实目的并不是要招收新员工,而只是想从这些人员中得到信息。

2.从对手内部受排挤的人员中套取信息

这种受排挤的人可分为两种:一种是确实在单位长期受到同事排挤、领导压制,空有一身本事;另一种则是已经在单位中占有一定的地位和权力,但这种地位和权力与他本人心目中对自己的职业设计相距甚远,因此,他总认为自己的所得远远比不上付出,从而产生一种受排挤的感觉。不管是哪一种人,其对单位的不满总是显而易见的。这种有心理郁闷的人总想找一个对象倾诉,而信息收集人员则可利用这一心理,通过与这些人的交谈,施之以关心、同情,经常能获得非常有用的情报。

3.与对手的顾问和助手交往并收集信息

顾问和助手在谈判时起着相当重要的作用,他们为主谈人收集、整理资料,制订方案并参与决策,但由于种种原因,这部分人往往在正式谈判过程中的位置不能过分突出甚至根本不露面。所以一方面顾问和助手掌握着大量的核心机密,起着至关重要的作用;另一方面他们的名字和作用又不为人所知。这种矛盾的长期积累,很可能使他们在心理上造成不平衡,这种不平衡对我方而言,就是机会。通过与这些人员的交往,利用他们的"求赏"欲望、"显示"欲望、"觅知音"欲望等引发其谈话兴趣,可一步步地套取信息。这种交往的最佳场所一般在会议或社交场合,经验表明,很多重大信息就是在上述场合不慎泄露的。如1973年,美国国防情报局就是在东京的一次招待酒会上,通过与一位苏联海军武官的闲谈掌握了其正在制造的航空母舰的名字、吨位、布置方位等绝密情报。

4.通过帮助对手的雇员工作来获得信息

对方公司的雇员是一个价值极大的信息源,能提供关于对方的活动、发展动态、市场计划等正式或非正式信息,而帮助对手的雇员工作是一种接近他们从而获取信息的好办法。如帮助对方心情烦躁的雇员整理资料、收发文件、打印复印、接打电话等。

(三) 从对手的业务单位中收集信息

1.访问与对手打过交道的人

一个善于谈判的人,总能够从别人的经验中吸取教训,从而了解自己的谈判对手。通过访问与其打过交道的人,询问他们的谈判过程,就可以掌握对手的谈判作风、个性、价值取向、待人接物的风格等一系列信息。同时,可以借鉴他们成功的经验;或对他们失败的教训加以分析,从而避免本企业重蹈覆辙。

2.通过对手的供货商了解信息

作为一家零售商,它的供货商可能是生产厂家或批发企业;作为一家制造企业,它的供货商就是原材料、半成品的生产厂家和其他批发商。这些供货商手中的销货、订货凭证往往能很准确地反映对方企业的生产经营情况,只要我们加以巧妙地利用、科学地分析,其信息价值是相当大的。如我们得知对手在近期大规模地增加其原材料的订货量,就可以推断出对方企业正处于产销两旺的好形势;反之,则可能是销售陷入低谷。对手如果对原材料提出一些新要求,如新规格、新型号等,就可能意味着他们正准备研制新产品,打入新市场;同时,根据对方的订货量和成品的产量,也可大致判断该企业的生产水平、设备利用率等情况。

3.加入对方为客户举办的活动

现代市场上,经常有很多公司向客户免费提供培训、设计等服务,其目的是想通过这些活动使客户在设计产品或制造的时候采用该公司的产品或服务。如对客户来说,接受了某种计算机的操作培训,势必加深了对这种计算机的认识,也就增加了采用它的可能性。而我方若能加入这部分客户的活动,利用对手的某些服务,就可以探听到对手的内部情况。如 1979 年美国英特尔公司获悉对手摩托罗拉公司正在生产 6.8 万件微处理机集成电路块,英特尔公司认为对方肯定会向一些客户小批量地试售其电路块,就派遣部分工程师与 8 家客户的设计机构接触。通过这种方法,他们摸清了对手产品的细节,随之针对摩托罗拉的该项产品展开了一场全面的销售战,赢得当时客户的大部分合同。

【案例】

有什么方法能把火力集中到买方将付出多少和卖方将得到多少上来吗?参加谈判的人都想知道对方想要什么,但是即使他告诉了你,你也不一定会相信他。下面这些办法可能对你有些帮助:

(1)"如果……将会怎么样"法。买方把火力集中到卖方单价 1 元的报价上,说如果价格能降到 9 角 2 分,他考虑再买些额外的东西。实际上他并不准备买额外的东西。

(2)"请你考虑"法。卖方可以告诉买方,包括家具在内,是否愿意考虑出 3.3 万元买下这座房子,如果他纠缠不休,那么卖方就能知道买方心目中的款额是多少或者他作了多少预算。

(3)"温泉土地开发者"法。开发者告诉买方去年是以 1 万元成交一块地的。如果买方说:"我今天也以那个价格买这一块地吧。"开发者就能知道他手头的钱不止 1 万元。

(4)"我想我能给你弄到它"法。卖方通过为某些弄不到的东西报价来打探到买方愿意付多少钱,然后他以极高的价格使谈判方向转向能弄到的东西。

(5)"失去买卖"法。卖方报价 1 元一个,为了让买方说出他想付多少钱,卖方一直坚持不降价。买方给的价通常很低,卖方对这个价表示吃惊,并且说他显然要失去这笔买卖。然后他问买方:在买方看来,真正能接受的报价是多少,以便将来参考。了解到信息后,卖方说他再同他的上司去谈谈,第二天他返回来报了一个较好的最后防线价格。

(6)"报出一个他不得不拒绝的报价"法。买方就一艘船报一个非常低的出价,卖方对此拒绝。买方说他显然买不起这艘船,但出于好奇他想知道这艘船到底值多少钱。放松警惕的卖方说了价格,他从来也没有想到这个买方仍然没有退出市场,然后买方返身回来又报出另外一个价。

(7)"牵驴"法。牵驴人报一个较低的价格以试探买方的反应。真正的买方以牵驴人所得到的信息与卖方谈判。

(8)"狂热"法。有人对只有一宗财产的卖方报出汽车、船只、沙地及许多对他来说没有意义的东西。卖方对买方付之一笑,因为这种报价是荒谬的。然后他对买方说了许多他不该说的话,因为他认为买方"显然"已退出交易,所以说出他想卖多少钱。房地产经纪人经常利用这种办法。

(9)"对相似销售的反应"法。卖方通过说明或告诉买方另一项相同价格的销售,来试探他对高价的反应;买方则通过告诉卖方同类的低价订货来试探他们对低出价的反应。

(10)"错误"法。卖方对出售的东西报出低价以提高买方的兴趣。而后又撤销那个报价,理由是发现其中有"错误"。

(11)"好产品"法。卖方通过试探买方是否有兴趣购买某款便宜的汽车和高一个档次的汽车,便能发现他有多少钱。

(12)"次品"法。买方先提出愿意考虑购买质量差一些的东西,来试探卖方想收多少钱。然后再设法用较低的价钱去买质量较高的东西。

(13)"升级"法。卖方先与买方做成交易,然后"经过思考"再提高他的价格。

(14)"哭穷"法。买方对卖方的产品表现出极大的兴趣,但假装因受资金限制买不起它。然后他对这笔交易进行了解,以便更好地集中火力。

(15)"仲裁"法。先使谈判全速进行,从对手那里获取尽可能多的让步,然后终止会谈,利用仲裁去获取进一步的让步。

(16)"要就要,不要就拉倒"法。卖方给买方一个"要就要,不要就拉倒"式的出价,来试探其反应。

(17)"如果我做到这一点,你能做到那一点吗"法。买方通过提出一项与卖方让步捆在一起的让步来对准目标。如果他能成功地迫使卖方让步,他便能在一个更低的台阶上进行谈判。

(18)"两个加起来一共多少钱"法。买方知道了两幅画的价钱。然后他问只买一幅是多少钱。卖家在只报一幅时价格通常要高一些。买方然后根据较少的余价来谈判另一幅画。例如,如果两幅画一起买卖家要300元,只买一幅要200元的话,那么买家便会以100元为基价来谈判第二幅画。

如果以上所有的方法都没效果,就要一针见血地直接提问。令人感到惊讶的是,这时卖方常常会告诉买方他的最低价,买方也经常告诉卖方他愿意付的价钱。

三、谈判信息的处理

企业通过各种手段收集到的大量信息,往往是良莠混杂的。必须按照一定的原则与方法进行处理,才能使其在谈判中发挥最大的效用。这个处理的过程分为识别和分析两个阶段。

(一) 谈判信息的识别

谈判信息的识别,是指企业信息收集者对得到的资料进行初步分析来判断价值、辨别真伪的过程。它是信息处理的基础。

谈判信息的识别过程细致而复杂,它要求有关人员具有广博的知识、丰富的社会经验、敏捷的思维与较强的辨别能力。不仅如此,在进行信息辨识的时候,还必须注意以下几个问题:

1. 必须把谈判信息与谈判的环境因素作为整体来进行考虑

谈判并不是在真空中进行的,它必然要受到某种特定的政治、经济、文化等社会环境的影响。如果谈判是在国际上进行的,那么它还将受到两个甚至更多不同社会背景的影响。因此,不管是信息的发出者,还是接收者,若想让对方真正了解自己的意图,就不能只考虑本方的状况,而全然不顾对方的实际情况和社会背景,否则,肯定会在信息的理解上出现偏差,影响谈判的正常进行。

2. 对获得的信息应尽可能地通过多种渠道加以验证

在收集信息时,应尽量地接近信息源,减少信息传递的中间环节,以避免信息的失真。如果远离信息源,就必须对得到的信息进行证实。因为在信息的收集、传递过程中,一定程度的失真是在所难免的。产生这种情况的原因是多种多样的:如信息的发出者故意散布虚假情报,中间环节过多,收集者本人的主观倾向等。所以,只有尽可能地从彼此互不相关的渠道对同一信息加以验证后,该信息才具有很强的可信度。如果仅是偏听一家之言,偏信一面之词,很可能会误入歧途。

3. 当对方直接、明确地将意图表达出来时,应注意从合适的角度去理解和分析

谈判者由于各自的立场和看问题的角度不同,对同一事物的认识也存在着一定的差异。同时,在谈判中由于交流方式的影响,各方对谈判信息的理解也会不同。这种差异和不同若不加以解决,就会导致谈判出现僵局甚至破裂。

4. 要对有关场合和特定背景环境中的暗示具有职业的敏感

暗示是指谈判者在相关的、恰当的场合,用含蓄、间接的方法向对方表示自己

的意图、要求、条件、立场等。暗示可以通过语言的形式,也可以通过其他方式进行。有些事情是不宜在公开场合下讲出来的,否则,要么引起双方尴尬,彼此不快;要么坐失良机,相互遗憾。这就要求暗示的发出者小心谨慎、敏锐灵活,要求暗示的接收者仔细聆听、深入分析。如日语中的双关词是"世界闻名"的,对方往往会被这种多义的词搞得糊里糊涂。1970年,美日贸易谈判中,尼克松一再要求日本主动限制对美的纺织品出口,最后,佐藤首相说:"我一定要完善解决。"尼克松赶紧向外界宣布美国的胜利。可随着时间的推移,情况并没有改变。于是美国人抱怨日本人不讲信用。其实,佐藤是在用双关词向尼克松暗示日本根本就不打算退让,而尼克松却被这个暗示的表层含义所迷惑,没有更深地琢磨其实际意图。

(二) 谈判信息的分析

信息收集、整理的目的是让它在谈判中起到应有的作用。而要让信息发挥效用,就必须对信息进行分析。谈判信息的分析是对信息的内容进行深度加工的过程,它是谈判信息处理的高级阶段。在这个过程里,企业根据谈判的实际需要,运用专门的方法,对经过初步处理的信息进行由此及彼、由表及里的比较、估量和计算,使之能够准确地揭示这些信息所反映的具体事物的实质,得出具有方向性和预见性的研究成果,最大限度地为本次谈判服务。

企业要运用信息确定谈判的主要问题并探讨解决的可能性,就必须采取科学的步骤,对信息进行有目的、有重点的分析研究,具体可分为三个阶段:

1. 感知问题

即问题所表现出来的种种现象,首先要掌握与这些现象相关的、尽可能多的信息,从中找到主要的影响因素,还要对照目标,印证信息的真实可靠性,以确定主要问题及解决问题的方向。

2. 分析主要问题

对主要问题进行剖析,要找到构成主要问题的制约条件,进而明确各种原始影响因素及其作用。为此,必须结合各种情况,有条理地进行系统分析,由浅入深,由表及里,形成系统的分析思路和对主要问题的解决方案。

3. 作出总结,提出建议

企业通过对所掌握的信息进行定性与定量相结合的分析,将研究所获得的各种思路加以汇总,根据谈判的需要,形成关于某个问题的具有价值和意义的方案,提供给决策者参考使用。图4-1是信息分析程序的示意图。

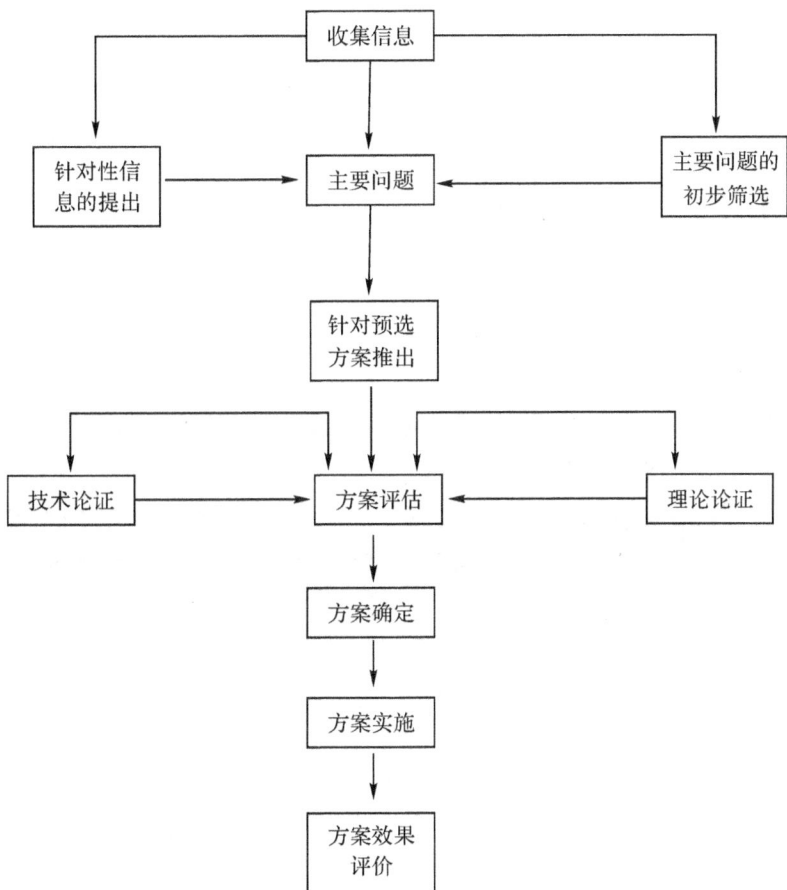

图 4-1　信息分析程序示意图

▶ 案例阅读与讨论

【案例】　与印度公司的一次谈判

　　2005 年下半年,我们公司和印度公司的一个合同基本交货结束,还有最后一批货物没有发的时候,我已经准备好了报价,准备收新订单。

　　价格报出去了,在原来基础了上涨了 10％,那时候中国刚好夏天,电力供应紧张,已经考虑了工厂可能的涨价因素及一些运费波动,底线是实在不行保持原价也可以。工厂那边如果不涨也可以,这样最多损失原来的一个汇率波动,因为原来利润率在 10％,因此觉得只要订单稳定,风险比较小,利润少一点就少一点。

　　此时,印度客户给我一个消息,他们新上任的资材(物资＋备件)副总要访问中国,参加在上海举行的全球镍原料研讨会。得知这个副总是一个谈价的狠角色,我索性和在他们公司的朋友说,那就不和他谈价格,否则怎么是他的对手。

那天和他面对面谈了大约2个小时,基本上我已经要放弃我的价格了。到了差不多吃晚饭的时候,向这个副总请教产品的使用情况时,他告诉我产品质量不错,他们一共有4个供应商,我们质量是第二,质量最好的是一家法国公司,但是中印距离不远,交货可以根据他们的实际需要调整,我们的价格也是不错的,因此他们公司准备多订我们的产品。但由于2005年下半年,钢铁厂已经感受到市场不景气,对采购有降成本的压力,因此如果我不跌价,他们就很难向公司汇报。

听到这个消息,就基本有底了,价格是绝对不动了,就涨10%。和法国公司比,我们的产品有一定的价格优势,质量也不差(用户,尤其是印度用户总是对质量有很高的要求,不愿意在谈价格的时候说你质量很好)。

之后,我们继续讨价还价,他争取让我按照他的思路成交。因为之前我差不多已经同意他的意见按照原来的价格成交了,如果现在一定要涨,实在有点尴尬。我就借口说身体不舒服回家休息,价格只能回头给书面报价,暂时中止谈判。

第二天,我重新做了一个报价,价格比上次成交时涨了8%,但留了一个余地,说:"非常感谢这次谈判,但我们老板、工厂不同意这个价格,我只能在这次报价的基础上下浮2%。要知道,我们国有企业有难处,就像你们钢铁厂体制一样的。"然后,那位副总马上就打电话来了。他很生气,说我说话不算数,我也只能装得很委屈,说:"非常对不起,我个人是很想在价格上满足你,但是……"最后他说了实话,这次来就是为谈这个事情,作为新上任的领导,总是要有成果才能回去。

所以我必须想办法既要让他心里舒服,又让价格涨一点。我于是同意维持上次订单的价格,但是目的港由 BOMBAY 换到 NHAVA SHEVA(到 BOMBAY 每个集装箱比 NHAVA SHEVA 贵 USD200—USD300)。这样,每吨产品实际上涨了10美元,大约4%。客户因为觉得我最后在表面上没有涨价(实际上他们自己要多出一些在印度的内陆运费),所以接受了这个条件。

我还要求,因为利润不高(其实还可以,但是总是要让用户觉得他是很成功的),万一运费波动大了,我可能就吃不消,就修改了报价。如果运费超过 USD1200 每个箱子,要和他们再商量,双方各承担50%多出来的运费。这样的目的其实是让他觉得我这个价格已经很低,运费如果波动大了就吃不消了。当然,我根本没有指望他们补这个,事实上到 NHAVA SHEVA 的价格也不太可能那么高,现在才850—900美元,这样谈的目的,只是让他觉得我好像很艰难。

10天后,我得到了订单。

【讨论】

1."我"在本场谈判中得到了哪些关键信息?

2.报价上涨后,"我"用什么方式使得对方接受新的价格?

思考题

1.什么是谈判信息? 它有哪些特点?

2.谈判信息的作用体现在哪几个方面?

3.收集谈判信息主要有哪几种主要渠道?

4.如何从谈判对手的雇员中收集信息?

5.谈判信息识别时应注意什么问题?

第五章　商务谈判前的整体筹划与准备

■本章关键词

谈判方案　谈判执行计划　谈判议程　模拟谈判

商务谈判是一项非常复杂的工作。若想在谈判中适应并驾驭这种复杂的局面,使己方处于有利地位,谈判人员就要精心筹划谈判策略,在精神、物质和组织上做好充分准备,预测可能出现的各种问题,提出对策,做到成竹在胸。这种准备工作实际上包括三个内容,即制订谈判方案、制订执行计划和进行模拟谈判。

第一节　商务谈判方案的制订

商务谈判方案是指由企业领导者和有关谈判人员共同拟定的,规定本次谈判目标、战略、步骤等一系列内容的具有指导意义的计划。它是谈判者行动的指南和方向。

谈判方案在谈判活动中起着重要作用。首先,它是谈判人员开展工作的具体纲领。有了谈判方案就会使参加谈判的人员心中有数,明确努力的方向,打有准备之仗。其次,由于谈判方案对各个阶段的谈判人员、议程和进度作出了较周密的设想,因而能对谈判工作进行有效的组织和控制,使其既有方向,又能灵活地左右错综复杂的谈判局势,使谈判沿着预定的方向前进。最后,谈判方案也是检查和衡量谈判工作效果好坏的根据。将谈判进度与原方案相比较,可以帮助我们进行总结,找出成绩和存在的问题,分析原因,克服缺点,及时对方案加以修订和补充,以便保证谈判的顺利进行和我方目标尽可能地得到实现。

一、制订谈判方案的原则

(一) 谈判方案必须简明扼要

简明扼要是制订谈判方案的首要原则。商务谈判是一项十分复杂的经济工作。在谈判桌旁参加谈判的人员必须清晰地记住谈判的主题方向和基本内容,才能在与对手交锋时按照既定目标,从容自如地应付错综复杂而多变的局面。因此,在谈判方案中就要用简单明了、高度概括的文字对方案的内容加以表述,只有这样,才能使谈判者记住要点,从而使其能够得心应手地与对手周旋,而且能随时与计划进行对比。所以,好的谈判方案往往是简洁明白的一页或两页纸;相反,冗长繁杂的方案常常会束缚住谈判者的手脚,使人如坠云雾之中,很难把握己方的基本思路和目标。

(二)谈判方案必须具体

具体与简明扼要并不是互相矛盾的,而是辩证的统一。这里的"具体"一方面是指谈判方案中要罗列出本次谈判的主要内容和问题,另一方面是指这些内容和问题要以最容易引起谈判者联想的字句记下来。同时,谈判方案的内容虽然要求具体,但也不应该把所有有关的谈判细节都包括在内,如果事无巨细、样样俱全,不但执行起来困难很多,而且也失去了其作为谈判的纲领性文件所应有的指导意义,反倒变成了一本流水账。

(三)谈判方案必须具有灵活性

由于谈判过程千变万化,谈判方案只能是谈判前某一方的主观想象或各方简单磋商的产物,不可能把影响谈判过程的各种因素都估计在内,也不可能对谈判桌上发生的所有意外情况都有所涉及。这就要求谈判方案从灵活性出发,对可控因素和常规事宜作适当安排,对无规律可循事项的发生留有充分的机动余地,以便发挥谈判人员的主观能动性和创造性。

(四)谈判方案必须具有一定的预见性

谈判者制订谈判方案时必须对方案实施的可能性有一定的估计,具有一定的预见性。一些不可能在这次谈判(或这轮会谈)中讨论的问题就不应该列入,一些应该在另一处讨论的问题就应该列入为另一处谈判所作的方案上。同时,对于该方案的实施将引起对方的哪些反应,也应该有所估计。

(五)谈判方案必须具有可行性

制订谈判方案的目的是给我方谈判人员指明谈判的基本方向和基本目标。而这种目标和设想能否得到实现,关键在于谈判方案本身是否具有可行性。如果在方案中一味追求自身利益的最大化,而忽视了对方的基本需求,就很可能使谈判陷入僵局甚至破裂。所以,制订的谈判方案,既要照顾双方的需要,又能转移双方争论的焦点。成功的谈判一般来说应当是合作型的(当然也有竞争型的),而不是以强凌弱或以弱就强,不应把对方作为敌人,而应把目标对准要解决的主要问题。这就是说,一个高明的谈判者,在拟订谈判方案时,不能仅仅是一厢情愿,而是必须寻求那些使双方利益都有所考虑的方案。也只有这样的方案,在谈判中才具有可行性。

二、谈判方案的主要内容

谈判的标的物、性质、方式、规模、复杂程度等的差异,导致了谈判方案在内容上的不同。一般而言,谈判方案应该包括下列内容。

(一) 谈判目标

谈判目标是指谈判双方想通过谈判而得到的经济利益。它由一系列的具体内容构成,如产品价格、质量、付款方式、运输方式、交货时间等等。根据目标对商务谈判的影响程度,可以分为3个级别,即:

(1)基本目标。它是指对企业的经济利益具有根本作用的目标。在谈判中,这些目标是不可侵犯的,有关人员必须尽全力加以维护,保证这些目标的实现,否则就宁可放弃谈判。

(2)二级目标。也称为可协议目标。这种目标存在着较大的谈判余地,既要有关人员努力争取,必要时也可以放弃。正确地选择和建立二级目标对企业的影响极大。它直接关系到企业在谈判过程中所得利益的大小。同时,谈判人员能力的高低,也在很大程度上体现了二级目标能否实现。

(3)掩护目标。这类目标具有很大的夸张和弹性成分。建立这类目标的意义在于:第一,在谈判中它起到了交易的作用。掩护目标的提出和放弃是为了换取更高级目标的实现,谈判者放弃它不会带来任何实质性的损失。第二,这类目标在谈判中具有迷惑对手的作用。它可以使对手产生错觉,以为它也是重要的目标,但企业实际要达到的却是其他目的。

在具体划分谈判目标时应尽量把企业自身需要和客观的可能结合起来,同时,必须仔细考虑对方的目标,使两者之间建立起合情合理的联系。特别是掩护目标,它不是随意提出的,必须经过精心设计和塑造。只有让对手看不出它的夸张成分,才有可能成为有力武器。

在制订谈判目标时,还要事先设计好目标的弹性。对买方来说,理想的目标界限即为弹性目标的下限,可协商(接受)的目标界限即为弹性目标中限,强制性目标界限(最坏交易)即为弹性目标的上限;对于卖方来说则刚好相反。买卖双方的目标界限具体如图5-1所示。

买方 弹性目标	强制性目标界限（上　限）	买方最坏的交易
	可以接受的目标界限（中　限）	买方期待的交易
	理想目标界限（下　限）	买方最高的交易

卖方 弹性目标	理想目标界限（上　限）	卖方最高的交易
	可以接受的目标界限（中　限）	卖方期待的交易
	强制性目标界限（下　限）	卖方最坏的交易

图 5-1　买卖双方的目标界限

【案例】

有两个教授进行过一次试验。他们在讨价者和还价者之间设一块挡板，这样，任何一方都看不见、也听不见另一方的表情和声音，出价和还价都是从桌子下面递给对方。教授给双方的指示基本是相同的，只有一点除外，那就是告诉一个人期望他能得到7.5元，告诉另一个人是2.5元。试验的设计不偏袒任何一方。那么，反复试验的结果如何呢？期望得到7.5元的人得到大约7.5元，而被告之期望能得到2.5元的那个人得到大约2.5元。

实验证明，期望值较高的人能得到较好的结果，期望值低的人则会满足于较差的结果。人们在生活中制订和修正目标的方法，为我们在谈判中制订和修正目标提供了一种借鉴，甚至当他们还没有意识到在这样做时，就为自己定下了目标。当我们择邻而居时，与什么样的人交朋友都会说明我们的身份目标。业务经理通过与其共事的人和他所雇用的助手的种类，来描述他们的目标。我们正在连续不断地设定生活中的目标，通过获得反馈然后修正目标。个人的愿望代表着预期的行动目标，它反映了他为自己设立的标准。这不是一种希望，而是一种要去努力实现的坚定的意志，这就涉及人的自我形象。当人们被问及"下次你愿意得个什么分数"和"下次你期望得个什么分数"时,后者显然要比前者在制订目标时更实际些,因为后一种情况涉及自我形象,前一种情况则没有。在第一种情况里,对分数的承诺就不像第二种情况那么重。愿望、冒险和成功是连在一起的。在选择目标时,人们就像赌徒,他们要权衡成功后得到的有形和无形的报偿、失败的概率及可能付出的代价。人们不能够确切地进行这种计算,而是根据以往在类似情况下成功和失败的概率来推断出一个最好目标。

愿望随成败次数的多少而高低浮动。愿望是人们根据自己能力与别人打赌的评判标准,就像赌博用的轮盘,轮盘中放着最大一捆钞票——他的目标。制订的目标应该与一个人心甘情愿承担的风险一致。人们在谈判中制订目标就像在生活中制订目标一样,他们会在经历成功和失败之后再修改它。

谈判是个一闭路反馈系统。目标是由买方和卖方各自制订的,然后产生相互反馈。每一种需求、让步、威胁、拖延、最后期限、权力限制以及"红脸—白脸"两种角色的评说,都会对各方的期望产生影响。"价格"随着每一个字眼和新的进展在人们头脑中上下浮动。

在谈判中,那些制订较高目标并专心致力于它的人,要比那些愿意低价成交的人干得好。当然,这里面也有风险,愿望高的人得到的多,但他们陷入僵局的几率也大。交易依赖于好的判断,我们的建议是,尽管有风险,也要去尽力提高你的期望目标。

(二)谈判对象

如果商务谈判只涉及一个对手,也就无所谓选择。但实际上对某场商务谈判而言,同时会有许多对象可供选择。选多少,选谁合适,需要认真研究。一般说来,若要谋求长期合作,最好选择那些和本企业有着良好业务往来关系的企业或组织作为谈判对手。但在有些领域内,没有这样的"关系户",这时就要综合考虑诸多因素。通常,我们都会选择那些产品工艺、质量都基本符合我方要求,谈判能力和企业实力与我方相当(或略逊一筹),又有明显的薄弱环节可供我方利用的企业作为本次谈判的对象。

(三)谈判要点

谈判要点是指在谈判中对我方企业的经济利益最具影响力的那些问题或条款。它实质上是谈判目标的具体化,从总体上看,谈判要点不外乎以下几点:

(1)价格。商品的价格是商品价值的货币表现。价格水平的高低直接关系到谈判双方的经营成果和经济利益。它是商务谈判中一个最主要、最关键的内容,因而也往往是双方最下功夫的地方。

(2)品质。产品的品质是指产品的内在质量和外观形态。它们是由产品的自然属性决定的,具体表现为产品的化学成分、物理性能和造型、结构、包装、色泽等特征。

(3)数量。成交商品的数量多少,不仅关系到卖方的销售计划和买方的购买计划能否完成,而且与商品价格的高低也有直接关系,从而影响到谈判双方的经济利益。所以,商品的数量往往也会成为谈判双方的焦点。

(4)装运。在商业实务中,一方向另一方收取货款是以交付货物为条件的,而货物的交接又必须通过装运来实现。因而,谈判双方如何交接货物,即如何确定运输方式、运输费用,以及交货时间、地点等条款,都是很重要的。

(5)付款方式。在商务活动中,付款方式是多种多样的,如预付货款、货到付款、现金、支票、汇兑、托收承付等等,不同的支付方式对企业的经济利益会造成不同的影响。如预付货款能立刻实现企业的经济利益,缓解流动资金紧张的问题;而若是货到付款,不但企业要承担一部分利息的损失,而且有可能因对方赖账而造成重大的经济损失。所以,谈判双方都想竭力选择对自己有利的付款方式。

明确谈判要点,可以使参与谈判的人员做到心中有数,合理安排时间和进程,集中精力解决要点问题。

(四)谈判方式

谈判方式一般有两种,即横向谈判和纵向谈判。

(1)横向谈判是采用横向铺开的方法,即首先列出谈判要涉及的问题,然后对各项议题同时进行讨论,同时取得进展,再同时推进谈判的进程。采用这种方式,大体有以下几个步骤:首先,把讨论的议题统统罗列出来;其次,粗略地讨论每个议题的各个方面;最后,详细地讨论每个议题的每个方面。

(2)纵向谈判则是在确定所谈的问题后,先集中对其中一个问题进行长时间的讨论,等到彼此达成一致意见后,再进入下一个问题的磋商,直至双方就所有问题达成协议。这种方式的步骤如下:首先,从某一个议题开始,明确议题的范围,并深入讨论这个问题;其次,第一个议题结束后再开始第二个议题,并深入讨论;最后,所有的议题都依次讨论完毕。

当然,在实际谈判进程中,两种方式往往是交叉进行的,所以,方案中有关这部分内容的准备要有一定的灵活性。

(五)谈判期限

谈判期限是指从谈判人员直接着手进行谈判的准备工作开始至双方达成协议

为止这一段时间。谈判期限的确定,有利于我方人员最大限度地有效使用时间,安排谈判的进度,并根据情况的变化及时运用策略。如若是我方赴对方企业谈判,则宜用"速决战";反之,就可以采用"蘑菇战"。这样,万一谈判失败,前者可以减少多种费用的支出,后者可增加各种间接收入。在计划谈判期限时,既要规定整场谈判的大致时间,又要确定每个交易条件所需要花费的时间。同时,要避免因时间紧张而匆忙采取一些不恰当的断然措施。另外,期限规定也不能太死板,应留有机动时间,以充分发挥谈判者的主动性和灵活性。

(六) 替代方案

作为一个有效的谈判方案,其中必然要包含替代方案。因为任何详尽的准备都不可能完全符合谈判本身的进程。因而,替代方案的准备,应是一项极为重要的内容。

替代方案的种类千差万别,有的方案是换汤不换药,其核心内容没变,只是换了一种提法而已;而有的方案则是彻底地推倒前方案,另起炉灶。不管怎样,替代方案的目的只有一个:在原先方案行不通时,在保证我方根本利益不受损害的前提下,确保本次谈判顺利进行。替代方案越多,我方在谈判中选择的余地就越大,达成目标的概率也越大。

第二节　商务谈判执行计划的确定

商务谈判的执行计划是指谈判人员为实施谈判方案、达到谈判目标而制订的具体计划措施。它实际上就是谈判方案的具体化。与谈判方案相比,它的内容更为详细、明确,因而也具有更强的可操作性。执行计划一般包括组织谈判班子、明确谈判人员的具体分工、拟定谈判议程、选择谈判时间、选择谈判地点五项主要内容。

一、组织谈判班子

商务谈判能否成功在很大程度上取决于谈判人员的选择是否得当。谈判对人选的要求是多种多样的。有些谈判需要企业领导人亲自出马,有些可由领导者委托(授权)有关人员参加,有些谈判需要有某方面的专家参与,而有些则一般业务人员就能完成,等等。这就需要在谈判开始前挑选出最适合参加这场谈判人员组成谈判班子,这也是执行方案的首要任务。组织谈判班子的总体原则是:①有针对性地选派最合适的人员;②在个体最优化的前提下考虑谈判班子搭配的最优化。本书第三章对谈判班子的组织和人员的选择作了详细的阐述,此处不作赘述。

二、明确谈判人员的具体分工

谈判班子组成以后,接下来的工作就是要将谈判人员在专业分工的基础上进行谈判分工,即要明确规定某人在何种场合下负责哪些问题,哪些问题由谁通过何种方式去回答或提出,在何种情况下何人去解决问题等。总之,要明确规定当我方任何一个成员去回答、提出、解决某一个问题时,其他人员应如何与之紧密配合。要做到这一点,就必须对班子成员进行明确分工。

一般来讲,谈判人员的谈判分工可以划为"主谈者""调和者"和"白脸者",若人数较多时,还可指定人员充当"周旋者"和"协助者"。其中特别重要的是"白脸者"与"调和者"。前者的主要任务就是要在谈判过程中,根据不同情况采取强硬的态度甚至是近似无理的口气,有意去激怒对方,使对方怒中失态、怒中出错。有时,当某些问题不便由主谈人或领导人出面拒绝时,"白脸者"就要挺身而出,坚决地加以否定。特别是我方主谈人陷入被动局面时他要毫不犹豫地披挂上阵,主动引火烧身,转移对方的火力。当然,这时候主谈人员应以暂时避开为宜,当"白脸者"的目的达到后,通常情况下会极大地刺激对方乃至激怒对手,使谈判陷入暂时的低潮,这时"调和者"就要出场了。他以调和的姿态、缓和的口气,再加以诚恳的态度、温和的言词,必要时还可以故意责备"白脸者"几句,并提出看似"合情合理"的条件,以提高对方谈判的兴趣,避免僵局的发生。因为人都有这么一种普遍的心理,即愿意与态度温和的、有人情味的人打交道。所以在谈判当中"白脸者"和"调和者"的作用是十分重要的。倘若他们配合默契、技巧运用恰当,就可以取得满意的成功。

同时,在谈判分工时,各个人员承担的角色应有意识地调换,这样既能使对方捉摸不透,又能使己方人员免于成为众矢之的,而被对方攻而破之,因为每一个人都有自己的长处,也各自存在着不足之点。如果一个人的长处被对方设法避开了,弱点又被对方死死抓住不放,那么这个人就很难发挥其能力了。故而我方人员在使用时,必须防患于未然,在对方尚未抓住我方某个人的弱点之前,及时调换他所充任的角色,就显得十分必要了。

在进行人员分工和调换角色时,应考虑下列因素:①我方谈判人员的专长、性格和爱好,对方谈判人员的性格、专长和爱好;②谈判时间的长短;③谈判进行的顺利程度;④主要议题的日程安排;⑤本次谈判的发展前景和对方的诚意;⑥我方对本次谈判的兴趣和目的等。日本企业在进行较大型的谈判时,往往组织人数众多的谈判团,不同的议题由不同的专家充当主谈人,其他的角色根据不同的议题而有所变换。如谈判技术问题时,由工程师任主谈人,经济师则充当"白脸者",领导者担任"调和人";而在讨价还价时,工程师和经济师的角色相互调换;若属初次合作,为了相互理解,相互信赖,在尚未涉及到具体细节问题时,常常由领导者出任主谈人,法律人员扮演"白脸者"。

三、拟定谈判议程

谈判议程也称为谈判的程序,包括所谈事项的次序和主要方法,如谈什么问题,什么时候谈,怎么谈,要达到什么目的等。一个典型的谈判议程包括三项内容:

(1)谈判应在何时举行?为期多久?倘若这是一系列的谈判,分几次举行?每次所花的时间大约多久?休会时间多长?

(2)谈判在何地举行?

(3)哪些事项应列入谈判讨论范围之内?列入讨论事项的先后顺序应如何编排?每一具体事项各占多少时间?

谈判议程的拟定,对整个谈判结果有着实质性的影响。一个良好的议程可以达到以下目的:使我方谈判人员始终掌握主动权;使双方交易迅速地达成;使谈判者不至于陷入困境或一旦遇到麻烦时能够顺利地解脱。

(一)拟定谈判议程的基本要求

(1)在拟定议程时,首先应把谈判时间、地点、人员作一个总体规划,使其尽可能地保持合理性、系统性,尽量做到对己方的有利性。相反,如果是对方提出谈判议程,则必须看其议程的安排是否公平合理,若不合理,就应提出异议,要求修改。

(2)在一定的谈判时间内,合理地分配好各议题分别占用的时间,以便把握谈判的日程和有效地利用时间。一般而言,重要的问题、原则性的问题、技术性强的问题以及其他较复杂的问题,需要的时间应多一些。但是谈判专家总愿意想办法在最短的时间内解决这些问题,因为上述问题中更多地隐藏着形成僵局的因素。所以,如有可能,应千方百计地把重要议题的商谈压缩在尽可能短的时间中。

(二)拟定谈判议程的方式

(1)先易后难。即先讨论容易解决的问题,再探讨敏感的问题,以创造一种良好的谈判气氛。

(2)先难后易。即先集中精力和时间讨论重要的焦点问题,把这些问题解决后,以主带次推动其他问题的解决。

(3)混合型。即不分先后主次,把所有要讨论的问题都一起拿出来加以讨论,经过一段时间后,再把所有的双方意见归纳起来。将已统一的意见放在一边,再对尚未解决的问题加以详细的论述,直至双方观点一致为止。

有经验的谈判者,在谈判前便能估计到哪些问题对方不会产生分歧意见、较容易达成协议,哪些问题可能有争议。有争议的问题最好不要放在开头,这样会影响以后的谈判,可能要占用较多的时间,也可能影响双方的情绪。同样,有争议的问题也不要放在最后,放在最后可能因时间不充分而导致双方难以统一观点,而且在结束前可能会给双方留下不好的印象。这类问题,最好放在谈成几个问题之后,并在谈最后一两个问题之前。也就是说在谈判的中间谈较难的问题。结束之前最好要有一两个双方都能满意解决的问题,以便在结束时创造一种融洽的气氛,给双方留下一个好印象。

(三)拟定谈判议程时应注意的事项

(1)根据各议题预定的商谈时间,安排好双方讲话的顺序和时间。尽可能地给予对方足够的时间先表达意向或提出问题,将有利于己方从中发现问题,有的放矢地回答或解决问题,这样不但可以使问题沿着我方的意图得到迅速解决,还可以得到其他许多好处,如从对方表达的意向或提出的问题中,既可以看到对方对本次谈判的诚意,又能观察对方对有关业务的熟练程度和精明程度,更能从中发现问题,弥补我方制订的方案的不足之处,以便防患于未然。

(2)本次谈判的主要议题或双方意向差距较大的焦点问题,要安排在适当的时间提出。有的专家认为这类问题应安排在所需时间已进行 3/5 的场合下提出来。例如,假设本次谈判时间预定为 5 天。并且价格是本场谈判的焦点,那么就应该将价格问题放在第 3 天讨论。因为把焦点问题放在总日程的中间或偏后一点提出,由于双方经过了一段时间的接触和了解,彼此都会珍惜已建立起来的感情或友谊,而且前面的时间内双方已就某些比较容易的问题达成了协议,他们都会珍惜已经付出的劳动和努力。故此,即使在敏感问题上双方意向差距较大,也可能会由此相互谅解,使得差距缩小并趋于一致。

还有的人认为这些焦点问题应放在饭前两个小时之内提出来,更有助于问题的解决。因为即使因双方意向差距较大而发生不愉快的事情,也可以利用吃饭这一段回旋的时间,冷静地进行思考和商定,这样,一方面可以避免因考虑不周而导致一些事后后悔的言行,另一方面也给予对方一个再三考虑的机会,减轻敌意。再者,还能通过“餐桌外交”尽可能地抹去双方心中的阴影或冲淡不愉快的心情,使接下来的谈判尽可能地在和谐的气氛中进行。

(3)在安排议程时要事先估计在何种问题上我方会陷入困境,并安排解救措施。解救措施可分为“他救”和“自救”两种。“他救”的措施如上级来电话、下属有事来请示、事先约好客户在自己可能陷入困境时来谈业务等等。运用此类方法时,关键在于准时,否则一旦错过时机,不但毫无作用,有时还会适得其反。然而谈判是一件复杂多变的工作,很难事先估计己方陷入困境的时间和程度,也难料及对方提出的问题和提出问题的方式,所以“自救”的措施就显得更加重要。“自救”的方法如：借口身体不舒服去服药(或休息片刻)，借口事先有约定需马上离开一下，借口离开谈判室回去拿资料，等等。这么做的目的首先是缓和一下谈判气氛，避免双方因尖锐的矛盾而产生直接冲突；其次是给自己一个冷静思考的时间，寻求解决问题的良策；最后则是为同伴创造进攻或防守的机会。

(4)拟定谈判议程时要考虑留有机动时间。一次较大型的谈判很可能出现一些意想不到的事情，若把时间安排得太满，万一出现意外情况，就不得不打乱全盘的计划，严重时还将造成谈判被迫中断。因此机动时间的安排是十分必要的。不过机动时间不宜安排太多，最好安排在谈焦点问题的第二天或最后一天。总之，机动时间的安排是为了保证谈判按照己方的意图顺利进行。

【案例】

控制谈判日程的人能有计划地提出问题，并安排作出决定的时间。做买卖也和外交相似，控制谈判日程代表着赢得机会和握有主动权。它是对一轮谈判目的的首次考验，并规定了以后的几个谈判阶段。

外交官十分关心谈判日程，而商人却不以为然，他们对此很少考虑，因而也失去了很多的好机会。如任何一方都不珍视这件事，那是因为他们不了解它的重要性。

买方要比卖方更容易控制谈判日程。偶尔也有买方满不在乎而使好的推销员控制了谈判日程的。谈判双方都应该意识到：谈判日程的作用，在于控制谈判的最后结果。

一个好的谈判日程能澄清或者掩盖动机，它能设立对双方都公平或者偏袒一方的规则；它能保证谈判沿预定轨道进行或者使其偏离正题；它能对难题的讨论进行协调；它能迫使人作出一项快速决定，或者允许谈判双方耐心探究一项事实。控制着谈判日程的人控制着将要说的话，或者说更重要的是控制着不准备说的话。

任何时候都要尽力在谈判开始之前讨论谈判日程，它将使你保持主动。下述准则是很恰当的：

(1)在未考虑好议事程序时不要接受他人的日程。

(2)考虑在何处和怎样才能最好地提出问题。

(3)安排好问题的讨论时间，为自己留出思考的时间。

(4)研究对方的日程，看他是否故意删去了某些问题。

(5)不要向别人暗示你"必需的"要求被忽视了，你可早些时候显示你的决心，而不使这些要求被排斥在讨论之外。

一项谈判日程就是一个讨论计划，它不是一份合同。如果在谈判开始之后，有任何一方不喜欢这种方式，他应该有勇气来修改它。因为双方都不该草率处理此事。

四、选择谈判时间

国外有的谈判论著中把时间、信息和权力并列为影响谈判成果的三大因素,谈判时间的作用由此可见一斑。我们认为,时间是影响谈判的重要因素,它直接关系到谈判进程、效率、本方利益等重大问题。所以,恰当地选择谈判时间十分重要。在选择某一场谈判的特定时间时,应考虑以下因素:

(1)我方对本次谈判的准备程度。常言道,不打无准备之仗。当我方还没有做好充分准备时,不要轻易开始谈判。

(2)宏观形势的影响。一般来讲,当市场形势对我方不利时,主动去找对方谈判,往往会使对方利用这种形势来胁迫我方让步。故而,最好选择在政治、经济形势相对宽松的条件下进行商务谈判。

(3)谈判的紧迫程度。不要在我方急需某样东西时才找对方谈判。这种迫切的心情会造成我方谈判人员心理紧张,大大影响谈判能力的发挥。所以,当需要进行某种谈判并且非常紧迫时,要适当提前举行谈判,或通过其他方式掩盖这种紧迫性。

(4)谈判人员的情绪状况。不要在疲倦、烦躁、情绪不佳时与对方谈判。

五、选择谈判地点

(一)谈判场所的确定

通常,对于日常的商务谈判,最好能争取在自己的办公室或本企业的会议室里举行,这就像体育比赛一样,在主场举行,可占据天时、地利、人和,获胜可能性较大。如:能随时向上级领导和专家请教,查找资料和数据方便;在生活方面(起居、饮食、睡眠等)不受影响,而且处于主人的地位,在处理事情上比较方便。但在本企业谈判也有不利的方面,如可能会时常受到单位事务的干扰,要花费一定精力照顾对方等。

在对方的所在地谈判,也有一定的好处。如:便于观察对方和实地验证某些猜测;有利于和对手的上级和其他有关人员接触;较容易寻找借口摆脱困境等。

总体上说,对于重要的问题或难以解决的问题最好争取在本单位进行谈判;一般性的议题、容易解决的问题或需要到对方处了解情况时,也可以到对方企业谈判,但必须做好充分的准备,如摸清对方的意图和要求、明确谈判的目标、准备好充分的资料并携带必要的助手等。

当然,经双方磋商同意,还可以择定一个中立场地进行谈判。

（二）布置谈判空间

如果把谈判比喻成两军对垒，那么谈判空间就是双方角逐的战场。一个高明的统帅总是会选择有利的地形，同样，一个聪明的谈判者也会充分考虑谈判空间对本方的影响。所以，谈判空间的布置十分重要。最好选择一个幽静、不受干扰又是交通便利的地方。谈判室要宽敞，能容纳双方的谈判人员，并有良好的通风条件、照明条件、隔音条件，最好安装空调以解决因炎热或寒冷给双方人员带来的不适。谈判室不宜安装电话机，以防干扰和泄密，也不宜用录音机，否则会影响双方人员畅所欲言。

在谈判室旁边，应准备休息室。最好是一大一小两间，大的可容纳双方谈判人员一起休息，这对缓和紧张气氛并培养良好气氛有着很大的帮助。在休息室里应安装电话。

同时，还要注意选择什么形式的谈判桌。通常有以下几种谈判桌可供考虑。

（1）方形谈判桌。在方形谈判桌旁谈判，双方人员面对而坐，这种形式看起来很正规，但会给人过于严肃的感觉，缺少活泼轻松的氛围，易形成双方僵持不下的局面。

（2）圆形谈判桌。采用圆桌，双方谈判人员团团而坐，形成一个圆圈，这种形式常常使双方感到有一种和谐一致的气氛，而且交谈起来也比较方便和容易。

（3）不设谈判桌。在双方人员不多的情况下，可不设谈判桌，大家较为随意地坐在一起，可以轻轻松松地进行谈判。有时，这种方式能加强人际交流，消除彼此的紧张感和陌生感。但是在较正规的谈判中，还是以采用谈判桌为好。

谈判的座位安排，也很有讲究。在座位的安排上可以是双方人员各自坐在一起，也可以是双方人员交叉而坐。一般情况下双方人员各自坐在一起比较合适，特别是当谈判出现争议时，这种坐法使有关人员不仅从心理上产生一种安全感，而且还便于查阅不便让对方看到的材料。而双方人员交叉而坐，在"谋求一致"这种思想的指导下，往往能增添合作、轻松、友好的气氛。

不仅谈判桌的形状和人员的座位安排很重要，甚至双方人员座位之间的距离远近也值得研究。靠得太近，双方都会感到不自然，太拘束；离得太远，交谈时又不方便，还有一种疏远感。

另外，谈判空间的色调、物品的设置、装潢的规格乃至光线的强弱，都会对谈判产生十分微妙而又重要的影响。

总之，谈判空间的布置必须遵循"四吻合"的原则：①与我方的谈判目的相吻合；②与我方想营造的谈判气氛吻合；③与我方试图采用的策略相吻合；④与我方谈判人员的性格、特长相吻合。

第三节 模拟谈判

在明确谈判方案和执行计划后,还有一项极其重要的准备工作需要完成,这就是模拟谈判。

模拟谈判是指在正式谈判开始以前,企业组织有关人员(既可以是谈判小组的成员,也可以是企业内部的其他人员)对本场谈判进行的预演或彩排,它的目的是通过模拟对手在既定场合下的种种表现和反应,从而检查制订的谈判方案在实施中可能产生的效果,以便及时进行修正和完善。

一、模拟谈判的作用

在现代企业的商务谈判中,特别是重大的、关系到企业根本利益的活动中,模拟谈判的作用日益受到重视。可以说,谁在谈判前认真地进行了模拟,谁就掌握了先机,就有可能在正式谈判过程中处于优势地位。如德国商人在商场上是以严谨缜密而著称于世的,不管是大企业还是小企业,也不论是大型复杂的谈判还是小型简单的谈判,德国商人总是以一种不可辩驳的权威面目出现,常常能牢牢地控制着谈判桌上的主动权,其中的关键就是他们对模拟谈判的重视。对于德国商人来说,事先演练某场谈判是一个必然的程序,据此他们往往对谈判中可能会发生的任何小事都做了周密的准备,对谈判中对手可能会发难的任何问题也都拟定了详细的答案。这就很自然地增强了其谈判实力,为谈判的胜利奠定了基础。

模拟谈判的作用主要有以下三点。

(一) 可以及时发现和弥补谈判方案中的漏洞

作为对谈判具有战略指导意义的谈判方案,它的制订一方面是根据企业所掌握的有关信息,另一方面则是根据企业有关人员的经验、假设和判断。而这些假设、判断是否正确,是很值得检验的,否则,等到正式谈判过程中再发现这些假设的错误,就为时太晚了。所以,通过模拟谈判,我方人员可以在"实战"中一一检验事先对有关事物的假设,并对根据假设制订的有关策略的实施效果进行评估。一旦发现问题,可以及时加以修正。同时,我方谈判人员在拟定谈判方案时,也不可能把所有会发生的情况都考虑进去,挂万漏一的情况时有发生,而这"一"也许就是导致本次谈判失败的原因。模拟谈判能在很大程度上避免这种情况的发生。通过模拟当时的客观形势,模拟对手的种种反应,模拟我方人员的对策,可以使谈判方案尽量地达到客观、实际,从而真正具有可行性和指导性。

（二）可以从众多方案中选择最佳方案

为某场谈判所制订的方案往往不止一个，那么，究竟选用哪一个呢？如果不进行模拟谈判，只凭有关人员的假设、估计和经验，是很难达到最优化的。

【案例】

A 企业准备和对手进行机械设备买卖的谈判，对于 A 企业而言，报价从 15000 元/台—20000 元/台都有相当可观的利润。他们制订了两个谈判方案，甲方案为先报 20000 元/台，根据对方反应再慢慢往下降，底线是 15000 元/台；乙方案则为报价 15000 元/台（这也是市场上同类产品的平均价格），以后在价格问题上不再让步。企业领导斟酌再三，认为为了显示诚意，给对方留下一个良好的印象，也为以后双方的长期合作打好基础，没有必要在报价时掺有大量的水分，因而决定选用乙方案。但是，在内部模拟谈判时却发生了意想不到的情况：虽然"对方谈判人员"已经知道这是一个比较公平合理的价格，但还是强烈要求我方人员把价格降低一点，而我方已经是底线价格了，再让步则其自身利润水平会大受影响，故不愿再调整价格，双方就此陷入僵局。在事后的总结会上，当负责谈判的领导问扮演"对手"的人员为何一定要坚持压价时，才了解到这是一种谈判心理在作怪。其实他们也知道市场上普遍就是这个价格，但总认为一开始就接受我方的报价，好像明显在谈判的气势上输了一筹，同时，也体现不出自身的谈判能力和水平，因此，要千方百计地迫使我方降价，甚至甘愿冒谈判破裂的危险。得知这一情况后，乙方案的缺陷也就不言自明了：它忽略了对手的谈判心理状态。一般而言，对方是不肯心甘情愿地接受我方的第一次报价的，总要力争讨价还价，而我方为了显示诚意过低地报价，反倒使自身没有什么回旋的余地，很难满足对方的心理需求，所以，谈判很容易陷入僵局。最后，企业决定选用甲方案，虽然这个方案的第一次报价高了些，但双方肯定会讨价还价，只要企业能守住底线，在让步过程中对方反而会有一种满足感和成就感。这就是模拟谈判对选择方案的优化作用。

（三）可以锻炼我方谈判人员的实战能力

长期以来，我国的企业很少意识到模拟谈判的实战性，而把参加实际谈判作为锻炼新手、提高能力和水平的机会，殊不知这种锻炼方式常常会使企业付出高昂的代价。由于谈判人员对谈判技巧不熟悉，准备不充分，对对手的有关反应茫然无知，很容易造成谈判人员的精神紧张或随便应付，从而造成失误。若出现这种局面,一方面会受到对方轻视,使对方感到我方无谈判诚意;另一方面则会给对方以可乘之机,使其利用我方弱点,任意摆布我方,从而降低了谈判的成功率,给我方造成不必要的损失。

模拟谈判则可以很好地弥补这一点,通过逼真的演练,可以使我方人员在不用顾虑成败的情况下,以放松的心情去适应谈判气氛,谋划谈判策略。通过一次次的扮演自己、扮演对手或观察别人的排练,不断提高自己的谈判技能,发现问题则及时纠正。俗话说:"台上一分钟,台下十年功。"讲的正是这个道理。有的专家建议,有条件的企业应用摄像机把谈判过程记录下来,以便谈判人员从中发现问题并改善自己在语言、表情、动作方面的不足之处,从而塑造令人信服、钦佩、尊敬的仪表举止。

二、模拟谈判的方法

(一)全景模拟法

这是指在想象谈判全过程的前提下,企业有关人员扮成不同的角色进行实战性的排练。这是最复杂、耗资最大但往往也是最有成效的模拟谈判方法。这种方法一般适用于大型的、复杂的、关系到企业重大利益的谈判。在采用全景模拟法时,应注意以下两点。

1.合理地想象谈判全过程

有效的想象要求谈判人员按照假设的谈判顺序展开充分的想象,不只是想象事情发生的结果,更重要的是事物发展的全过程,想象在谈判中双方可能发生的一切行为。并依照想象的情况和条件,演习双方交锋时可能出现的一切局面,如谈判的气氛、对方可能提出的问题、我方的答复、双方的策略、谈判的技巧等问题。合理的想象可以使谈判的准备更充分、更准确。所以,这是全景模拟法的基础。

2.尽可能地扮演谈判中所有会出现的人物

这有两层含义:一方面是指对谈判中可能会出现的人物都有所考虑,要指派合适的人员对这些人物的行为和作用加以模仿;另一方面是指主谈人员(或其他将在谈判中起重要作用的人员)应扮演一下谈判中的每一个角色,包括自己和己方的顾问、对手和他的顾问。这种对人物行为、决策、思考方法的模仿,能使我方对谈判中可能遇到问题、人物有所预见;同时,处在别人的地位上进行思考,有助于我方制订更加完善的策略。正如美国著名企业家维克多·金姆所说的那样:"任何成功的谈判,从一开始就必须站在对方的立场和角度上来看问题。"而且,通过对不同人物的扮演,可以帮助谈判者选择自己所充当的谈判角色,一旦发现自己不适合扮演某个在谈判方案中规定的角色时,可及时加以更换,以避免因角色的不适应而引起谈判风险。

（二）讨论会模拟法

这种方法类似于"头脑风暴法"。它分为两步:第一步,企业组织参加谈判的人员和一些其他相关人员召开讨论会,请他们根据自己的经验,对企业在本次谈判中谋求的利益、对方的基本目标、对方可能采取的策略、我方的对策等问题畅所欲言。不管这些观点、见解如何标新立异,都不会有人指责,有关人员只是忠实地记录,再把会议情况上报领导,作为决策的参考。第二步,则是请人针对谈判中可能发生的种种情况、对方可能提出的问题等提出疑问,由谈判组成员一一加以解答。

讨论会模拟法特别欢迎反对意见。这些意见有助于制订者重新审核拟定的谈判方案,从多种角度和多重标准来评价方案的科学性与可行性,不断完善准备的内容,提高成功的概率。国外的模拟谈判对反对意见倍加重视。正如美国著名律师劳埃德·保罗·斯特莱克在《辩护的艺术》中所写的那样:"我常常扮作证人,让助手对我反复盘问,尽可能地驳倒我。这是极好的练习,就在这种排练中,我常常会发现自己准备得还不够理想。于是,我们就来研讨出现的失误及原因……就这样,我的主意逐渐形成。"然而,讨论会模拟法在我国企业中长期没有得到应有的重视,讨论会往往变成"一言堂",领导往往难以容忍反对意见。这种讨论不是为了使谈判方案更加完善,而是成了表示赞成的一种仪式。这就大大地违背了讨论会模拟法的初衷。

（三）列表模拟法

这是最简单的模拟方法,一般适用于小型的、常规性的谈判。具体操作过程是:通过对应表格的形式,在表格的一部分中列出我方经济、科技、人员、策略等方面的优缺点和对方的目标及策略;另一部分则相应地罗列出我方针对这些问题在谈判中所应采取的措施。这种模拟方法最大的缺陷是它实际上还是谈判人员的主观产物,只是尽可能多地搜寻问题并列出对策,至于这些问题是否真的会在谈判中发生,这些对策是否能起到预期的作用,由于没有通过实际的检验,谈判人员是心中没底的。

三、模拟谈判时应注意的问题

模拟谈判的效果如何,直接关系到企业在谈判中的实际表现,而要想使模拟谈判真正发挥作用,就必须注意以下问题。

（一）科学地作出假设

模拟谈判实际就是提出各种假设情况，然后针对这些假设，制订出一系列对策，采取一定措施的过程。因而，假设是模拟谈判的前提，又是模拟谈判的基础，它的作用是根本性的。按照假设在谈判中包含的内容，可以分为三类：一是对客观环境的假设，二是对自身的假设，三是对对手的假设。

（1）对客观环境的假设，所包含的内容最多，范围最大，涉及人们日常生活中的环境、空间和时间。对客观环境进行假设的主要目的是估计主客观环境与本次谈判的联系及其影响程度。

（2）对自身的假设，包括对自身心理素质准备状况的评估，对自身谈判能力的预测，对企业经济实力的考评和对谈判策略的评价等多项内容。对自身的假设，可以使我方人员正确认识自己在谈判中的地位和作用，发现差距，弥补不足，在实战中就可以扬长避短，发挥优势。

（3）对对手的假设，主要是预计对方的谈判水平、对手可能会采用的策略，以及面对我方的策略对手会如何反应等关键性问题。

为了确保假设的科学性，首先，应该让具有丰富谈判经验的人提出假设，相对而言，这些人的假设准确度较高，在实际谈判中发生的概率大。其次，假设的情况必须以事实为基础，所依据的事实越多、越全面，假设的精度也越高，切忌纯粹凭想象主观臆测。最后，我们应该认识到，再高明的谈判者也无法全部假设到谈判中可能会出现的所有情况，而且假设归根到底只是一种推测，带有或然性。若是把或然奉为必然去指导行动，那就是冒险。有的谈判老手就会抓住对手"假设的必然性"的观点，出其不意地变换套路，实现己方的预期目标。

（二）对参加模拟谈判的人员应有所选择

参加模拟谈判的人员应该是具有专门知识、丰富经验和独特看法的人，而不是只有职务、地位，或只会随声附和、举手赞成的老好人。一般而言，模拟谈判需要下列三种人员：

（1）知识型人员。这种知识是指理论与实践相对完美结合的知识。这种人员能够运用所掌握的知识触类旁通，举一反三，把握模拟谈判的方方面面，使其具有理论依据和现实基础。同时，他们能从科学性的角度去研究谈判中的问题。

（2）预见型人员。这种人员对于模拟谈判是很重要的。他们能够根据事物的变化发展规律，加上自己的业务经验，准确地推断出事物发展的方向，对谈判中可能出现的问题相当敏感，往往能对谈判的进程提出独到的见解。

（3）求实型人员。这种人员有着强烈的脚踏实地的工作作风，考虑问题客观、周密,不会以主观印象代替客观事实,一切以事实为出发点。他们对模拟谈判中的各种假设条件都小心求证,力求准确。

(三)参与模拟谈判人员应有较强的角色扮演能力

模拟谈判要求我方人员根据不同的情况扮演不同的人物,并从所扮演的人物的心理出发,尽可能地模仿出他在特定场合下的所思所想、所作所为。

心理学研究表明,谈判者作为生活在特定的社会与文化环境中的人,由于周围环境对他的复杂影响和其自身从历史的经验和过去的认知感受中获得的教训,导致了他们必然对周围环境作出独特的反应,并形成自己的个性。而一旦要扮演另外一个社会角色,他们往往会发生内心的冲突。根据这一情况,一方面企业在安排模拟谈判角色时,要根据我方人员的性格特征有针对地让其扮演类似的对方人员;另一方面,则要求我方人员具有善于克服在扮演特定谈判角色(特别是这一角色与自己差距很大)时所产生的心理障碍,要善于揣摩对方的行为模式,尽量从对方的角度来思考问题,作出决定。

(四)模拟谈判结束后要及时进行总结

模拟谈判的目的是总结经验,发现问题,弥补不足,完善方案。所以,在模拟谈判告一段落后,必须及时、认真地回顾谈判中"我方"人员的表现,如对对手策略的反应机敏程度、自身班子协调配合程度等一系列问题,以便为真正的谈判奠定良好的基础。

▶▶ 案例阅读与讨论

【案例】 一家旅馆的迁移

史蒂夫是爱姆垂旅店董事会成员。该旅店专门面向18—25岁的青年。这些青年需要得到富有同情心的帮助和专业上的指导,以使他们能轻松地完成从学校走入社会的转变。爱姆垂旅店的许多旅客或者是精神分裂者,或者已到精神分裂症的边缘,或者刚从吸毒的不幸经历中解脱出来。但是旅店的地理位置实在不理想,它位于波士顿郊外一个名叫萨默维尔的工业城中,可容纳约20名旅客。它的隔壁是一家交通中转站,由于吵吵闹闹的环境,它绝不是一个理想的住所。不过旅店也并非一无是处,它的占地面积还是挺大的,有一个一英亩大的庭院,以前还有一片美丽的榆树林,尽管已经枯死了许多,毕竟还有活着的。

董事会曾委派一个小组委员会,调查了将爱姆垂旅店从萨默维尔迁到一个安静的、半居住性的社区的可能性。合适的迁移地点是:布莱克莱恩市、梅德福市或奥尔斯顿市区。但从财务上看,迁移是不可行的,因而搬迁的想法就被打消了。

　　几个月以后,一位名叫威尔逊的先生来找爱姆垂旅店的经理——彼得斯夫人。彼得斯夫人和她的丈夫、孩子就住在旅店内。威尔逊表示他的公司(一家建筑开发承包公司)愿意买下爱姆垂旅店。这个情况太突然了。爱姆垂旅店并未公开对外宣布过想要出售。彼得斯夫人当时回答道,她从来没想过要卖旅店,但是如果价钱合适的话,董事会也许会考虑。威尔逊留给彼得斯夫人一张名片,并告诉她,如果有成交的可能性,他以后愿意继续谈这笔交易。

　　董事会委派史蒂夫去办理这项有希望的交易。董事会的其他成员是临床心理学专家、医药学专家、职业介绍人、牧师等,然而除了史蒂夫以外,谁也不对这种商业谈判感兴趣。而且既然他们都充分信赖史蒂夫,也就基本上委托史蒂夫全权代理这次谈判。当然,如果没有董事会的正式批准,任何具有法律约束的交易都不可能最后完成。

　　史蒂夫找他的朋友——一位谈判家帮忙,看看他应该怎样与威尔逊先生取得联系。他们决定先给威尔逊先生打个非正式电话,而后,史蒂夫接受了一次鸡尾酒会的邀请,酒会在附近的一家酒店里举行。届时他将与威尔逊先生讨论成交的可能性。他决定在第一次会谈中,先不谈任何财务问题——只是去试探一下威尔逊的看法,看看威尔逊心里是怎么想的。史蒂夫坚持要付自己的账单,他的朋友认为此举是合宜的,并使史蒂夫确信,他甚至不应向威尔逊暗示,董事会正在寻找别的地点准备搬迁。

　　根据首次会晤的结果和对威尔逊商业往来所作的一些深入调查,史蒂夫确认威尔逊是一位有信誉的合法商人。史蒂夫认为,威尔逊的公司想买爱姆垂旅店,可能是想在这里建造公寓。威尔逊希望马上讨论价格问题,而史蒂夫则需要两个星期来做一些谈判准备工作。所以他借口说,他需要得到董事会的批准,才能开始实质性的谈判。

　　在接下来的 12 天里,史蒂夫做了几件事。首先,他要确定爱姆垂旅店的保留价格或能够轻易成交的价格,即卖方能够接受的最低价格。但保留价格取决于是否可以找到合适的搬迁地点,所以很难确定下来。史蒂夫得知,在所有以前曾确定的地点中,位于布莱克莱恩的那个不能再用了,而位于梅德福和奥尔斯顿的两个地点还是可以用一个合适的价格得到的。史蒂夫分别和这两块房产的所有人谈过了,他得知:梅德福的那块房地产可以以 17.5 万美元的价格买下来,奥尔斯顿的那块可以以 23.5 万美元的价格买下来。

　　史蒂夫断定,爱姆垂旅店搬迁到梅德福至少需要 22 万美元,而搬迁到奥尔斯顿则至少需要 27.5 万美元。这笔钱包括:搬迁费、维修费、保险费和一小笔风险贴险费。奥尔斯顿的那个地点比梅德福的那个好得多,而后者又比现在爱姆垂的这个好。所以史蒂夫决定,他的保留价格是 22 万美元,低于这个价格,他就不干了,而且盼望能高一些——足够买下奥尔斯顿那块房地产。这个简单的调查研究花费了他大约 6 个小时的时间,或者说 2 个晚上。

与此同时,史蒂夫的夫人玛丽与几位房地产经纪人进行了联系,她想找些其他的地点。也发现了几个地点,但是并没有特别合适的。

下一步该干什么呢?

史蒂夫调查了如果在市场上公开销售,爱姆垂旅店能有几个钱可卖。通过考察附近地区的销售价格,以及与本地的房地产经纪人和房地产专家的谈话,他了解到爱姆垂旅店可能仅值 12.5 万美元。他觉得:如果没有威尔逊参加,它的售价在 11 万—14.5 万美元之间的概率是 0.5,并且售价低于 11 万美元和高于 14.5 万美元的可能性是一样的。多么令人失望呀!这项调查又花费了他 4 个小时的时间。

再接下来该干什么?

需要了解威尔逊那方面有什么情况。史蒂夫很难判断他的保留价格,即威尔逊愿意出的最高价格,这不是暂时的策略性行为,而是最终的决断行动。史蒂夫和他的朋友都没有这方面的专业知识。他们请教了一些房地产专家(其中几位在哈佛工商管理学院),还询问了波士顿地区的两家承包商。他们指出,售价的高低很大程度上取决于这些开发者的意图,能够允许他们在这块地基上建造多高的建筑物以及他们是否还要买别的地基。史蒂夫发现,后一个问题的答案是肯定的。事情要比以前所想象的要复杂得多。在他们进行了 10 多个小时的调查之后,他们得出结论:再不能对威尔逊的保留价格含含糊糊,而应作出估计了。在还有两天就要进行谈判之时,史蒂夫断定,威尔逊的保留价格是在 27.5 万—47.5 万美元。

做完了这些准备后,史蒂夫和他的朋友一起讨论了他应采取的谈判策略。他们早已商定,会谈在某一酒店内举行,威尔逊的公司在那里包了一个套房。对这次会谈的地点,史蒂夫和他的朋友都没有想出好主意;爱姆垂旅店的餐厅太吵了,他在大学的办公室也不合适。

考虑到史蒂夫在会谈中需要一位助手帮助提一些法律细节方面的建议,他决定邀请哈里·琼斯参加谈判。哈里·琼斯是波士顿的律师,以前曾是旅店董事会会员。琼斯接受了邀请,在谈判之前,史蒂夫又用两小时时间,向他简要介绍了情况。

卖方还认为,让彼得斯夫人参加谈判是一个好主意。她是最熟悉爱姆垂旅店的人,而且可能还有助于启发威尔逊的社会同情心。大家一致商定,只由史蒂夫一个人去谈价格问题。彼得斯夫人负责协助讨论有关城镇之间旅店的重要社会作用和证实爱姆垂旅店的搬迁并不能解决这方面的问题，除非周围的环境有可观的改善。她常说："您知道孩子们出外旅行是多么艰难吗？想一想爱姆垂旅店的旅客，这些年轻人将要受到多么可怕的影响。"彼得斯夫人实际上并不希望搬迁，因而她很容易对搬迁计划提出反对意见。

史蒂夫应采取什么样的开局策略，谁应当首先报价？如果威尔逊坚持让史蒂夫首先报价，史蒂夫应该怎么办？如果威尔逊开价 X 美元，史蒂夫应该怎样还价？史蒂夫和他的朋友都感到，他们对威尔逊的保留价格作出的估计太粗了，以致很容易出错，他们的首次报价很可能就比他的实际保留价格低。但是如果他们一开始漫天要价，比如说 90 万美元——远远高于可能成交的价格，那么就会破坏谈判的气氛。

史蒂夫决定试着让威尔逊首先报价；如果不成功，或一开始就被迫首先报价，他就使用大概的价格——75 万美元，但他准备使这个报价有较大的灵活性。史蒂夫曾想过一开始就报出 40 万美元，并在一段时间里坚持不变。但是经商量后他们认为只有 40% 的概率这个价格会低于威尔逊的保留价。如果威尔逊首先报价，史蒂夫将不让他有时间仔细考虑他的报价，而将迅速作出反应，立即给出一个还价，比如说 75 万美元，让对方在心理上觉得自己的报价太低了。

史蒂夫的朋友告诉他，一旦两个报价都拿到了桌面上来——每方一个，那么自然可以预料到，最终的合同价格就在这两个报价之间。假如威尔逊的报价是 20 万美元，史蒂夫的还价是 40 万美元，则最终价格一般为 30 万美元——当然，这个价格要在可能达成协议的范围之内，即在史蒂夫（卖方）和威尔逊（买方）的真正保留价格之间。作为先开价者，史蒂夫认为最后能卖到 35 万美元就很不错了，而他当然记得自己的保留价格只有 22 万美元。

他们商量了时间的作用。现在，如果威尔逊最近的报价是高于 22 万美元，史蒂夫是否应该离开谈判桌，暂停谈判呢？他的朋友提醒史蒂夫，对这个问题没有客观的标准。史蒂夫将面临一种典型的不确定情况下的决策问题。而且，在试探了威尔逊的态度之后，再对其保留价格作出估计，会比以现有资料作出估计有用得多。暂停谈判的危险在于，休会期间，威尔逊可能会继续寻求别的机会。当然这种危险在于他们是怎样停下来的。

当第一轮谈判结束后，史蒂夫认为简直经历了一场灾难，他甚至不敢断定会有第二轮谈判。彼得斯夫人干得很漂亮，但是不起任何作用。看来威尔逊不会把他的报价提到旅店的保留价以上了。谈判一开始，双方说了几句幽默的笑话和几句客套话。接着威尔逊就说："请告诉我，你们能够接受的最低条件是什么。好让我看看是否能再做点什么。"史蒂夫早已料到了这样的开场白，没有直接回答，他问道:"为什么不告诉我们,你愿意出的最高价格,好让我来看看是否能再削减点价格。"幸运的是,威尔逊被这个答案逗乐了,他最后报出了他的开盘价格——12.5万美元,而且首先讲了在萨默维尔那个地区许多房地产买卖的实例作为支持他的证据。史蒂夫立即回答说,爱姆垂旅店完全可以卖得比这个价格高,再说他们一点也不想搬迁。只有当他们能够搬到更安静的地方去,他们才可能考虑搬迁。但是在环境安静的地方,房地产价格是很高的。史蒂夫最后提出,只有售价60万美元,才可能抵消这次麻烦的搬迁带来的影响。彼得斯夫人赞同这个价格。史蒂夫之所以选择这个价格,是因为他心里盘算着15万和60万美元的中间值,高于所盼望的35万美元。威尔逊反驳道,这个价格根本不可能被接受。双方让了一小点步,最后决定休会,双方都暗示,他们将再作一些调查。

史蒂夫找他的朋友商量,应怎样重新评价和判断威尔逊的保留价格所用的分布函数。史蒂夫的明确印象是,60万美元实际比威尔逊的保留价格高得多。他的朋友提醒他,威尔逊是这方面的老手,假如其保留价格比60万美元高,他就会引导史蒂夫向别的方面想问题。他们决定一星期以后告诉威尔逊,旅店董事会愿意把价格降到50万美元。

但是两天以后,史蒂夫接到了威尔逊的电话,他告诉史蒂夫,他的良心受到了责备,他做了一个梦,梦到了彼得斯夫人和她给这个世界带来的社会福利。他被感动了,尽管不是出于商业上的考虑,他还是应该将他的价格提到25万美元。史蒂夫忘乎所以了,脱口而出的是他的第一个错误:"现在这个价格比较接近他了!"但是史蒂夫马上恢复了镇定,说道,他相信他能说服董事会把价格降到47.5万美元。他们商定两天后再次会见,并希望那是最后一轮谈判。

刚与威尔逊通完电话,史蒂夫就告诉他的朋友,他没留神,让威尔逊知道了25万美元的报价就足够了,但是史蒂夫觉得,他的47.5万美元也较接近威尔逊的保留价格,并且他认为,这似乎就是威尔逊提出再进行最后一轮会谈的唯一原因。他们进一步商定了以后应采取的谈判策略,另外还修正了一些概率估计。

在以后的两天中,双方各作了一些让步。威尔逊逐渐地将报价提高到29万美元,最后停在确定的报价30万美元上。史蒂夫则从47.5万美元降到42.5万美元,又降到40万美元,然后当威尔逊强硬地停在30万美元时,他又"费力地"降到了35万美元。史蒂夫最后停止了谈判。并告诉威尔逊,他将必须与董事会的主要成员取得联系,看看是否可以突破35万美元这个界限。

现在30万美元不仅突破了史蒂夫的22万美元,而且使爱姆垂旅店有可能买下奥尔斯顿的房地产。在这一点上,他成了一块"有油水可榨的肥肉"。朋友问史蒂夫,他是否认为威尔逊将会把价格提高到30万美元以上。他回答道,如果采用一些保全面子的花招,威尔逊是可能提高报价的。他感到,问题是如果威尔逊还做着别的交易，一旦其中一项成交了，那么威尔逊会很快决定放弃爱姆垂旅店的交易。

随后，史蒂夫做了两件事。首先，为了准备购买奥尔斯顿的那块房地产，他请哈里·琼斯为签订一份合法的合同做了全面细致的准备。琼斯第二天就汇报说，除了需要超出原预算再花费 2 万美元，对房子作一些必要的修理，以达到奥尔斯顿的防火标准外，一切都与原计划一样。30 万美元仍然能满足这个要求。其次，史蒂夫和彼得斯夫人商量，旅店可以用余下的 2.5 万美元或 5000 美元干点什么。彼得斯夫人说，任何一笔额外的钱都应拿出一半放入"财务援助基金"之中——这个基金是为了帮助那些不能完全负担起爱姆垂旅店的住宿费的旅客的；还要用这笔钱来买一些"必要的奢侈品"，为此她列了一张清单。随着热情不断高涨，她的小单子也不断加长——但是只要作一点合理的压缩，一两万美元就足够了。随着彼得斯夫人的侃侃而谈，她变得醉心于这些鸡毛蒜皮的小事，而不是搬迁到奥尔斯顿，她十分希望能获得 35 万美元。

第二天，史蒂夫给威尔逊打了一个电话，向他解释说，旅店对是否接受 30 万美元的报价有不同意见（这当然是实情）。"您的公司能不能再多出一点儿——如果咱们的买卖做成了，您的公司能否免费为爱姆垂旅店新买的房子做相当于 3 万美元或 4 万美元的维修工作？要是这样的话，我可以接受 30 万美元的报价。"威尔逊回答说，他非常高兴董事会能明智地接受他的 30 万美元的慷慨报价。史蒂夫没说什么。接着，威尔逊又解释道，他的公司有一项一贯的政策，就是不让自己卷入免费承包这种限制性的交易之中。他并不想让史蒂夫难堪，但是这个建议根本行不通。

"那么好吧，"史蒂夫回答道，"如果您的公司能为爱姆垂旅店提供一笔免税的赞助，比如说 4 万美元的赠款，这笔钱将放入旅店的'财务援助基金'中，专供帮助急需的旅客之用，这也确实是一种帮助。"

"噢，这倒是个好主意！40 个格兰德是太多了（grand，美俚语，1 个格兰德为 1000 美元），但我可以问问我们的律师，能否捐赠 20 个格兰德。"

"25 个怎样？"

"好吧，就 25 个。"

结果，根据法律，威尔逊的公司要直接付给爱姆垂旅店 32.5 万美元。这样威尔逊既保全了面子又巧妙地突破了他自己的最终报价。而爱姆垂旅店则通过曲折道路充分满足了自己的需要。

【讨论】

1.请列出史蒂夫在本场谈判中所做的基本步骤。

2.史蒂夫让威尔逊知道了 25 万美元的底价后,是如何弥补自己的错误的?

3.请谈谈本案例中卖方的谈判参与人员及其作用。

思考题

1.什么是商务谈判方案?它在制订中必须遵循什么原则?

2.谈判目标分为哪几类?它们彼此的关系怎样?

3.商务谈判方案具体包含哪些内容?

4.谈判执行计划与谈判方案有什么联系与区别?

5.谈判执行计划应包括哪些内容?

6.什么是谈判的议程?在拟定议程时应注意什么问题?

7.模拟谈判有哪些作用?

8.什么是全景模拟法?在采用这种方法时要注意哪些问题?

9.为什么参加模拟谈判的人员要有较强的角色扮演能力?

第六章　商务谈判的类型与过程

■本章关键词

主场谈判　客场谈判　口头谈判　书面谈判　合作型谈判　竞争型谈判　开局　报价　交锋　妥协

第一节　商务谈判的类型

按照不同的划分标准,商务谈判可分为许多类型,每种谈判都有其不同的特点。因而,正确地了解谈判类型,是企业确定谈判原则、制订谈判策略和方法的基础。

一、按照谈判涉及的内容区分

可将商务谈判分为一般贸易谈判、来料加工装配业务谈判、技术贸易谈判和工程承包谈判等形式。

(一) 一般贸易谈判

这是我们接触最多的谈判类型。一般贸易中最简单的形式是买卖双方一方交钱,一方交货,货钱两清,交易即告结束。这种交易的目的明确,标的清楚,手续也较简单,因而能迅速决定交易是否达成。但在市场经济条件下,即使是一般贸易,在谈判中也必须明确商品数量、质量、规格、型号、价格、运输、付款方式、售后服务等一系列问题。国际间货物贸易的谈判,可以是现汇贸易谈判,也可以是易货贸易谈判,涉及的问题则更多。这就要求参与一般贸易谈判的有关人员不仅要具备较丰富的商品知识,还要有一定的地理知识、运装包装知识、商品检验知识、资金结算和保险知识等等,才能面对多变的环境作出快速反应。

(二) 来料加工装配业务谈判

来料加工装配业务是指由甲方提供一定的原材料、零件、元器件,由乙方按照甲方要求的品质、规格和款式进行加工装配,成品交由甲方处置,乙方按照约定收取工缴费作为报酬。

这种谈判具有如下特征:

(1)交易双方不是买卖关系,而是委托加工关系。

(2)承接对方来料的一方,不拥有所有权,只有使用权。

(3)委托方承担接受全部加工装配合格的产品和支付约定工缴费的责任。

(三) 技术贸易谈判

技术贸易是指技术拥有方把生产所需要的技术和有关权利,通过贸易方式提供给技术需求方加以使用。实际上,它就是把技术作为商品,按商品交易的条件和方式进行有偿转让。由于谈判涉及的对象是技术,因而它具有其他谈判所没有的一些特点:

(1)技术贸易谈判的双方既是合作伙伴,往往又是竞争对手。由于技术贸易双方往往是同行,一方获得技术的目的是运用该技术生产成品,占领市场,所以,技术转让方在谈判中的心态就是既想通过转让技术获取收益,同时也担心对方获得技术后,制造同一类产品,与己方竞争。

(2)技术贸易谈判是一个长时间的连续过程。在谈判结束后,实际上双方的关系远没有结束。技术转让方还有提供资料、人员培训、现场指导、技术考核验收等一系列工作需要完成,因而与对方的交易关系会持续很长一段时间。

(3)技术贸易的价格很难确定。在这种谈判中,双方最头疼的问题是价格。决定技术价格的主要因素是接受方使用这项技术后所能获得的经济效益,而这种效益在事前又很难测定,这就形成了谈判中确定技术价格的复杂性。

(四) 工程承包谈判

工程承包是指一个工程建筑企业通过投标或接受委托等方式,与发包人签订合同或协议,以提供技术、劳动、设备、材料等,负责承担合同所规定的工程设计、建造和机械设备安装等任务,并按合同规定的价格和支付条款向发包人收取费用及应得的利润。

工程承包谈判的最大特点就是复杂性。一方面,它涉及的面广,程序复杂:在技术上,往往包括勘探、设计、建筑、施工,以及设备制造和安装、操作使用,直到生产;在经济上,它包括商品贸易、资金信贷、技术转让,以及招标与投标、项目管理等。所以,无论从技术、经济,还是从法律等角度来看,它都比一般商品贸易谈判难度要大。另一方面,由于工程营建时间长、涉及金额大,双方由此承担的风险也大。因而谈判双方都会小心谨慎,仔细研究,谈判持续的时间也会相应延长。

二、按照谈判中有关各方的语言交往方式区分

可将商务谈判分为口头谈判和书面谈判。

（一）口头谈判

它是指谈判各方面对面地用语言进行谈判，或者用电话商谈。在实际生活中，通常表现为企业派出业务员主动登门谈判、邀请客户到本企业谈判或在第三地谈判。

这种谈判方式的优点是：各方提出的条件和意见都可当面详尽地作出说明，便于各方考虑，决定是否成交；同时，各方都能察言观色，判断对方心理，便于施展谈判技巧；而且，用口头语言表达自己的思想，可留有较大的回旋余地，尽可能地让对方与自己达成协议。

口头谈判的缺点也是很明显的。首先，它要求在一定的谈判期限内作出成交与否的决定，使得各方都不能有更多的时间考虑，谈判人员一旦决策失误，会使企业蒙受损失；其次，在主动上门谈判时，由于登门一方人员的身份已经明确，而接待一方的人员其真实身份、权限都不易确定，这很可能引起双方特殊的心理反应，对谈判造成不利影响；再者，在双方面对面的交锋中，由于口头语言本身具有的冲动性，加之谈判气氛的紧张，很容易使有关人员的语言表达失误，导致本方企业的被动或损失；最后，主动上门一方还要支付差旅费，接待一方要支付招待费，费用开支较大。

基于上述原因，口头谈判一般都适用于首次交易谈判、大宗交易和贵重物品的谈判。目前，被企业广泛接受的口头谈判形式首推交易会谈判。交易会通常由若干个公司、企业联合邀请各地客商，一起谈判成交。在会上，卖方一般都备有现货和样品，买房可通过看样、评鉴，与卖方直接面谈。这种方式的最大特点是客户众多，可以当面就货物交易进行谈判，能最大限度地发挥口头谈判的优点。

（二）书面谈判

这是指谈判各方利用信函、电报、传真等通讯工具进行的洽谈。

书面谈判的优点在于：第一，在预定的答复期限内，谈判各方有较充足的时间考虑，不必像口头谈判那样当场作出决策；第二，双方在谈判过程中可以自由地同助手和领导进行讨论与分析，以便作出慎重的决策；第三，这种谈判不需要谈判者来回奔波，双方人员都可以坐镇企业，对不同客户的回电（回函）进行分析比较，有利于把握合适的谈判对象和机会；第四，由于人员之间互不见面，可以避免因谈判者的级别、身份不对等而引起的心理障碍，有利于交易的达成；第五，谈判各方只需

支付通讯费用,开支一般较为节省。

但是,书面谈判也不足之处。如:双方的文字交往大多较简洁、精练,但一味贪图文字简练,很容易引起各方对某一问题的不同解释,造成争议和纠纷;由于各方互不见面,无法观察对手的神态、表情、情绪的变化,因而也无法了解谈判对方的心理活动,更无从施展谈判技巧;此外,若在各方意图的传递过程中,通讯工具发生故障,就会影响联系,丧失交易机会。

在实际生活中,口头谈判和书面谈判是很难截然分开的。往往是企业之间在刚开始接触时采用书面谈判方式,等双方有明确交易意向时,再派人员当面谈判,签订协议。而且,经常有交易往来的各方,当原来约定的条件不变时,通常采用书面谈判形式;若情况发生变化时,则用口头谈判。

三、按照参加谈判的人数区分

可将商务谈判分为单独谈判和团体谈判。

(一) 单独谈判

即各方参加谈判的人数均为 1 人。这种谈判方式的优点在于:

(1)可以避免因团体内部意见不统一而给对方造成可乘之机。由于各种因素的影响,不同的人往往对同一个事物有不同的看法和评价,若是在谈判中团体内部的分歧为对方所察觉,就会给对方各个击破的机会。反之,从理论上讲,一个人的所思所想和所作所为至少从本人角度而言是统一的,这也就杜绝了对手在这方面的机会。

(2)可以避免对方将火力集中在我方力量最薄弱的人身上。如果是一个谈判班子,则人员的素质和能力难免参差不齐。按照"木桶理论",其中能力最差的人员决定了该班子的整体实力,这将会使整个班子的实力大打折扣。但在单独谈判中,可有效地避免这个问题。因为企业总是会考虑选派一位各方面都最强、最合适的人去参加某一项谈判。

(3)谈判效率相对较高。在必要时,负责谈判的人可以全权作出决定,避免了不必要的讨论和协商。

(4)保密性较强。

但是单独谈判实际上也是一种最困难的谈判类型。因为谈判者只能独自为战,没有任何助手可以协助。这就对有关人员的知识、素质和能力提出了很高的要求。所以,参加这类谈判的人员一定要有全面合理的知识结构,同时要有主见和决断力,判断能力较强,善于独立作战。性格脆弱、优柔寡断的谈判者是不能胜任此类谈判的。

(二) 团体谈判

各方参加谈判的人数均为数人,称为团体谈判。英国谈判学专家比尔·斯科特进一步提出了小、中、大型团体谈判的划分标准:各方人数均在 4 人以下的,属于小型谈判;4—12 人之间的,属于中型谈判;若各方都超过 12 人,则属于大型谈判。

团体谈判由于各方都有多人同时参加,企业可以在充分考虑各人性格和能力特长的情况下进行分工,以发挥整体优势;由于人员相对宽裕,可适当选派有关方面的专家参加谈判,使"增加谈判班子的权威性比增加人数更有效"这一点得到充分体现;也能使团体中的某人当情况不利于本方时,借口与其他人员商量一下来缓解矛盾;还可以当谈判场上出现激烈对峙时,由其他人员来打圆场,调节气氛。

团体谈判的最大难点在于如何科学合理组织班子,使整体力量充分发挥。

【案例】

一般来说,谈判小组的组建及其后的协调合作,要注意如下问题:

(1)谈判小组的规模太大或太小。这是针对各种具体的谈判而言的。但从常见的倾向上来说,主要应该防止的是谈判小组过于庞大,主从不分,中心不突出。

(2)小组人员搭配不当。显然,纯粹以专家或纯粹以管理人员组成的谈判小组是不理想的。理想的谈判小组是以后者为主,前者为辅。

(3)小组领导人不理想。这表现在:才能低于对方领导人,不能使整个小组有效地开展工作,等等。

(4)缺乏独特的谈判作风。这可以表现为一种良好的工作习惯和合作默契的程度。显然,缺乏这些能力对谈判是极其不利的。

(5)谈判小组与后援小组不能有效地合作。谈判小组需要有留在公司里面的人协助工作,这些人包括公司老板、同事、秘书和其他职员。谈判小组出发前,需要首先与留在公司的后援小组进行充分讨论。他们需要明确知道谈判小组同公司以及小组成员在谈判中的职责范围。谈判小组还要与后援小组做好联络工作。这样,虽然他们远在公司之外谈判,也能得到公司的帮助。

四、按照谈判地点的不同区分

可将商务谈判分为主场谈判、客场谈判和中立地谈判。

(一) 主场谈判

即在本方单位所在地与对方谈判。主场谈判的优点在于:

（1）以逸待劳，在心理上占据优势。

（2）可多方面使用有利条件。

（3）临时找专业技术人员或查找技术资料比较方便。

（4）若谈判发生意外，可直接向上级汇报并取得最新指示。

它的缺点主要有：

（1）繁琐的接待工作会浪费我方人员不少宝贵的时间和精力。

（2）谈判人员会受到本企业日常事务的干扰。

（二）客场谈判

即我方人员主动或受邀到对方单位谈判。它的优点在于：

（1）我方人员可以不受干扰，全心全意地投入谈判。

（2）当谈判出现困难时，可以有许多借口（如资料没带、有关人员没来、无法与上级联系等）暂不作结论。

（3）必要时，可与对方的上司直接谈判。

（4）我方可减去繁重的接待工作。

客场谈判的缺点是：

（1）如果发生意外情况，不能及时请示上级。

（2）查找资料不方便。

（三）中立地谈判

由于谈判各方冲突性大、利益关系微妙等原因，在主客场谈判都不适宜的情况下，可选择一中立地谈判。在这种谈判中，由于气氛冷静，不受干扰，各方都比较注意自己的声望、礼节，所以都能比较客观地处理种种问题和某些冲突事件。

五、按照谈判过程中各方表现态度区分

可将商务谈判分为合作型谈判和竞争型谈判。

（一）合作型谈判

合作型谈判是以各方的相互满足作为谈判的共同基础，即在不损害我方利益的前提下，寻找为双方提供最大满足的最佳方式，以保证在对方得到满足的同时，我方亦获得预期的利益。当然，合作并不意味着谈判的各方无视彼此的差异、竞争和冲突，只做"和事佬"，相反，谈判的各方都意识到了彼此的分歧，但他们愿意在独立、活跃、认真、诚挚的气氛条件下，合作解决问题。

（二）竞争型谈判

在这种谈判方式支配下，各方都竭力为自己谋求最大利益，为达到这一目的不惜采用各种手段来牺牲对方的利益，往往以一方作出被迫让步而告终。采用这种谈判方式的人员，往往试图建立一种富有对抗性的谈判气氛，在这种气氛中增强自己的实力，削弱对方的力量，过早地把谈判引入争执的领域，并总是希望先讨论有可能让对方让步的议题，而把自己的让步放在后面。

决定一场谈判是合作型还是竞争型的因素主要有：

（1）成果。一场谈判所产生的利益成果越明确、越固定，则双方为分配这一成果所产生的争夺越激烈，导致谈判也越具有竞争性；反之，利益越模糊，谈判越容易出现合作性。

（2）议题。谈判中如果只涉及一个问题，则双方都清楚若在该问题上让步，就意味着全部利益的损失，所以双方的竞争就会增强；反之，若谈判同时围绕几个议题展开，则双方就会意识到在某一个（或几个）方面所作的让步，完全可以在接下来的条款中得到补偿，谈判就会出现合作性。

（3）关系。参与谈判的各方互相之间依存性越高（即一方经济利益的实现要以另一方的配合为基础，或者双方原就存在彼此的良好合作关系），谈判中合作的可能性就越大；反之，竞争性越强。

（4）时间。谈判中可供双方支配的时间越少，竞争性越强。因为这时双方都没有充裕的时间来分析对方的建议方案，在一种自我保护本能的驱使下，很自然地认为对方的建议对我方不利，所以就会一口拒绝对方而要求按本方的建议实施，这就引发了谈判的竞争性；时间越充分，就越能仔细地探索达成协议的方法，寻找双方利益的共同点，因而就越具有合作性。

（5）实力。谈判各方的实力越接近，双方就越意识到激烈竞争的后果只能是两败俱伤，因此就会在谈判中小心翼翼地寻求妥协，避免竞争，使谈判趋向合作。

六、按照谈判的发生状况区分

可将商务谈判分为有准备的谈判和即兴式的谈判。

（一）有准备的谈判

这是指参加谈判的各方事先对有关谈判的一切细节都做了精心的准备，如对参加谈判的人数、规格、时间、地点等都进行了周密的安排，对于己方的要求设计了最佳表达方式，对谈判中可能的冲突也尽可能考虑了解决的方法。这种谈判，既容易谈又不容易谈。一方面，因为大家都准备得很充分，谁也不会在细节上多作纠缠而忽视问题的实质,各方都能明确表达己方的要求;另一方面,由于双方都做了充足的准备,谁的立场都不会轻易地动摇,因此,让步总是在一点一滴中进行,谈判往往会进行得非常艰苦。

(二)即兴式的谈判

也称为"偶发性谈判"。这种谈判常常是突然发生的,它使谈判者没有时间进行充分的考虑,完全要靠谈判者在谈判过程中的即兴发挥。这种类型的谈判,其成功与否很大程度上取决于谈判者个人的谈判水平和平时所掌握的专业知识。

七、按照参与谈判各方的身份和对谈判的准备与关切程度区分

可将商务谈判分为正式谈判和非正式谈判。

(一)正式谈判

在这种谈判中,各方的人员往往直接代表着某个利益集团,拥有最终决定权,他们对谈判的议题和内容有充分的准备,对所涉及的内容持积极态度。而且,在正式谈判开始之前,往往由较低级别的人员就谈判的主题、人员的规格、谈判的程序等问题事先进行磋商,为随之而来的实质性谈判做好充分准备。

(二)非正式谈判

这种谈判往往是接触性的、试探性的,它不一定要求对谈判议题和内容有充分的准备,一般是起着通报情况、解释立场、沟通关系的作用。参加这种谈判的人员可以是某单位的正式代表,也可以是聘请的企业外部人员。

区分谈判类型的标准还有很多种,如按照谈判内容与目标的关系,可将谈判分为实质性谈判和非实质性谈判;按照谈判的透明度,可将谈判分为公开谈判和秘密谈判;等等。

第二节 商务谈判的过程

我们考察某一特定的谈判,不管是什么性质,也不管延续多长时间,它总有一条清晰的线索贯彻始终,呈现出明显的阶段性,我们就把这种阶段性称为谈判的过程。一般而言,谈判要经历以下程序:开局、报价、交锋、妥协、签约。当然,完全意义上的谈判程序,还应包括谈判的准备阶段和执行阶段,但本节着重论述谈判的正式过程,故而这两个阶段就不在讨论范围之内了。

一、开局阶段

开局是指参加谈判的各方人员从开始谈判时的第一次见面到正式讨论有关议题之间的一段时间。对于一场谈判而言,开局是至关重要的。它基本上决定了以后的谈判方向和形式,诸如谈判各方的地位、等级、情绪等。所以,谈判者必须重视开局。

在开局阶段,谈判者的工作重点主要有两个:

首先,建立良好的谈判气氛。不同的谈判气氛,对于谈判具有不同的影响,会在不知不觉中把谈判朝某种方向推进。如热烈的、积极的、合作的气氛,会促使双方尽快地达成一致协议;而冷淡的、对立的、紧张的气氛则会把谈判推向破裂的边缘。因此,谈判各方都力求在开局时创造一种合作、诚挚、轻松、认真的谈判气氛。那么,如何来建立良好的谈判气氛呢? 谈判人员应做到以下几点:

(1)谈判者应径直步入会场,以开诚布公、友好的态度出现在对方面前。神态要自然,目光的接触要表现出可亲和自信。

(2)在服饰仪表上,谈判人员要塑造符合自己身份的形象,服饰应该美观、整洁、大方,在得体的同时最好尽可能地兼顾对方的审美习俗和审美心理。

(3)在首次交谈时,可与对方说一些中性的话题,以便活跃气氛,引起共鸣。这种话题包括:参加者的旅途见闻、个人经历、个人爱好,体育、文艺消息,天气情况,某地的风土人情,等等。

当然,谈判者也可根据需要,人为地制造一种敌对的、对峙的气氛。

其次,谈判者应在开局阶段注意察言观色。按行为学家的论述,双方初次见面的头 10 分钟内,85％的信息是靠彼此的神态和动作来传递的,所以,这项工作若做好了,对对方的性格、态度、意向、策略、风格等就有了切身的体验,便于在以后的过程中加以利用。如对方在开局之初便瞻前顾后、优柔寡断,或是锋芒毕露、赤膊上阵,他就很可能是一个初出茅庐的新手;相反,若对方从容不迫、侃侃而谈,想方设法调动我方的兴趣或想方设法刺探我方的实力,他肯定就是一个谈判的行家里手。更为重要的是,通过察言观色,可以分析出某种假象和伪装,捕捉和观察了解到对方真实的内心世界。

二、报价阶段

"报价"不仅是指一方在产品价格方面的要求,它实际上泛指谈判一方向对方提出的所有要求。若是商品买卖谈判,它就包括商品的质量、数量、包装形式、价格、装运方式、保险、支付方式、索赔等多项交易内容。

报价是谈判双方正式进入谈判主题的第一个阶段。在这个阶段中,一方面是让对方知道我方对此次谈判的基本目标和想法(当然,这只是一个含有大量水分的粗略报价,没有必要让对方一开始就知晓我们的全部意图);另一方面则是通过对方的报价来评估他们对此次谈判所抱的利益目标。报价阶段的工作将为谈判进程奠定基础。在报价阶段,应注意以下几个问题。

(一)报价的时机

报价最理想的时机应当是两件工作完成之后:①详细说明产品的优点;②让对方明白他可以得到的利益。因为购买的最根本动机在于需要,对于需要的强烈愿望会使人对价位不敏感。

(二)报价的方法

(1)报价的态度要坚决果断,不应迟疑,充分显示出报价者的信心,使该价格得到一个强有力的支持。

(2)报价的表述要明确,使对方不至于对我方的报价产生理解上的歧义。

(3)报价时不必做解释和说明。对方肯定会对有关内容提出疑问,届时我方再回答,就能牢牢控制住谈判的主动权。倘若一开始就作出说明,反倒会泄露给对手一些重要信息。

(三)报价的原则

通过经验总结,报价的一般原则是"卖方报高价,买方报低价"。以卖方为例,我们来看一下这个原则所带来的好处:

(1)卖方的报价一般而言都是越报越低的,所以,其第一次报出的高价也就是卖方想得到的最大利益的一次尝试。在不了解对方真实目标的情况下,这种尝试是有益的。

(2)报价越高,报价者所留的让步余地也就越大。实际上,这时的高报价为以后的妥协准备了很有用的筹码。

(3)报价的高低直接影响着对方的评价。倘若卖方的报价超出买方的预计,就会使买方在心中暗自盘算自己的估算是否出了问题,使得其对自己的报价产生怀疑;如果卖方能辅以其他手段,就很可能使买方相信卖方的产品性能确实优于同类产品,或者服务确实比其他企业周到,等等。

(4)报价的高低对最终成交水平有很大影响。大量的谈判实例表明,在买卖谈判中,最终的协议价格往往倾向于报价高的一方。当然,报价高(或低)并不能脱离市场形势和产品特点。报价的高低实际上是多种因素综合的产物。

（四）报价的顺序

谈判双方谁先报价,这是个很微妙的问题。先报价的优势在于:

(1)先报价的一方实际上为谈判规定了一个框架,最终协议可能在此范围内达成。

(2)先报价不仅能够为谈判结果制订一个不可逾越的上限或下限,而且在整个谈判过程中将或多或少支配对方的期望水平。

然而,先报价也有不利之处:

(1)对方听了报价后,可以相应地对其报价作针对性的调整,通过修改他们原来拟定的价格来得到额外的利益。

(2)对方在得知报价后,很可能并不还价,集中力量对该报价发起进攻,迫使其进一步降价,却始终不说出自己的报价。

我们认为,报价的顺序应视具体情况而定:如果预计会出现激烈竞争或冲突,则应"先下手为强",抢先报价以争取更大的影响,占据主动;如果是合作型谈判或老客户之间的谈判,则报价先后没什么实质性差异;在通常情况下,发起谈判的一方或卖方,应该先报价。

（五）价格分割

这是一种卖方的报价策略。即指在合理的情况下,卖方以较小的计量单位来报价,从而减少买方对价格的敏感度。如 1000 元/吨的商品可报为 1 元/公斤。

三、交锋阶段

在谈判双方各自明确对方的基本企图后,就进入交锋阶段。在这个阶段中,双方都想竭力列举材料,运用策略来最大限度地遏制对方企图,达到自己的目的。所以,交锋阶段是谈判过程中最具对抗性的阶段。同时,也是谈判最关键的阶段。在这段时间内双方的表现与能力发挥,直接关系到谈判各方的利益分配。交锋阶段具有三个明显的特征:

（一）双方交锋的焦点是利益而不是立场

谈判的各方都认识到推动谈判得以进行的根本动力是对利益的追求,谈判后得到的协议实际上就是利益分配的认可。因而,有经验的谈判老手在交锋时往往是针对某项条款背后所涉及的双方利益,而不是双方的立场。他们交锋的目的是克服造成障碍的问题,而不是击败对手。

（二）交锋是谈判双方不断地"行动导致反行动"的过程

在交锋阶段,谈判双方都会针对对方的行动,企图来设计、调整自己的目标和方法,通过"行动导致反行动",使交锋不断进入新的层次和阶段。同时,在交锋阶段,有的谈判人员为了控制对手的反行动,往往主动采取"示弱"的方式,稳定对手的竞争心理,把交锋的激烈程度控制在一个适当的限度之内。

(三) 交锋阶段是双方策略运用最集中的场合

由于交锋阶段双方的表现对最终协议的达成、最终利益的分配具有根本性的影响,所以,谈判双方都集中精力,试图在这个回合占据上风。在这个斗智斗勇的阶段,各方人员都虚虚实实、真真假假,不断地制订、改进、运用策略,尽可能地使利益的天平倒向自己这一方。

针对上述特点,谈判人员在交锋阶段应遵循下列原则:

(1)交锋时不让步。虽然让步在谈判过程中是不可避免的,但不应该是这一阶段的重点。在交锋时,只有坚持自己的主张,才能占据有利地位。在这一阶段,应该表现出极大的耐心,据理力争。常常有这种情况发生:当你觉得再坚持已无希望,准备妥协的一瞬间,对方实际上也已经准备放弃原有立场了。所以,"坚持到最后一分钟"是交锋时必须牢记的要点。

(2)反复阐述己方的立场和要求,使对方适应我方的高期待,并降低自己的期待值。同时,也可以转移对方的期待,将对方的期待拉向自己的目标,以降低对方的期望值。

(3)在交锋时,应隐藏自己的弱点,保持攻势。所有企业、人员都有自己的弱点,关键在于如何掩饰薄弱环节。如果被对手抓住弱点,后果就不堪设想了。例如,我方由于种种原因,强烈希望达成协议,这就是弱点,对手可以充分利用它来拖延时间,以便在交锋时要挟我方。因而,即使我们把这场谈判看成是生死攸关的大事,至少表面上也要泰然处之。

(4)在交锋时,立场要强硬、坚定,但态度要温和、谦虚。在这一阶段,为了表明我方的态度,需要有关人员采取强硬、坚定的立场,并在适当的时候采用强硬的策略:如故意制造僵局,采取最后通牒等方式。但语言、行为举止一定要充分尊敬对方,做到温文尔雅。因为交锋的目的是为了争取利益,而不是把对方吓跑或气走。所以,态度一定要和气,千万不能伤害对方的自尊心。

四、妥协阶段

交锋不可能无限制地持续下去,否则,只会导致谈判破裂或者陷入僵局。故此,妥协是谈判必经的一个阶段。可以这么说,交锋结束之际,便是妥协开始之时,妥协阶段是以谈判各方(或一方)从原有条件下让步为最大标志,因而,也有人把这一阶段称之为让步阶段。在进行妥协让步时,必须注意下列问题:

（1）不要做无谓的妥协。妥协的目的归根到底还是为了我方利益的实现，所以，每次让步都要换取对方相应的妥协或优惠。

（2）让步要恰到好处，即以最小的让步使对方得到最大程度的满足。

（3）在重要问题上应尽量使对方先让步，而在较次要、枝节的问题上，我方可主动寻求妥协。

（4）妥协时步子不能太大，频率也不宜过快，否则容易使对方认为我方软弱可欺，并产生"预期心理"，使我方在谈判中陷入被动。

（5）若一次妥协后发觉考虑欠周到，要果断地收回。总之，在妥协阶段，谈判人员必须缜密考虑、精心策划，避免给本方造成不必要的损失。

五、签约阶段

当谈判双方经过交锋和妥协，克服一个又一个问题之后，对本次谈判所涉及的主要内容都已达到了基本一致（或完全一致）的意见，便由双方在协议书上签字，这就是签约阶段。这意味着一场谈判已有结果。

签约虽然意味着谈判的结束，但这一阶段本身还有许多技术性的工作需要加以重视，如：协议的文字要简洁，内容要具体、明确，避免日后因一些模棱两可的语句引起争议；要仔细核对所签文本和谈判协议的一致性；不要轻易在对方拟定的协议上签字等。

▶ 案例阅读与讨论

【案例】　中日汽车赔偿谈判

2005年，中日双方在北京举行谈判，内容是中国某单位因进口的5800辆日本某公司的汽车不合质量要求向该日本汽车公司索赔。

中方根据科学的依据、准确的计算，堂堂正正地提出全批量索赔。日方代表虽然竭尽全力抵挡，终抵不过我方提出的铁的事实，同意支付给中方每辆汽车维修费77600日元。接着，中日双方争议最大的谈判项目是间接经济损失的赔偿。日方在谈这项损失费时，采取逐条报出的方法。每报完一项，总停一下，环视一下中方代表的反应，仿佛给每笔金额都要打上烙印似的，最终日方提出支付30亿日元。

中方代表琢磨着每一笔报价的奥妙，把"大约""预计"等含混不清的字眼挑了出来，指出这里埋下的伏笔。在谈判桌上，中方报完每个项目与金额后，都讲明那个数字测算的依据。最后，中方提出的赔偿额为70亿日元。

日方代表听了这个数字后，惊得目瞪口呆，过了半天才连连说道："差距太大，差额太大！"

于是,双方争论的焦点便出现了,谈判进入相持阶段。这时,日方首先采取将心比心战术,企图使中方作出让步。日方谈判人员说道:"贵单位提出的索赔额过高,若不压减,我们会被解雇的,我们是有妻儿老小的……"中方并不轻易地作出让步:"贵公司生产如此低劣的产品,给我国造成多么大的损失呀。"然后也不放弃将谈判顺利进行的机会,同时也表现了充分的将心比心的大度,安慰日方代表道:"我们不愿为难诸位代表,如果你们做不了主,请贵方决策人员与我方谈判。"

又经过一番讨价还价之后,暂时休会。日方首席代表接通了公司的电话,与公司最高决策人员密谈了数小时,围绕索赔事项进行了紧急磋商。

接着,谈判又开始了。先是一阵激烈的舌战,继而双方一语不发,谈判的气氛骤然降到了冰点。最后,还是中方代表首先打破僵局:"中日贸易不是一天两天的事,以后的日子还很长。我们相信贵公司绝不愿意失去中国这个最大的贸易伙伴和广阔的汽车市场,如果贵方有诚意维护自己的信誉,彼此均可以作适当的让步。"

中方首先表示的让步姿态,起到了一定的效果,日方有所松动:"我公司愿付40亿日元,这是最高数目了。""我们希望贵公司最低支付60亿日元。"中方代表当然不能接受太大的让步。

这样一来,谈判又出现了新的转机。谈判几经周折,经过双方多轮报价、压价,最终日方赔偿中方50亿日元,并承担另外几项经济责任。

在这次谈判中,中方首先提出了一大堆日方的问题,迫使对方让步。在谈判陷入僵局是,又友善地作出让步姿态,日方也同样频频做出积极姿态。正因为双方的共同努力,这场谈判终于获得了比较圆满的结果。

【讨论】

1. 中方和日方在谈判中各自采用了哪些策略?
2. 分析中方的让步起到了什么作用?

思考题

1. 按照谈判所涉及的内容区分,商务谈判可分为哪几类?
2. 为什么说工程承包谈判的最大特点是复杂性?
3. 什么是口头谈判,什么是书面谈判,两者各有什么优缺点?
4. 决定一场谈判是竞争型还是合作型的因素有哪些?
5. 正式谈判程序分为哪几个阶段?
6. 如何建立良好的谈判气氛?
7. 如何看待报价顺序的先后所带来的利弊?
8. 交锋阶段有什么特点,谈判人员在这一阶段应做些什么?

第七章　商务谈判的一般策略

■ 本章关键词

谈判过程　谈判态势　谈判策略

谈判是智慧与实力的较量,是谋略与技巧的角逐。在商务谈判过程中,为了使谈判顺利进行并取得成效,谈判者应注意及时抓住有利时机,审时度势地制订并运用相应的谈判策略。一般而言,商务谈判策略是谈判人员在商务谈判过程中,为实现特定的谈判目标而采取的各种方式、措施、技巧、战术、手段及其组合运用的总称。

第一节　商务谈判过程与策略

商务谈判策略的制订需遵循科学的程序。同时,在不同的谈判阶段也需要有不同的、具有针对性的策略。

一、制订商务谈判策略的程序

即制订策略所应遵循的逻辑步骤,主要包括以下几个方面。

(一)现象分解

现象分解是制订商务谈判策略的逻辑起点。谈判涉及问题、趋势、分歧、事件,必须把这个“组合”分解成不同的部分,从中找出每一部分的意义之后,再重新安排,借以找出最有利于己方的形式。制订商务谈判策略的目的,是判断谈判进程中进退的最有利时机,寻求应该采取的手段或方式,借以达成最有利的协议。

(二)寻找关键问题

进行现象分解与科学分析之后,就要有目的地寻找关键问题,即抓住主要矛盾。因为只有找到关键问题,才能使其他问题迎刃而解。寻找关键问题需要运用

"抽象"方法,以及问题分析、谈判对手分析、发展趋势分析的技术。

(三)确定目标

确定目标关系到谈判策略的制订,以及将来整个谈判的方向、价值和行动。确定目标,是根据现象分解和关键问题分析得出的结论。确定目标应根据己方条件和谈判环境要求,对各种可能目标进行动态分析判断,以便取得满意的结果。

(四)形成假设性解决方法

这是制订策略的一个核心与关键步骤。对假设性解决方法的要求是既能满足目标,又能解决问题。方法是否有效,要经过比较才能鉴别。所以谈判人员在提出假设性解决方法时,要善于运用发散性思维,打破常规,力求有所创新,并尽力使假设性解决方法切实可行。

(五)对解决方法进行深度分析

指对各种假设方法根据"可能"与"有效"的原则进行排列组合、优化选择。对少数可行性策略进行深入研究,可以为最终选择打下基础。在深度分析中,应权衡利弊得失,并运用定性与定量相结合的分析方法。

(六)具体谈判策略的生成

在深度分析得出结论的基础上,确定评价的准则,得出最后的结论。

(七)拟定行动计划方案

有了具体的谈判策略,还要把这种策略落到实处,这就要按照从抽象到具体的思维方式,列出各个谈判者必须做的事情,把它们在时间、空间上安排好,并进行反馈控制和追踪决策。

二、开局阶段的策略

谈判开局策略是谈判者谋求谈判开局中的有利地位和实现对谈判开局的控制而采取的行动方式或手段。可供参考的策略有以下几种。

(一)一致性开局策略

所谓一致性开局策略,是指在谈判开始时,使对方对自己产生好感,创造或建立起对谈判的"一致"的感觉,从而使谈判双方在愉快友好的气氛中不断将谈判引向深入。心理学研究表明,人通常会对那些与其想法一致的人产生好感,并愿意将自己的想法按照那些人的观点进行调整。这一研究结论正是一致性开局策略的心理学基础。

（二）保留式开局策略

保留式开局是指在谈判开局时，对谈判对手提出的关键性问题不作彻底、确切的问答，而是有所保留，从而给对手造成神秘感，以吸引对手谈判。

（三）进攻式开局策略

进攻式开局策略是指通过语言或行为来表达己方强硬的姿态，从而获得谈判对手必要的尊重，并借以制造心理优势，使得谈判顺利地进行下去。采用进攻式开局策略一定要谨慎，因为在谈判开局阶段就设法显示自己的实力，使谈判开局就处于剑拔弩张的气氛中，对谈判进一步发展可能不利，会让人产生居高临下、以势压人、不尊重己方的倾向。该策略在具体运用过程中要做到有理、有利、有节，要切中问题要害，又不能过于咄咄逼人，需要适时转变做法。

（四）挑剔式开局策略

挑剔式策略是指开局时，对对手的某项错误或礼仪失误严加指责，使其感到内疚，从而达到营造低调气氛、迫使对手让步的目的。

（五）坦诚式开局策略

坦诚式开局策略是以开诚布公的方式向谈判对手陈述自己的观点或意见，尽快打开谈判局面。

三、交锋阶段的策略

交锋阶段是谈判过程的一个关键阶段，也是最困难、最紧张的阶段。在这个阶段，双方都极力想尽可能多地实现自身的谈判目标，同时限制对方目标的实现，因此，向对方施加压力，以及如何化解自身所受的压力，往往成为交锋阶段所有策略的主基调。

（一）向对方施加压力的策略

1.最后通牒

即明确告知对方我方的利益诉求，并提醒对方"要么接受条件，要么谈判破裂"。这是最强硬的一种施加压力策略，但同时也是危险系数最高的一种。一旦我方提出最后通牒,就必须有心理准备:如果对方不接受,谈判就只能到此为止了。为了降低危险系数,同时确保给对方足够的压力,谈判人员应注意以下操作要点:

(1)时机要恰当。如果本次谈判我方没有时间上的压力,一般理想的最后通牒时机应该是在谈判的中后期。因为在谈判早期,对方并没有投入太多的人、财、物资源(包括感情、精力的消耗),所以会认为"放弃并不可惜"。如果我方时间紧迫,速战速决也不失为明智之举。

(2)理由要客观。最后通牒所能施加的压力大小往往与我方提出的理由相关。所以我方应尽可能列举诸如国家政策、市场环境、法律法规、财务状况等相对客观的理由作为支撑,使对方一时无法反驳。

(3)态度要温和。虽然最后通牒是最强硬的策略,但从根本上看,我方还是希望对方能接受。因此,在表达的方式方法上,如遣词造句,都应注意基本的礼貌和尊重。

2.简单化

此策略的核心在于向对方提出貌似公平合理,又简便易行的解决矛盾的方法,而实质却是确保我方的利益。如卖方开价 1000 元/吨,买方还价 600 元/吨,双方一番激烈交锋后,卖方提出"大家各退一步,800 元成交,如何?"实际上,卖方一开始就准备以此价格成交,1000 元/吨仅仅是隐藏真实企图而已。但如果买方同意按此价格交易,显然就中计了。

3.先进后退

又称为"红白脸"策略。即先用某些极端手段或要求打破对方心理平衡,等对方产生绝望心理时,再以象征性让步使其恢复平衡,进而实现自身的真正目标。这是一种软硬兼施的策略,在谈判中往往能收到奇效。

(二)化解压力的策略

虽然让步在谈判过程中是不可避免的,但不应是交锋阶段的重点。因此,当我方受到对方的巨大压力时,绝不能仓促让步或自乱阵脚,而应该表现出极大的耐心,善于运用策略与对方周旋,极力捍卫自身的正当利益。常见的化解压力策略有三种。

1.限制策略

即通过对某些谈判要素的限制来到达缓解压力的目的。较为普遍的方法有:

(1)权力限制。如果对方在交锋时步步紧逼,要求马上做出回答或决定,此时我方谈判人员可向对方表明自己得到的授权有限,必须与更高层领导或相关人员协商后才能作出答复,从而为自己争取冷静思考的时间。

（2）时间限制。如果对方在某个议题上咄咄逼人，我方可考虑短暂休息、转移焦点问题等来缓解当时所受的压力，以免乱中出错。

2.变换策略

即通过改变某些谈判要素来缓解压力。如：

（1）人员变换。长时间的谈判交往会导致谈判对手对我方人员的性格、能力等方面有较为深入的了解，因此在交锋阶段可能会更有针对性地施加压力。如果我方能够适时更换谈判人员（特别是主谈人员），就可避免承受过大的压力。

（2）地点变换。谈判人员能力的发挥与谈判环境有密切的联系。为了减轻自身的压力，我方可以尽量把交锋阶段安排在中立场地或本方的主场进行。

3.装疯卖傻

一名优秀的谈判者需要的不仅仅是反应敏捷、精明干练的强者形象，在一些特定场合甚至需要表现出疯疯癫癫、傻里傻气的状态。很多谈判专家都谈到过和那些犹豫不决、愚笨无知或固执一端的人打交道时所产生的挫折感。在一个根本听不懂你在说什么的人面前，任何精辟的见解、高深的理论、高明的技巧都会显得没有任何价值。因此，当对方施加压力时，我方可以用"对不起""我不太理解""你能再说一遍吗"等语言来应对，直到对方兴致全无，一筹莫展，完全丧失毅力和耐心。

四、让步阶段的策略

（一）让步的原则

（1）只有在最需要的时候才作出让步，即谈判无法继续下去时。

（2）让步应有明确的利益目标，即让步可从对方那里获得什么利益补偿。无谓的让步会被对方视为无能。没有交换绝不让步，这是一个谈判者应该遵守的铁律。

（3）让步要分轻重缓急。一般不先在原则问题、重大问题，或者对方尚未迫切需求的事项上让步。

（4）把握交换让步的尺度。交换让步，是以利益和必要性为依据的，不能轻易承诺作同等幅度的让步。

（5）让步要使对方感到艰难。千万别让对方轻而易举地得到己方的让步。因为按照心理学的观点，人们对不劳而获或轻易得到的东西通常都不加重视和珍惜。

（6）严格控制让步的次数、频率和幅度。让步次数不宜过多，一般3—4次。过多不仅意味着损失大，而且影响谈判信誉、诚意和效率；频率也不可过快，过快容易鼓舞对方的斗志和士气；幅度不可太大，太大反映了己方条件虚头多，会使对方进攻欲望更强,程度更猛烈。

(7)让步要避免失误。一旦发现承诺的让步有失误时,在协议尚未正式签订以前,要采取巧妙策略收回。比如,借在某项条款上对方坚持不让步的机会,趁机收回原来让步的承诺。

切记:只有在需要的时候才让步,不要轻易作出让步;要以让步换让步;不要在重大问题上先作让步;每次让步都要让对方感觉是最后的让步;让步时意图不能太明显。

(二)让步的方式(以让步60%为例)

1.最后一次到位(坚定冒险型:0—0—0—60)

这是一种最后一次让出全部可让的利益的策略。这种让步的特点是谈判的前三次丝毫不让步,给人一种没有讨价还价余地的感觉,到了最后一次一步到位让出全部利益,促成和谈。这种让步策略下,只要对方比较软弱,己方就有可能得到很大利益,但更大的可能是导致谈判的破裂。

该方法适合谈判中占有优势的一方采用。这种让步使用的场合比较少而特殊,由于要冒很大的谈判破裂风险,应该慎用。

2.均衡式(刺激欲望型:15—15—15—15)

这是一种等额让步的策略。这种让步的特点是定额增减,态度谨慎、稳健,但它会刺激对方要你继续让步的欲望,因为在三个15之后,对方都等到了一个15,那么在第四个15之后,对方也完全有理由等待第五个15、第六个15,而你一旦停止让步,就很难说服对方,从而很可能导致谈判的中止或破裂。

该方法适合没有谈判经验的一方采用。这种让步是极不明智的外行做法,内行人绝不会采用这种方法。

3.递增式(诱发幻想型:8—13—17—22)

这种让步比第二种更糟糕,其特点是每次让步都比以前的幅度来得大,这会使对方坚信,只要他坚持下去,你总会作出越来越大的让步。这无疑诱发了对方的幻想,给你带来灾难性的后果。

该方法一般只用于陷入僵局或危难性的谈判。

4.递减式(希望成交型:22—17—13—8)

这种让步与第三种有本质区别,其高明之处在于:这是一种从大到小,渐次下降的让步策略。这种让步的特点是比较自然、坦率,符合规律,容易为人接受;让步的幅度逐次减小,可防止对方进攻。

该方法适合谈判提议方采用。

5.有限式(妥协成交型:26—20—12—2)

这种让步的特点是先作一次较大的让步,从而向对方表示一种强烈的妥协姿态,表明自己的成交欲望强烈。之后,让步幅度的急剧减小,也清楚地告诉对方,自己已经尽了最大的努力,要作进一步的让步根本不可能了。

这种让步往往适合谈判实力较弱的一方使用。

6.快速式(或冷或热型:59—0—0—1)

这种让步的特点是表现求和的精神,一开始让出绝大部分利益,表现己方的诚意,给人憨厚老实之感,成功率较高。后来让步的幅度又剧减,表示出强烈的拒绝态度。让对方认为让步已经到底。最后再让出微小利,让对方有满足感。

该方法适合谈判处于劣势,但又急于求成的一方采用。这种或冷或热让步使对方很难适应,不知道你葫芦里卖的是什么药,容易给对方诚心不足的印象。这是外行人使用的方法,内行人只有在非常极端的情况下,偶尔一用。

7.满足式[虚伪报价型:50—10—(—1)—1]

在第三步设一个加价,这当然会遭到对方的坚决反对,于是第四步去掉加价,实际上还是 60 元,可是却给对方一种满足感,好像他又赢得了一个回合的胜利似的。这种让步法不登大雅之堂,在大多数正规庄重的谈判场合,不适合采用这种让步法,因为它会给人虚伪欺诈之感,有失身份和体面。

8.一次性让步(愚蠢缴枪型:60—0—0—0)

这是一种一次性让步的策略。这种让步策略的特点是诚恳、务实,以诚制胜。但一开始就把自己所能作的让步和盘托出,会断送了自己讨价还价的所有资本。

该方法适合谈判中处于劣势的一方采用。这种让步是愚蠢地放下了自己的谈判武器,所以,不可能给自己带来任何利益,反而因为你太愚蠢而让对方看不起,一般不宜采用。

以上各种让步方式的使用规则是:

(1)常用型:第四种希望成交型和第五种妥协成交型。适应一般人心理,易为对方接受。

(2)慎用型:第一种坚定冒险型、第六种或冷或热型和第七种虚伪报价型。这些方法的运用需要较高的艺术技巧和冒险精神,不然很可能会惨遭失败。

(3)忌用型:第二种刺激欲望型、第三种诱发幻想型和第八种愚蠢缴枪型。这三种类型是外行人容易犯的错误,一般来说,在谈判中不能采用。

五、成交阶段的策略

（一）场外交易

是指当谈判进入成交阶段,双方将最后遗留的个别问题的分歧意见放下,东道主一方安排一些旅游、酒宴、娱乐项目,以缓和谈判气氛,争取达成协议的做法。在这些活动中可以了解谈判对手的不同习惯。

（二）成交迹象判断

对方由对一般问题的探讨延伸到对细节问题的探讨,以建议的形式表示他的遗憾,对方对你介绍的商品的使用功能随声附和,谈判小组成员由开始的紧张转向松弛,这些都是接近成交的迹象,应该抓住一切能够成交的机会。

（三）行为策略

如适时展现对"结束谈判"的积极态度;设法采取不同的方式向对方渗透;采取假定谈判已经顺利达成协议的方式,与对方商量协议的具体内容;以行动表示达成协议;提供一项特别的优惠。

（四）不遗余"利"

不忘最后的获利,争取对方最后的让步,并注意为双方庆贺,慎重地对待谈判的成果。

第二节　商务谈判态势与策略

一、如何把握谈判态势

（一）确定谈判态度

在商业活动中面对的谈判对象多种多样,我们不能拿同样的态度对待所有谈判对手。我们需要根据谈判对象与谈判结果的重要程度来决定谈判时所要采取的态度。

如果谈判对象对企业很重要,比如长期合作的大客户,而此次谈判的内容与结果对公司并非很重要,那么就可以抱着让步的心态进行谈判,即在企业没有太大损失与影响的情况下满足对方,这样对于以后的合作会更加有利。

如果谈判对象对企业很重要,而谈判的结果对企业同样重要,那么就应抱持一种友好合作的心态,尽可能达到双赢,将双方的矛盾转向第三方。比如市场区域的划分出现矛盾,那么可以建议双方一起开发市场或协助对方去开发新的市场,扩大区域面积,这样有助于将谈判的对立竞争转化为携手竞合。

如果谈判对象对企业不重要,谈判结果对企业也是无足轻重、可有可无,那么就可以轻松上阵,不要把太多精力消耗在这样的谈判上,甚至可以取消这样的谈判。

如果谈判对象对企业不重要,但谈判结果对企业非常重要,那么就应以积极竞争的态度参与谈判,不用考虑谈判对手,完全以最佳谈判结果为导向。

(二)充分了解谈判对手

在商务谈判中对对手的了解越多,越能把握谈判的主动权,就好像我们预先知道了招标的底价一样,自然成本最低,成功的几率最高。

了解对手时不仅要了解对方的谈判目的、心里底线等,还要了解对方公司的经营情况、行业情况、谈判人员的性格、对方公司的文化、谈判对手的习惯与禁忌等。这样可以避免很多因为文化、生活习惯等方面的矛盾而对谈判产生额外的障碍。还有一个非常重要的因素需要了解并掌握,那就是其他竞争对手的情况。

(三)准备多套谈判方案

谈判双方最初各自拿出的方案都是对自己非常有利的,而双方又都希望通过谈判获得更多的利益,因此,谈判结果肯定不会是双方最初拿出的那套方案,而是双方协商、妥协、变通后的结果。

在双方你推我拉的过程中,常常会迷失最初的意愿,或被对方带入误区,此时最好的办法就是多准备几套谈判方案,先拿出最有利的方案,没达成协议就拿出其次的方案,仍没有达成协议则拿出再次一等的方案,即使我们不主动拿出这些方案,心中也应做到有数,知道向对方的妥协是否偏移了自己最初设定的框架,这样就不会出现谈判结束后,仔细思考才发现,自己的让步已经超过了预计承受的范围。

(四)模拟演习

就是将各种可能发生的状况,预先模拟,以免实际遭遇时手忙脚乱,难以控制局面。在了解优、劣势后,就要假想各种可能发生的状况,预作策划方案,小至谈判座位的摆放都要详加模拟。

（五）建立融洽的谈判气氛

在谈判之初,最好先找到一些双方观点一致的地方并表述出来,给对方留下一种彼此更像合作伙伴的潜意识。这样接下来的谈判就容易朝着一个达成共识的方向发展,而不是剑拔弩张的对抗。当遇到僵持时也可以拿出双方的共识来增强彼此的信心,化解分歧。

也可以向对方提供一些其感兴趣的商业信息,或对一些不是很重要的问题进行简单的探讨,达成共识后双方的心理就会发生奇妙的改变。

（六）设定好谈判的禁区

谈判是一种很敏感的交流,所以,语言要简练,避免出现不该说的话,但是在艰难的长时间谈判过程中也难免出错,这时最好的方法就是提前设定好哪些是谈判中的禁语,哪些话题是危险的,哪些行为是不能做的,谈判的心里底线等。这样就可以最大限度地避免在谈判中落入对方设下的陷阱中。

二、不同态势下的谈判策略

（一）优势条件下的谈判策略

处于优势或主动地位的谈判者,可以利用自己的优势,给对方造成压力,迫使对方让步,以使自己谋取最大利益。

1. 不开先例

是指在谈判中,握有优势的一方为了坚持和实现自己所提出的交易条件,以没有先例为由来拒绝让步促使对方就范,接受自己条件的一种强硬策略。这是拒绝对方又不伤其面子的两全其美的好办法。

2. 最后期限

是指在商务谈判中,实力强的一方向对方提出达成协议的时间限期,超过这一限期,提出者将退出谈判,以此给对方施加压力,使其尽快作出决策的一种策略。

在采取此策略时不要激怒对方,除了语言婉转、措辞恰当外,最好以某种公认的法则或习惯作为向对方解释的依据。还应注意要给对方一定的时间去考虑,以便让对方感到你不是在强迫他接受城下之盟。

3. 先苦后甜

是指在谈判中先用苛刻的条件使对方产生疑虑、压抑等心态,以大幅度降低对方的期望值,然后在实际谈判中逐步给予优惠或让步,使对方的心理得到了满足而达成一致的策略。

在运用此策略时,一开始提出的要求不能过于苛刻,"苦"要苦得有分寸,不能与通行的惯例和做法相距太远,否则,会使对方觉得缺乏诚意,中断或退出谈判。

4.价格陷阱

是指谈判中的一方利用市场价格预期上涨的趋势及人们对之普遍担心的心理,把谈判对手的注意力吸引到价格问题上来,使其忽略对其他重要条款的讨价还价的一种策略。

这一策略,是在价格虽看涨,但离真正上涨还有较长时间的情况下运用的。

5.声东击西

是指我方在商务谈判中,为达到某种目的和需要,有意识地将磋商的议题引导到无关紧要的问题上故作声势,转移对方注意力,以求实现自己的谈判目标。

6.先声夺人

是在谈判开局中借助己方的优势和特点,在心理上抢占优势,从而掌握主动的一种策略。

(二)劣势条件下的谈判策略

被动方应避其锋芒,设法改变谈判的力量对比,保护自己,以达到满足己方利益的目的。具体策略是:

1.沉默策略

谈判开始后保持沉默,迫使对方先发言可以使自己的被动地位变为主动(因为发言时可能会泄露出对方想急于获得的信息),从而削弱对方的力量。运用沉默策略应适时,还价中沉默,对方会以为你默认了当前价格;沉默时间过短,对方会认为你是慑服于他的恐吓,反而增添对方力量。运用沉默应注意,在报价阶段,适当运用沉默可以缩小双方要求的差距,使用此策略时应耐心等待,为了忍耐可做些记录,有助于你分析对手。

2.忍耐策略

如果对方咄咄逼人,应以不动应万变,磨去对方锐气,待其筋疲力尽后作出反应,以柔克刚,反弱为强。同样,对自己的目标也要忍耐,如果急于求成,反而会暴露自己的心理。

3.多听少讲

一个推销员介绍自己的产品,如果上来就夸夸其谈,只会使听者厌倦。最好的办法就是让对方先说,待对方阐述完毕,再以满足对方的要求为前提介绍自己的产品的特色和优点,这样可以大大减少对方的腻烦心理。

4.情感沟通

如果直接谈判希望不大,可以采取迂回战术,通过其他途径了解对方,联络感情。

5.吹毛求疵

这是在商务谈判中针对对方的产品或相关问题,再三故意挑剔毛病使对方的信心降低,从而作出让步的策略。使用这一策略的关键点在于提出的问题应恰到好处,并把握分寸。

6.以柔克刚

是指在谈判出现危难局面或对方坚持不让步时,采取软的手法来迎接对方硬的态度,避免正面冲突,从而达到制胜目的的一种策略。这一策略的应用要点是:采用迂回战术,坚持以理服人。

7.难得糊涂

这是防御性策略,指在谈判中出现对己方不利的局面时,故作糊涂,并以此为掩护来麻痹对方的斗志,以达到蒙混过关的目的。使用这一策略的贵在"巧",运用时要有度。

8.疲惫策略

是指通过马拉松式的谈判,逐渐消磨对方的锐气,使其疲惫,以扭转己方在谈判中的不利地位和被动的局面,到了对方精疲力竭、头昏脑涨之时,己方则可反守为攻,抱着以理服人的态度,摆出己方的观点,促使对方接受己方条件。

9.权力有限

是指在商务谈判中,实力较弱的一方的谈判者被要求向对方作出某些条件过高的让步时,宣称在这个问题上授权有限,无权向对方作出这样的让步,或无法更改既定的事实,以使对方放弃所坚持的条件。

10.反客为主

是指谈判中处于劣势的一方,运用让对方为谈判付出更大的代价的方法,从而变被动为主动,达到转劣势为优势的目的。

(三)均势条件下的谈判策略

首先要建立一种和谐的谈判气氛,双方才能融洽地开展谈判工作。除了采取

"创造和谐气氛策略"和"察言观色策略"之外,还可以采用以下策略:

1. 投石问路

即在谈判的过程中,谈判者有意提出一些假设条件,通过对方的反应和回答,来琢磨和探测对方的意向,抓住有利时机达成交易。

2. 先造势后还价

是指对方开价后不急于还价,而是指出市场行情的变化态势,或是强调本方的实力与优势,构筑有利于本方的形势,然后再提出本方的要价。对这一策略的应对方法是:不为所动,坚持开价,谨慎让步。

3. 欲擒故纵

是指谈判中的一方虽然想做成该交易,却装出满不在乎的样子,将自己的急切心情掩盖起来,似乎只是为了满足对方的需求而来谈判,使对方急于完成谈判,主动让步,从而实现先"纵"后"擒"的目的。

4. 大智若愚

是指谈判的一方故意装出糊里糊涂、惊慌失措、犹豫不决、反应迟钝的样子,以此来松懈对方的意志,争取充分的时间,达到后发制人的目的。

5. 走马换将

是指在谈判桌上的一方遇到关键性问题,或与对方有无法解决的分歧,或欲补救己方的失误时,借口自己不能决定或使用其他理由,转由他人再进行谈判的策略。"他人"可以是上级、领导,也可以是同伴、合伙人、委托人、亲属和朋友。

6. 浑水摸鱼

是指在谈判中,故意搅乱正常的谈判秩序,将许多问题一股脑儿地摊到桌面上,使人难以应付,借以达到使对方慌乱失误的目的。

7. 红白脸术

是指在商务谈判过程中,利用谈判者既想与你合作,但又不愿与有恶感的对方人员打交道的心理,以两个人分别扮演"红脸"和"白脸"的角色,诱导谈判对手妥协的一种策略。"白脸"是强硬派,在谈判中态度坚决,寸步不让,咄咄逼人,几乎没有商量的余地。"红脸"是温和派,在谈判中态度温和,拿"白脸"当武器来压对方,与"白脸"积极配合,尽力撮合双方合作,以达成对己方有利的协议。

8. 休会策略

是谈判人员为控制、调节谈判进程,缓和谈判气氛,打破谈判僵局而经常采用的一种基本策略。应用情形:谈判出现低潮、会谈出现新情况、出现一方不满、谈判进行到某一阶段的尾声等等。

9.私下接触

是指通过与谈判对手的个人接触,采用各种方式增进了解、联络感情、建立友谊,从侧面促进谈判顺利进行的策略。私下交往的形式很多,比如电话联系、拜访、娱乐、宴请等。

10.润滑策略

指谈判人员为了表示友好和联络感情而互相馈赠礼品,以期取得更好的谈判效果的策略,西方人幽默地称之为"润滑策略"。使用这一策略时要考虑文化的差异、礼品价值的大小、送礼的场合及礼仪规范。

11.情感转移

是指当正式谈判中出现僵局或碰到难以解决的谈判障碍时,谈判组织者应该有意识地通过转换谈判的环境、气氛及形式,使谈判对手的情感发生转移。

第三节　商务谈判策略的综合运用

一、在谈判过程中,要灵活运用策略

(一)因人而异

如针对不同国籍的人、具有不同谈判风格的人、不同年龄的人、不同职位的人、不同性别的人等等,应当采用不同的策略。

(二)因时而异

在谈判的不同阶段,采用的策略应该有所区别。在谈判的初期阶段,双方着重了解对方的一些基本情况,更多追求各自的尊严与地位,以显示自己的实力。谈判的中期阶段,是双方斗智斗勇最激烈的阶段,此时策略的运用和变换,要注意把握针对性、适应性和效益性。谈判的结束阶段,不论会谈成功与否,都要善于使用宽容、大度的策略。

(三)因地而异

场地不同,谈判双方的亲和力便不同;地域不同,主宾的身份也会发生变化。因此,在不同场合,策略也因之不同。

二、树立信心，克服心理和认识障碍

在商务谈判过程中，运用策略需要克服心理和认识障碍，不同的谈判都可能有不同的情况，一般有：

（1）怕对方不相信。担心自己运用这些策略，会被对方识破，对方万一看透了我的办法，不是更糟糕，等等。实际上大可不必，信与不信是相对而言的。对一个生意场上初识的人，你显得老实诚恳，在对方心理也是要打问号的。

（2）不肯"跌倒"。运用让步、许诺、妥协等策略时，可能会在心理上产生一些失落感，往往会片面地认为这样有失自己的面子。这种心态是谈判之一忌。

（3）沉不住气。谈判是一场短兵相接的近距离作战，是一个斗智、斗勇、斗毅力的过程。有的谈判者往往浮躁心理作怪，把事先准备好的策略丢到九霄云外，不能沉着应付，结果乱了方寸，被对方牵着鼻子走。

三、在实践中不断积累经验

商务谈判是一项实践性非常强的工作，既需要理论的指导，更需要实践经验的积累。经验是指从实践中得来的知识或技能，人们在实践中对客观事物的感性认识和体验，可操作性强，是工作中最用得着的东西。"老马识途"这个成语，就是比喻富有经验的人熟悉情况，容易将工作做好。经验丰富，面对许多曾经经历过、接触过的困难和问题，就会成竹在胸、临危不乱、镇定自若，不至于惊慌失措。

▶ 案例阅读与讨论

【案例1】

美国Y公司向中国石家庄一工厂销售了一条彩色电视机玻壳生产线，安装后，调试的结果一直不理想。一晃时间到了圣诞节，美国专家都要回家过节，于是全线设备均要停下来。虽然美方人员过节是法定的，但中方生产线停顿也是有代价的，尤其是玻璃熔炉还要保温维护。美方人员走后，中方专家自己研究技术，着手解决问题，经过一周的日夜奋战，将问题最大的成型机调试好了，这也是全线配合的关键。该机生产合格的玻壳后，其他设备即可按其节奏运转。等美方人员过完节，回到中方工厂已是三周后的事，一见工厂仓库的玻壳，十分惊讶，问："怎么回事？"当中方工厂告诉美方自己调通生产线后，美方人员转而大怒，认为："中方人员不应动设备，应该对此负责。"并对中方工厂的外贸代理公司作出严正交涉："以后对工厂的生产设备将不承担责任，若影响其回收货款还要索赔。"

【讨论】

1. 如何看待美方的论述？

2. 如何看中方强调设备尽早运行的行为？

3. 中方外贸代理面对美方论述会怎么回答？

4. 站在中方工厂的角度,此事应如何处理？

【案例2】

澳大利亚 A 公司、德国 B 公司与中国 C 公司谈判在中国合作投资滑石矿事宜。C 公司欲控制出口货源,但又不能为该合作投入现金,只想用人力与无形资产投入。

A 公司和 B 公司代表来华参观考察矿山,C 公司积极派人配合并陪同前往,整个日程安排周到、准备有效,在有限的时间里满足了 A 公司和 B 公司的访问要求。

各方在预备会和小结会上对合作投资方式进行了讨论。

A 公司:我公司是较大的滑石产品的专业公司,产品在国际市场占有相当份额,尤其在精细滑石产品方面。

B 公司:他们(A 公司)在中国投资过,但失败了,现在还在处理纠纷当中,但他们认为中国资源丰富,潜在市场大,很想找一个合作伙伴再重新干。

C 公司:贵公司算找对了人了。谢谢贵方这么看重我公司,贵方欲与我公司怎么合作呢?

A 公司:我公司计划在中国找一个有信誉、有能力的大公司,一起投资矿山开发。

C 公司:我公司是出口滑石的公司,若要投资则需集团审批,据我集团的近期发展规划看,这个行业不是投资重点。

B 公司:贵公司的情况,我们理解。A 公司很有诚心在中国投资,但由于第一次的失败,对于这次投资十分犹豫。

C 公司:的确,中国是个投资环境不平衡的地方。有的地区发达,有的地区不发达。尤其是采矿投资,与地质条件关系很大,而当矿床跨越不同村镇时,还会发生所有权的问题。过去,我们已遇到过这类问题。作为外国投资者需要了解地质探测、矿山合伙人选择、国家政策、文化背景、商务法律、市场等情况,这些均会影响投资成本和成败。

A 公司:贵公司讲的正是我们担忧的,我们希望像贵公司这样的公司可以解决这些问题。

C 公司:我公司是国际化的公司,按国际规范运作,尽管我们是中国人,但我们认为,使中国企业按国际规范与外国投资者合作是促进中国经济发展的重要条件。

B 公司：若贵公司能参与合作，将是很有意义的。

C 公司：刚才我们已谈到贵方投资可能存在的问题，但我们十分赞赏贵公司对中国投资的勇气，作为中国公司，我们很愿意提供帮助，不过，我方将不以现金投入，而以商誉和协助解决上述问题的义务作价入股。

A 公司：贵方这种投入也是有意义的。

C 公司：如贵方认为这是有价值的，那么我建议贵方可以将它罗列出来，并予以作价。当贵方与中方矿山谈判合资时，我方可与贵方作为同一谈判方。我方在合资企业的股份，将从贵方所占份额中划出。

B 公司：贵方的建议可以考虑。

C 公司：若贵方同意我方的合作方式，那么，请贵方提供协议方案以确定双方关系，便于以后的工作。

A 公司：待我回国汇报后，将书面回答贵方。

A、B 公司代表回国后三周，给 C 公司来电，同意 C 公司以其商誉和服务入股。C 公司保证出口货源和不进行现金投资的方案获得成功。

【讨论】

1. C 公司在谈判中运用了什么策略？

2. 评价 A、B 公司的谈判表现。

3. 如何评价 A、B、C 公司的谈判结果？

思考题

1. 简述商务谈判策略的制订程序。

2. 分析各种开局策略的运用条件。

3. 如何评价本章提到的多种让步方式的优缺点？

4. 均势谈判下可以考虑采用哪些谈判策略？

5. 劣势谈判下可以考虑采用哪些谈判策略？

第八章　商务价格谈判策略

■ 本章关键词

　　报价　报价方式　报价策略　还价　还价方式　还价策略

　　价格是谈判的重要组成部分。在多数情况下,价格是作为买方作出选择的主要决定因素在起作用。随着社会经济的发展,在买方选择行为中,非价格因素已经相对地变得更重要了。但是,价格仍是决定公司市场份额和利润率的最重要因素之一。在营销组合中,价格是产生收入的主要因素。在任何一次商务谈判中,价格的协商通常会占据较多的时间,很多没有结局的谈判也是因为双方价格上的分歧而最终导致谈判失败。本章将介绍影响价格的因素和价格谈判中的策略。

第一节　影响价格的因素

一、影响产品定价的因素

　　影响产品定价的因素很多,有企业内部因素,也有企业外部因素;有主观的因素,也有客观的因素。概括起来,大体上包括产品成本、市场需求、竞争因素和其他因素四个方面。

(一) 产品成本

　　对企业定价来说,成本是一个关键因素。企业产品定价以成本为最低界限,产品价格只有高于成本,才能补偿生产上的耗费,从而获得一定盈利。但这并不排斥在一段时期内,在个别产品上,价格低于成本。成本是构成价格的主要因素。如果就制定价格时要考虑的重要性而言,成本无疑是最重要的因素。因为价格如果过分高于成本会有失社会公平;价格过分低于成本,则不可能长久维持。企业定价时,不应将成本孤立地对待,而应同产量、销量、资金周转等因素综合起来考虑。成本因素还要与影响价格的其他因素结合起来考虑。

（二）市场需求

产品价格除受成本影响外，还受市场需求的影响。即受商品供给与需求的相互关系的影响。当商品的市场需求大于供给时，价格应高一些；当商品的市场需求小于供给时，价格应低一些。反过来，价格变动影响市场需求总量，从而影响销售量，进而影响企业目标的实现。因此，企业制定价格就必须了解价格变动对市场需求的影响程度。反映这种影响程度的一个指标是商品的价格需求弹性系数。

（三）竞争因素

市场竞争也是影响价格制定的重要因素。根据竞争的程度不同，企业定价策略会有所不同。在商务谈判过程中，要针对不同的竞争因素采用不同的定价策略。按照市场竞争程度，可以分为完全竞争、不完全竞争与完全垄断三种情况。

1. 完全竞争

所谓完全竞争也称自由竞争，它是一种理想化的极端情况。在完全竞争条件下，买者和卖者都大量存在，产品都是同质的，不存在质量与功能上的差异，企业自由地选择产品生产，买卖双方能充分地获得市场情报。在这种情况下，无论是买方还是卖方都不能对产品价格进行影响，只能在市场既定价格下从事生产和交易。

2. 不完全竞争

它介于完全竞争与完全垄断之间，是现实中存在的典型的市场竞争状况。不完全竞争条件下，最少有两个以上买者或卖者，少数买者或卖者对价格和交易数量起着较大的影响作用，买卖双方获得的市场信息是不充分的，它们的活动受到一定的限制，而且它们提供的同类商品有差异，因此，它们之间存在着一定程度的竞争。在不完全竞争情况下，企业的定价策略有比较大的回旋余地，它既要考虑竞争对象的价格策略，也要考虑本企业定价策略对竞争态势的影响。

3. 完全垄断

它是完全竞争的反面，是指一种商品的供应完全由独家控制，形成独占市场。在完全垄断情况下，交易的数量与价格由垄断者单方面决定。完全垄断在现实中也很少见。

完全竞争与完全垄断是竞争的两个极端，中间状况是不完全竞争。在不完全竞争条件下，竞争的强度对企业的价格策略有重要影响。所以，企业首先要了解竞争的强度。竞争的强度主要取决于产品制作技术的难易、是否有专利保护、供求形势以及具体的竞争格局。其次，要了解竞争对手的价格策略及其实力。再次，还要了解、分析本企业在竞争中的地位。

（四）其他因素

企业的定价策略除受成本、需求及竞争状况的影响外，还受到其他多种因素的影响。这些因素包括政府或行业组织的干预、消费者习惯和心理、企业或产品的形象等。

1.政府或行业组织的干预

政府为了维护经济秩序，或为了其他目的，可能通过立法或者其他途径对企业的价格策略进行干预。政府的干预包括规定毛利率，规定最高、最低限价，限制价格的浮动幅度或者规定价格变动的审批手续，实行价格补贴等。

2.消费者心理和习惯

价格的制订和变动在消费者心理上的反映也是进行定价时必须考虑的因素。在现实生活中，很多消费者存在"一分钱一分货"的观念。面对不太熟悉的商品，消费者常常从价格上判断商品的好坏，从经验上把价格同商品的使用价值挂钩。消费者心理和习惯上的反应是很复杂的，某些情况下会出现完全相反的反应。例如，在一般情况下，涨价会减少购买，但有时涨价会引起抢购，反而会增加购买。因此，在研究消费者心理对定价的影响时，要持谨慎态度，要仔细了解消费者心理及其变化规律。

3.企业或产品的形象

有时企业根据企业理念和企业形象设计的要求，需要对产品价格作出区分。例如，企业为了树立热心公益事业的形象，会将某些有关公益事业的产品价格定得较低；为了形成高贵的企业形象，将某些产品价格定得较高；等等。

二、企业的定价目标

定价目标是指企业通过制订一定水平的价格所要达到的预期目的。定价目标一般可分为利润目标、销售额目标、市场占有率目标和稳定价格目标。

（一）利润目标

利润目标是企业定价目标的重要组成部分，获取利润是企业生存和发展的必要条件，是企业经营的直接动力和最终目的。因此，利润目标为大多数企业所采用。由于企业的经营哲学及营销总目标不同，这一目标在实践中有两种形式。

1.以追求最大利润为目标

最大利润有长期和短期之分，还有单一产品最大利润和企业全部产品综合最大利润之别。一般而言,企业追求的应该是长期的、全部产品的综合最大利润,这样,企业就可以取得较大的市场竞争优势,占领和扩大更多的市场份额,拥有更好的发展前景。当然,对于一些中小型企业、产品生命周期较短的企业、产品在市场上供不应求的企业等,也可以谋求短期最大利润。

最大利润目标并不必然导致高价,价格太高,会导致销售量下降,利润总额可能因此而减少。有时,高额利润是通过采用低价策略,待占领市场后再逐步提价来获得的;有时,企业可以采用招徕定价艺术,对部分产品定低价,赔钱销售,以扩大影响,招徕顾客,带动其他产品的销售,进而谋取最大的整体利益。

2.以获取适度利润为目标

它是指企业在补偿社会平均成本的基础上,适当地加上一定量的利润,以获取正常情况下的合理利润的一种定价目标。以最大利润为目标,尽管从理论上讲十分完美,也十分诱人,但实际运用时常常会受到各种限制。所以,现实中很多企业按适度原则确定利润水平,并以此为目标制定价格。采用适度利润目标有各种原因,以适度利润为目标使产品价格不会显得太高,从而可以阻止激烈的市场竞争;某些企业为了协调投资者和消费者的关系、树立良好的企业形象,也会以适度利润为其目标。

由于以适度利润为目标确定的价格不仅可以使企业避免不必要的竞争,而且能获得长期利润,且由于价格适中,消费者愿意接受,还符合政府的价格指导方针,因此这是一种兼顾企业利益和社会利益的定价目标。需要指出的是,适度利润的实现,必须充分考虑产销量、投资成本、竞争格局和市场接受程度等因素。否则,适度利润只能是一句空话。

(二)销售额目标

这种定价目标是在保证一定利润水平的前提下,谋求销售额的最大化。某种产品在一定时期、一定市场状况下的销售额由该产品的销售量和价格共同决定。因此,销售额的最大化既不等于销量最大,也不等于价格最高。对于需求的价格弹性较大的商品,降低价格而导致的损失可以由销量的增加而得到补偿。因此,企业宜采用薄利多销策略,保证在总利润不低于企业最低利润的条件下,尽量降低价格,促进销售,扩大盈利;反之,对于需求的价格弹性较小的商品,降价会导致收入减少,而提价则使销售额增加,企业应该采用高价、厚利、限销的策略。

采用销售额目标时,确保企业的利润水平尤为重要。这是因为销售额的增加,并不必然带来利润的增加。有些企业的销售额上升到一定程度,利润就很难上升,甚至销售额越大,亏损越多。因此,销售额和利润必须同时考虑。在两者发生矛盾时,除非是特殊情况(如为了尽量回收现金),应以保证最低利润为原则。

(三) 市场占有率目标

市场占有率又称市场份额,是指企业的销售额占整个行业销售额的百分比,或者是指某企业的某产品在某市场上的销量占同类产品在该市场销售总量的比重。市场占有率是企业经营状况和企业产品竞争力的直接反映。作为定价目标,市场占有率与利润的相关性很强,从长期来看,较高的市场占有率必然带来高利润。

在实践中,市场占有率目标被国内外许多企业所采用,其方法是以较长时间的低价策略来保持和扩大市场占有率,增强企业竞争力,最终获得最优利润。但是,这一目标的顺利实现至少应具备三个条件:

(1)企业有雄厚的经济实力,可以承受一段时间的亏损,或者企业本身的生产成本本来就低于竞争对手。

(2)企业对其竞争对手情况有充分了解,有从其手中夺取市场份额的绝对把握。否则,企业不仅不能达到目的,反而很有可能会遭受损失。

(3)在企业的宏观营销环境中,政府未对市场占有率作出政策和法律的限制。比如美国制定有《反垄断法》,对单个企业的市场占有率进行限制,以防止少数企业垄断市场。在这种情况下,盲目追求高市场占有率,往往会受到政府的干预。

(四) 稳定价格目标

稳定的价格通常是大多数企业获得一定目标收益的必要条件,市场价格越稳定,经营风险也就越小。稳定价格目标的实质即是通过本企业产品的定价来左右整个市场价格,避免不必要的价格波动。按这种目标定价,可以使市场价格在一个较长的时期内相对稳定,减少企业之间因价格竞争而发生的损失。

为达到稳定价格的目的,通常情况下是由那些拥有较高的市场占有率、经营实力较强或具有较强竞争力和影响力的领导者先制订一个价格,其他企业的价格则与之保持一定的距离或比例关系。对大企业来说,这是一种稳妥的价格保护政策;对中小企业来说,由于大企业不愿意随便改变价格,竞争性减弱,其利润也可以得到保障。在钢铁、采矿业、石油化工等行业内,稳定价格目标得到最广泛的应用。

三、定价的步骤

成功的定价并不是一个最终结果,而是一个持续不断的过程,它应经历以下几个步骤。

（一）数据收集

定价策略常常因为没有考虑到所有关键因素而失败：由于市场人员忽视成本，其定价决策仅仅做到市场份额最大化，而不是利润最大化；由于财务人员忽视消费者价值和购买动机，其定价忽略了分摊固定成本；没有收集到足够的有关竞争对手的信息而作出的定价决策，短期看起来不错，一旦竞争者采取出乎意料的行动就不行了。好的定价决策需要综合成本、消费者和竞争者三方面的信息。

1.成本核算

与特定的定价决策相关的增量成本和可避免成本是什么？包括制造、顾客服务和技术支持在内的销售增量变动成本（不是平均成本）是什么？在什么样的产量水平下半固定成本将发生变化，这个改变值是多少？以某个价格销售产品，哪些是可避免的固定成本？

2.确认消费者

哪些是潜在的消费者，他们为什么购买这个产品？对于消费者来讲，产品或服务的经济价值是什么？其他因素（比如很难在替代品之间作比较，购买产品代表一种地位和财富，预算限制，全部或部分成本可以由他人分担等）是如何影响消费者的价格敏感性的？顾客感受到的价值的差异以及非价值因素的差异是如何影响价格敏感性的？如何根据差异将消费者划分成不同的市场？

3.确认竞争对手

目前或潜在的能够影响企业在该市场盈利的竞争对手是谁？谁是目前或潜在的关键竞争对手？目前市场上，竞争对手的实际交易价格（与目录价格不同）是多少？从竞争对手以往的行为、风格和组织结构看，他们的定价目标是什么，他们追求的是最大销售量还是最大利润率？与本公司相比，竞争者的优势和劣势是什么？他们的贡献毛利是高还是低，声誉是好还是坏，产品是高档还是低档，产品线变化是多还是少？

数据收集阶段的三个步骤要分别独立完成。否则，如果负责收集顾客信息（第二步）的人员相信增量成本相对于价值来讲比较低（第一步），就会倾向于保守地估计经济价值。如果计算成本（第一步）的人员相信消费者价值很高（第二步），就会倾向于将产品的成本定得较高。如果收集竞争信息的人员（第三步）知道消费者目前偏爱的产品是什么（第二步），就会忽略那些尚未被广泛接受的高新技术带来的威胁。

（二）战略分析

战略分析阶段包括财务分析、市场细分和竞争分析三个方面。此时各种信息开始相互关联起来。财务分析通过价格、产品和目标市场的选择来更好地满足顾客需要或者创造竞争优势。公司选择目标市场要考虑为市场细分服务的增量成本以及公司比竞争者更有效地或者以更低成本服务于该市场的能力。竞争分析一定程度上是为了预测竞争者对某个以深入到顾客细分为目的的价格变动的反映。

1. 财务分析

对于潜在的价格、产品或促销变动,销售量需要变化多少才能增加利润? 对于新产品或新市场,销量应至少达到多少才能收回增量成本? 在基准价格水平下,贡献毛利是多少? 为了从减价中获取更多的贡献毛利,销售量应该增加多少? 在提价变得无利可图之前,可以允许销量减少多少? 为了覆盖与决策相关的追加固定成本(如广告、审批的费用),销量需提高多少? 已知与销售水平相联系的增量固定成本,销售新产品或将老产品打入新市场需要达到什么样的销售水平才是有利可图的?

2. 市场细分

不同细分市场的顾客的价格敏感度不同,购买动机不同,为他们服务的增量成本也不同。如何给不同的细分市场定价? 如何能够最有效地向不同细分市场的顾客传达产品的价值信息? 如何在购买之前区分不同细分市场的顾客? 如何在市场细分之间建立"隔离栅栏",使低价市场不影响产品在高价市场的价值? 公司如何避免违反有关价格细分(Price Segmentation)的一些法定规则?

3. 竞争分析

竞争者对公司将要采取的价格变动会作出什么反应,他们最可能采取什么行动? 竞争者的行动和反应将如何影响公司的盈利和长期生存能力? 已知竞争者的生产能力和意图,公司在盈利的前提下能达到什么样的目标? 公司如何利用竞争优势选择目标市场,以避开竞争者的威胁? 如果不能从无法避免的竞争对抗中获取利润,公司应该从什么样的市场上战略性地撤回投资? 公司如何利用信息来影响竞争者的行为,使公司的目标更具有可达到性和盈利性?

(三) 制订战略

以上两个步骤的最终结果是得到一个价格—价值战略,即指导未来业务的规划。正像前面讲过的一样,没有在任何情况下都正确的策略。一些战略错误正是由于将一个行业的策略强加于成本、消费者或竞争条件完全不同的另一个行业造成的。

决策过程不必像如上所说的那样程序化。不过在大公司中,成本、市场和竞争者的信息分别由不同的人掌握,只有规范的决策过程才能使管理层确信所有的信息都体现在定价决策中了。对于小公司来讲,这个过程则往往采取不太正式的形式来完成。为了获得成功,任何一个定价的管理者必须要知道他想要达到的目的是什么,作出正确结论前需要了解哪些信息、进行什么样的分析。

第二节 报 价

报价是指谈判一方公开明确己方观点和意图,因此又称确定报价。报价的形式有书面报价、口头报价。在任何一笔交易的谈判中,买方或卖方的报价及随之而来的还价,都是核心的环节或阶段。报价看似是个很简单的问题,其实不然。报价太高,会把客人吓跑,太低了自己又吃亏,只有一个合理专业的报价,才能为我们赢得更多的客户。

一、影响报价的因素

在跟客户报价之前,首先要清楚客观和主观两方面因素,只有充分考虑到这两方面的因素,才能制订出较为合理的、自己能接受的价格底线,然后才能向客户报价。

(一)客观因素

"知己知彼,百战不殆。"首先,尽可能从多方面了解客户的情况,这样才有助于有的放矢地对客户进行有针对性的报价,即"个性报价"。如果一个客人向你询价,你应先了解以下信息:这个客户的所在地,该客户是否属于公司产品的销售群体,其主要的产品经营范围及销售方式,是批发、零售还是邮购,是大客户还是小的中间商,他的购买能力及诚意,他对产品的熟悉程度,等等。以这些为基础资料建立一个详尽的客户档案,再根据以下这几个大众性的原则,最后报出价格。

(1)如果对方是大客户,他的购买力较强,可适当将价格报高一点,反之偏低。

(2)如果客户对该产品和价格都非常熟悉,建议采用"对比法",在跟他谈判时,突出自己产品的优点、同行的缺点,价格再接近底价,才有可能从一开始就"逮"住客人。

(3)如果客户性格比较直爽,不喜欢跟你兜圈子讨价还价,最好还是一开始就亮出自己的底牌,以免报出高价一下子把他给吓跑。

(4)如果客户对产品不是很熟悉,你就多介绍一些该产品的用途及优点,价格不妨报高一点。

(5)如果有些客户对价格特别敏感,每分每厘都要争,而他又很看重你的产品,你一定要有足够的耐心,跟客人打心理战,了解客人的目标价格,再跟自己能给的底价比较一下差距有多大。

（二）主观因素

产品价格的高低跟它的质量和供求关系等息息相关。报价之前,首先要对自己的产品及价位、主要目标市场同类产品及价格作一个充分的了解。一般情况下是这样的:

(1)如果你的产品质量相对更好,报价肯定要更高。

(2)如果你的产品在市场上供不应求,当然也可以报更高的价。

(3)如果你的产品是新产品,款式又比较新颖,通常报价比成熟的产品要高些。

(4)即使同一种产品,在不同的阶段,因受市场因素和配额等影响,报价也不尽相同。一定要多方了解有关信息,锻炼出敏锐的嗅觉。

二、确定报价起点

在充分考虑影响报价因素的基础上,只要能找到理由加以辩护就尽量提高开盘价。也就是"喊价要狠":卖方报最高价格,买方报最低价。简单来说,作为卖方希望以较高的价格成交,而作为买方则期盼以较低的价格成交,这是一个普遍规律,它存在于任何领域的谈判中。虽然听起来很容易,但在实际的谈判中做到双方都满意,最终达到双赢的局面却是一件不简单的事情,这需要你的谈判技巧和胆略,尤其第一次报价尤为关键。

好的开始是成功的一半,在第一次向客户报价时的确需要多花费一些时间来进行全盘思考。开价高可能导致一场不成功的交易;开价低对方也不会因此停止价格还盘,因为他们并不知道你的价格底线,也猜不出你的谈判策略,所以依然会认定你是在漫天要价,一定会在价格上针锋相对。

那么究竟要如何掌握好第一次开价呢? 一条黄金法则是:开价一定要高于实际想要的价格。在谈判过程中,双方都会试图不断地扩大自己的谈判空间,报价越高意味着你的谈判空间越大,也会有更多的回报。实践证明,如果卖方开价较高,则往往在较高的价格上成交;相反,如果买方还价很低,则往往在较低的价格上成交。大多数的最终协议往往在这两个价格的中间,或者接近中间的价格上成交。

为什么"喊价要狠"? 卖方一旦报出了价,就成了一个无法逾越的上限,因此报价一定要高;报价越高,为自己留的让步余地就越大;报价的高低影响着对方对己方潜力的评价;报价是给予对方的期望值,期望的水平越高,成功的可能性也越高。如对方是老客户,双方有较真诚的友谊和合作关系,可不必把价格报得很高。

杰尼·科尔曼曾经花费四年时间和从事商务谈判活动的 2000 名主管人员做了许多次试验,从而归纳出良好的谈判人员在喊价上应遵循的三条规则:

(1)假如买方出价较低,则往往能以较低的价格成交。

（2）假如卖方喊价较高，则往往能够以较高的价格成交。

（3）喊价高得出人意料的卖方，假如能够坚持到底，则在谈判不至于破裂的情况下，往往会有很好的收获。

他提出了在喊价时要学会"喊价要狠"的策略，并且指出，在运用此种策略时"喊价要高，让步要慢""不要失之轻率，而毁坏了整个交易"。

三、报价的方式

（一）书面报价与口头报价

1.书面报价

书面报价通常是指谈判一方事先提供了较详尽的文字材料、数据和图表等，将本企业愿意承担的义务，以书面形式表达清楚，使对方有时间针对报价作充分的准备，使谈判进程更为紧凑。但书面形式在客观上易成为该企业承担责任的记录，限制了企业在谈判后期的让步和变化。况且文字形式缺少口头表达的"热情"，在翻译成另外一种文字时，精细的内容不易翻译。因此，对实力强大的谈判者，书面报价是有利的；双方实力相当时，也可使用书面报价；对实力较弱的对手则不宜采用书面报价。

2.口头报价

口头报价具有很大的灵活性，谈判者可以根据谈判的进程，来调整变更自己的谈判战术，先磋商，后承担义务，没有义务约束感。但一些复杂的要求，如统计数字、计划图表等，难以用口头阐述清楚。另外，如果对方事先对情况一无所知，他可能一开始并不急于展开谈判，直到他了解了基本情况后才进行谈判，从而影响谈判进度。

（二）顺向报价与逆向报价

1.顺向报价（欧式报价）

卖方首先提出留有较大余地的价格，通过给予各种优惠，如数量折扣、价格折扣、佣金和支付条件方面的优惠（延长支付期限、提供优惠信贷等），逐步接近买方的条件，达到成交的目的。该策略要点是稳住买方，使之就各项条件与卖方进行磋商，最后的结果往往对卖方比较有利。

2.逆向报价（日式报价）

卖方报出最低价格，并列出对卖方最有利的结算条件，如果买方要求改变有关条件,则卖方就会相应提高价格。因此,买卖双方最后成交的价格,往往高于开始的价格。该策略要点是用最低价引起买方的兴趣,排斥竞争对手,当其他卖方纷纷走掉时,这时买方原有的买方市场的优势不复存在了,买方想要达到一定的需求,只好任卖方一点一点地把价格抬高才能实现。

四、报价的策略

报价是谈判不可逾越的阶段,只有在报价的基础上,双方才能进行讨价还价。报价之所以重要,就是因为报价对讨价还价乃至整个谈判结果产生实质性影响。基于这一点,我们把报价作为策略进行研究。

(一)先报价与后报价

先报价比后报价(还价)更具影响力,因为先报价不仅能够为谈判确定一个难以逾越的上限(卖方的报价)或下限(买方的报价),而且还会直接影响谈判对方的期望水平,起到争取主动的作用。但是,先报价也有不利之处,主要是一方先报价之后,另一方可根据对方的报价水平调整自己的策略和报价方式,特别是在先报价一方与还价一方价格有较大出入时,更是如此。另一方面。在一方报价之后,另一方不一定马上还价,而是对报价进行各种挑剔指责,目的是迫使先报价者让步。

由此可见,先报价与后报价各有利弊,一般地讲,有下列报价原则:第一,在预期谈判将会出现激烈竞争的情况,或是双方可能出现矛盾冲突的情况下,应"先下手为强",采取抢先报价的策略,争取在谈判之初占据主动,给对方以较大的心理压力。但是,如果双方是在友好的合作气氛中洽商,有长期的合作关系,彼此对对方都十分了解、熟悉,先报价与后报价没有什么实质性的差异。因为双方都致力于寻求彼此都感到满意的解决方案,不会在枝节问题上做过多的纠缠,讨价还价也只是双方妥协的表现,并不表现为实质利益的划分。第二,就习惯上讲,发起谈判者应带头报价。第三,若对方是较为老练的谈判者,而我方对对方情况不太熟悉,则力争让对方先报价,这样先把球踢给对方。以便我方摸底,了解更多情况。若情况相反,则我方可主动报价,引导对方按我方的意图行事。

(二)价格起点策略

1.吊筑高台(欧式报价)

是指卖方提出一个高于买方实际要求的谈判起点来与对手讨价还价,最后再作出让步以达成协议的谈判策略。这一策略的应对方法是:要求对方出示报价或还价的依据,或者本方出示报价或还价的依据。

2．抛放低球（日式报价）

是指先提出一个低于己方实际要求的谈判起点，以让利来吸引对方，试图首先去击败参与竞争的同类对手，然后再与被引诱上钩的卖方进行真正的谈判，迫使其让步，达到自己的目的。这一策略的应对方法是：其一，把对方的报价内容与其他卖方的报价内容一一进行比较和计算，并直截了当地提出异议；其二，不为对方的小利所迷惑，自己报出一个一揽子交易的价格。

（三）除法报价策略

以商品价格为除数，以商品的数量或使用时间等概念为被除数，得出一个数字很小的价格，使买方对本来不低的价格产生一种便宜、低廉的感觉。

（四）加法报价策略

在商务谈判中，有时怕报高价会吓跑客户，就把价格分解成若干层次渐进提出，使若干次的报价，最后加起来仍等于一次性报出的价格。

（五）差别报价策略

是指在商务谈判中针对客户性质、购买数量、交易时间、支付方式等方面的不同，采取不同的报价策略。

（六）对比报价策略

是指向对方抛出有利于本方的多个商家同类商品交易的报价单，设立一个价格参照系，然后将所交易的商品与这些商家的同类商品在性能、质量、服务与其他交易条件等方面作出有利于本方的比较，并以此作为本方还价的依据。

（七）数字陷阱策略

指在制作商品成本构成计算表时，在分类成本中"掺水分"，从而支持本方总要价的合理性。该策略适用于商品交易内容多、成本构成复杂、成本计算方法无统一标准，或是对方攻势太盛的情形下使用。

第三节　还　　价

还价指谈判一方根据对方的报价，提出自己的价格条件。在价格谈判中，还价要讲究弹性。对于谈判人员来说，切忌乱还价格，也不要一开始就还出最低价。

一、还价的方式

(1)逐项还价。对每个项目如技术指导费、培训费、工程设计费、资料费等分项还价。

(2)分组还价。根据划出的价格差距档次,分别还价。

(3)总体还价。把成交货物或设备的价格集中起来仅还一个总价。

(4)暂缓还价法。这是针对对方报价与我方看法过于悬殊的一种做法。请对方重新考虑比较实际的报价。

(5)低还价法。这是与高报价完全针锋相对的一种策略。

(6)列表还价法。将不能让步的问题和交易条件和可以考虑让步的项目,分别列成两张表,附上数字,表明让步的幅度和范围。这是针对双方关系较好而采用的冲突性较小的一种还价法。

(7)条件还价法——以让步换取让步。如对方不肯在价格上再作让步,则在同意这种价格的同时,要求对方放宽其他条件。

二、还价的策略

(一)还价前做好较为充分的准备工作

(1)充分了解对方报价的全部内容以及对方的真实意图。要做到这一点,还价之前应设法摸清对方报价中的哪些条件是关键的、主要的,哪些是附加的、次要的,哪些是虚设的或诱惑性的,甚至有的条件仅仅是交换性的筹码。只有把这一切搞清楚,才能进行准确的还价。

(2)为了摸清对方报价的真实意图,可以逐项核对对方报价中所提的各项交易条件,探询其报价依据或弹性幅度,注意倾听对方的解释和说明,但勿加评论,更不可主观地猜度对方的动机和意图,以免给对方反击提供机会。还价应掌握在双方谈判的协议区内,即谈判双方互为临界点和争取点之间的范围,超过此界线,谈判难以获得成功。

另外,如果对方的报价超出谈判协议区的范围,与己方的底线相差甚大时,不必草率地提出自己的还价,而应先拒绝对方的报价。必要时可以中断谈判,让对方在重新谈判时另行报价。

(二)还价的常用策略

(1)比照还价法。是指谈判的一方通过对对方的报价的了解分析,对比参照报价,按照一定的升降幅度进行还价的策略方法。运用比照还价法的前提条件是弄清对方为何如此报价,即掌握对方的真正期望。

(2)反攻还价法。是指谈判的一方采用反驳攻击的技法,部分否定甚至全部否定对方报价的策略方法。

(3)求疵还价法。是指谈判的一方采用挑剔的方法提出部分真实、部分夸大的意见,试图否定对方报价的策略方法。

案例阅读与讨论

【案例】

刘某要在出国定居前将房子出售,经过几次磋商,他终于同一个外地到本城经商的张某达成意向:200万元。后来,张某看到了刘某不小心从皮包中落出来的护照等文件,突然改变了态度,一会儿说房子的结构不理想,一会儿说他的计划还没有最后确定,总之,他不太想买房了,除非刘某愿意在价格上做大的让步。刘某不同意,双方僵持不下。当时,刘某的行期日益逼近,另寻买方已不大可能,但刘某不动声色。当对方再一次上门试探时,刘某说:"我现在没有心思跟你讨价还价。过半年再说吧,如果那时你还想要我的房子,你再来找我。"说着还拿出了自己的机票让对方看。张某沉不住气了,终于同意按原价成交。其实,刘某也是最后一搏了,他已经作了最坏的打算——以180万元成交。

【讨论】

1.张某突然改变了态度是抓住刘某什么心理?

2.刘某取得谈判的胜利是抓住了张某什么心理?

3.刘某取得谈判的胜利是采取了什么策略?

思考题

1.影响价格的因素主要有哪些?

2.什么是报价,影响报价的因素主要有哪些?

3.在谈判过程中如何确定报价的起点,为什么说"喊价要狠"?

4.报价的方式主要有哪些?

5.什么是还价,还价的方式主要有哪些?

6.举例说明在商务谈判实践中如何灵活运用报价、还价策略。

第九章　商务谈判僵局化解与妥协让步

■本章关键词

商务谈判僵局　化解　妥协让步

第一节　商务谈判僵局及其化解

一、商务谈判僵局及其产生的原因分析

(一) 商务谈判僵局的内涵

商务谈判僵局是商务谈判过程中出现的难以再顺利进行下去的僵持局面。在谈判中双方各自对利益的期望或对某一问题的立场和观点存在分歧,很难达成共识,而又都不愿作出妥协,向对方让步,谈判进程就会出现停顿,谈判即进入僵持状态。

谈判僵局出现后对谈判双方的利益和情绪都会产生不良影响。谈判僵局会有两种后果——打破僵局继续谈判和谈判破裂,当然后一种结果是双方都不愿看到的。因此了解谈判僵局出现的原因,避免僵局出现,一旦出现僵局能够运用科学有效的策略和技巧打破僵局,重新使谈判顺利进行下去,就成为谈判者必须掌握的重要技能。

(二) 商务谈判僵局的类型

商务谈判僵局可以分为真僵局和假僵局。真僵局是指确因双方交易条件相差太远、无法达成交易的商务谈判僵局。比如一件流行时装一方报价 500 元,另一方还价 50 元,双方报价相差 9 倍,除非这件商品是假冒伪劣商品或者卖方纯属虚假报价,否则几乎没有达成交易的可能性。这种买卖双方没法谈下去的僵局就是真僵局。

假僵局是指双方只是为了得到更为优惠的交易条件而使局面暂时僵局,并非

不想达成交易。假僵局在这里是一种谈判策略,有的谈判者在谈判中故意制造僵局,以迫使对方让步。

(三)商务谈判僵局产生的典型原因分析

1.信息沟通出现障碍

谈判过程是一个信息沟通的过程,只有双方信息实现正确、全面、顺畅的沟通,才能互相深入了解,正确把握和理解对方的利益与条件。但是实际上谈判双方的信息沟通会遇到种种障碍,造成信息沟通受阻或失真,使双方产生对立,从而使谈判陷入僵局。

信息沟通障碍指双方在交流信息过程中由于主客观原因所造成的理解障碍。其主要表现为:由于双方文化背景差异所造成的观念障碍、习俗障碍、语言障碍,由于知识结构、教育程度的差异所造成的问题理解差异,由于心理、性格差异所造成的情感障碍,由于表达能力、表达方式的差异所造成的传播障碍,等等。信息沟通障碍使谈判双方不能准确、真实、全面地进行信息、观念、情感的沟通,甚至会产生误解和对立情绪,使谈判不能顺利进行下去。

2.双方观点差异较大

双方各自坚持自己的立场观点而排斥对方的立场观点,就会形成僵持不下的局面。在谈判过程中,如果双方对各自立场观点产生主观偏见,认为己方是正确合理的,而对方是错误的,并且谁也不肯放弃自己的立场观点,往往会出现争执,使谈判陷入僵局。真正的利益需求被这种立场观点的争论所搅乱,而双方又为了维护自己的面子,不但不愿作出让步,反而用否定的语气指责对方,迫使对方改变立场观点,谈判就变成了不可相容的立场对立。谈判者出于对己方立场观点的维护心理往往会产生偏见,不能冷静判断、尊重对方观点和客观事实。双方都固执己见排斥对方,而把利益忘在脑后,甚至为了捍卫立场观点的"正确"而以退出谈判相要挟。这种僵局处理不好就会破坏谈判的合作气氛,浪费谈判时间,甚至伤害双方的感情,最终使谈判走向破裂的结局。

3.外部环境变化

在商务谈判所经历的一段时间内有可能出现一些偶然发生的情况。当这些情况涉及谈判某一方的利益得失时,谈判就会由于这些偶发因素的干扰而陷入僵局。例如,在谈判期间外部环境发生突变,某一谈判方如果按原有条件谈判就会蒙受利益损失,于是他便推翻已作出的让步,从而引起对方的不满,使谈判陷入僵局。由于谈判不可能处于真空地带,谈判者随时要根据外部环境的变化而调整自己的谈判策略和交易条件,因此这种僵局的出现也就不可避免了。

4.偏激的感情色彩

有时谈判双方由于"一句话"不当便较真甚至争吵起来,互不买账;有时一方向另一方施加强迫条件,被强迫一方越是受到逼迫,就越不退让,从而形成僵局。商务谈判对谈判者的情绪控制能力要求很高,如果不能很好地控制自己的情绪,很容易导致谈判失败。事实上,现代商务谈判主张,任何商务谈判利益是第一位的,感情是第二位的,作为谈判者应该尽量排除感情因素的干扰,从而避免感情因素带来的商务谈判僵局。

二、化解商务谈判僵局的策略与技巧

(一) 尊重客观,关注利益

谈判双方各自坚持己方的立场观点,由于主观认识的差异而使谈判陷入僵局。这时候处于激烈争辩中的谈判者容易脱离客观实际,忘掉大家的共同利益是什么。所以,当谈判陷入僵局时,首先要克服主观偏见,从尊重客观的角度看问题,关注企业的整体利益和长远目标,而不要一味追求论辩的胜负。如果是由于某些枝节问题争辩不休而导致僵局,这种争辩是没有多大意义的。即使争辩的是关键性问题,也要客观地评价双方的立场和条件,充分考虑对方的利益要求和实际情况,认真冷静地思索己方如何才能实现比较理想的目标。理智地克服一味地希望通过坚守自己的阵地来"赢"得谈判的做法。这样才能静下心来面对客观实际,为实现双方共同利益而设法打破僵局。

(二) 针锋相对,据理力争

当对方提出不合理条件,制造僵局,给己方施加压力时,特别是在一些原则问题上表现得蛮横无理时,要以坚决的态度据理力争。因为这时如果作出放弃原则的退让和妥协,不仅损害己方利益和尊严,而且会助长对方的气焰。所以,己方要明确表示拒绝接受对方的不合理要求,揭露对方故意制造僵局的不友好的行为,使对方收敛起蛮横无理的态度,自动放弃不合理的要求。这种方法首先要体现出己方的自信和尊严,不惧怕任何压力,追求平等合作的原则;其次要注意表达的技巧性,用绵里藏针、软中有硬的方法回击对方,使其自知没趣,主动退让。

(三) 回避分歧,转移议题

当双方对某一议题产生严重分歧,都不愿意让步而使谈判陷入僵局时,一味地争辩并不能解决问题,可以回避有分歧的议题,换一个新的议题进行谈判。这样做有两点好处：一是可以争取时间先进行其他问题的谈判，避免长时间的争辩耽误宝贵的时间；二是当其他议题经过谈判达成一致之后，对有分歧的问题产生正面影响，再回过头来谈陷入僵局的议题时，气氛会有所好转，思路会变得开阔，问题的解决便会比以前容易得多。

（四）多种方案，优中选优

如果双方仅仅采用一种方案进行谈判，当这种方案不能为双方同时接受时，就会形成僵局。实际上谈判中往往存在多种满足双方利益的方案。在谈判准备期间就应该准备多种可供选择的方案。一旦一种方案遇到障碍，就可以提供其他的备用方案供对方选择，减少谈判僵局的出现机会。谁能够创造性地提供可选择的方案，谁就能掌握谈判的主动权。当然这种替代方案要既能维护己方切身利益，又能兼顾对方的需求，才能使对方对替代方案感兴趣，进而从新的方案中寻找双方的共识。

（五）将心比心，适度让步

当谈判双方各持己见互不相让而使谈判陷入僵局时，谈判人员应该明白，坐在谈判桌前的目的是为了达成协议实现双方共同利益，如果促使合作成功所带来的利益要大于固守己方立场导致谈判破裂造成的后果，那么退让就是聪明的做法。

采取有效退让的方法打破僵局应基于三点认识：第一，己方用辩证的思考方法，明智地认识到在某些问题上稍作让步，而在其他问题上争取更好的条件；在眼前利益上作一点牺牲，而换取长远利益；在局部利益上稍作让步，而保证整体利益。第二，己方多站在对方的角度看问题，消除偏见和误解，对己方一些要求过高的条件作出一些让步。第三，这种主动退让姿态向对方传递了己方的合作诚意和尊重对方的宽容，促使对方在某些条件上作出相应的让步。如果对方仍然坚持原有的条件寸步不让，说明对方没有诚意，己方就可以变换新的策略，调整谈判方针。

（六）冷调处理，暂时休会

当谈判出现僵局而一时无法用其他方法打破僵局时，可以采用冷调处理的方法，即暂时休会。双方由于争执不下，情绪对立，很难冷静下来进行周密的思考。休会以后，双方情绪平稳下来，可以冷静地思考一下双方的分歧究竟是什么性质，对前一阶段谈判进行总结，考虑一下僵局会给己方带来什么利益损害，环境因素有哪些发展变化，谈判的紧迫性如何，等等。另外，也可以在休会期间向上级领导作汇报，请示一下高层领导对处理僵局的指导意见，申请对某些让步策略的授权，以便谈判者采取下一步的行动。再有，可以在休会期间让双方高层领导进行接触，融洽一下双方僵持对立的关系;或者组织双方谈判人员参观游览、举办宴会、参加舞会和其他娱乐活动。双方人员可以在轻松愉快的气氛中进行无拘无束的交流,进一步交换意见,重新营造友好合作、积极进取的谈判气氛。经过一段时间的休会,当大家再一次坐到谈判桌上的时候,原来僵持对立的问题会比较容易得到沟通和解决,僵局也就随之被打破。

第二节　商务谈判的妥协与让步

一、商务谈判妥协让步的必要性

谈判本身是一个讨价还价的过程,也是一个理智的取舍过程。如果没有舍,也就不能取。一个高明的谈判者应该知道在什么时候抓住利益,在什么时候放弃利益。如果什么都想得到,最终可能什么都得不到。所以,谈判就如一个天平,每当我们找到一个可以妥协之处,就等于找到了一个可以加重自己的筹码。

善于妥协,是一个谈判者成熟的标志之一。从某种意义上讲,妥协也是一种创造性的工作。当然,并不是什么都可以妥协,在原则问题上是不允许退让半步的。但是,在非原则问题上,如果你能找到可以退让的地方,并在适当的时候运用自如,就说明你的谈判准备做得比较充分。我们谈判的出发点,毕竟是为了成功而非失败。有得有失,才可能使谈判达成协议。有时候让步是为达成协议而不得不采取的措施。正因如此,让步的技巧、策略才显得十分重要。

何时让步,怎样让步,首先是因人而异。如果对方是谈判新手,那么在谈判初始阶段,即使你采取低姿态,有较大的让步表示,对方可能并不感激,也不欣赏。即使你明确地告诉他,他也会因缺乏经验而不敢信任你。如果碰巧对方是个想向上级邀功请赏的人,那么你就是个牺牲品。如果对方是个谈判老手或是一个有智慧、有理性、消息灵通的人,你也不能马上表示妥协,但他能充分理解你,并愿意与你共同协商,满足各自的要求。在这种情况下,往往是双方一点就透。归根到底,无论对任何人,在作出让步时,最好的办法是让他经过一番努力,如此争取到的东西他才会感到有价值、有意义。

二、促使对方让步的策略

(一) 先苦后甜策略

先苦后甜策略也称吹毛求疵策略,它是一种先用苛刻的虚假条件使对方产生疑虑、压抑、无望等心态,以大幅度降低对手的期望值,然后在实际谈判中逐步给予优惠或让步;由于对方的心理得到了满足,便会作出相应的让步。该策略由于用"苦"降低了对方的期望值,用"甜"满足了对方的心理需要,因而很容易实现谈判目标,使对方满意地签订合同,己方从中获取较大利益。使用这一策略,可以实现四个目的:使卖方把价格降低;使买方有讨价还价的余地;让对方知道,买方是很聪明的,是不会轻易被人欺骗的;销售员在以低价将商品售出时,使用这一策略可以有向老板交代的借口——既然我们的商品让买方挑出这么多毛病,能以这个价格卖出去已经很不错了。

但是,任何谈判策略的有效性都有一定的限度,这一策略也是如此。先向对方提出要求,不能过于苛刻,漫无边际,要"苦"得有分寸,不能与通行做法和惯例相距太远。否则,对方会觉得我方缺乏诚意,以致中断谈判。在谈判中运用这一策略时还要注意,提出比较苛刻的要求,应尽量是对方掌握较少信息与资料的方面;尽量是双方难以用客观标准检验、证明的方面;否则,对方很容易识破你的战术,采取应对的措施。

(二)软硬兼施策略

软硬兼施策略又叫"红白脸"策略。在谈判初始阶段,先由唱白脸的人出场,他傲慢无理,苛刻无比,立场坚定,毫不妥协,让对手产生极大的反感。当谈判进入僵持状态时,红脸人出场,他表现出体谅对方的难处,以合情合理的态度,照顾对方的某些要求,放弃自己一方的某些苛刻条件和要求,作出一定的让步,扮演一个"红脸"的角色。实际上,他作出这些让步之后,所剩下的那些条件和要求,恰恰是原来设计好的必须全力争取达到的目标。

(三)"情绪爆发"策略

人们总是希望在一个和平、没有紧张对立的环境中工作和生活。当人们突然面临激烈的冲突时,在冲突的巨大压力下,往往惊慌失措,不知该如何是好。在大多数情况下,人们会选择退却,以逃避冲突和压力。人们的上述特点常常在谈判中被利用,从而产生了所谓的"情绪爆发"策略,作为逼迫对方让步的手段。

在谈判过程中,情绪的爆发有两种:一种是情不自禁的爆发,另一种是有目的的爆发。前者一般是因为在谈判过程中,一方的态度和行为引起了另一方的反感,或者一方提出的谈判条件过于苛刻而引起的,是一种自然的、真实的情绪发作。后者则是谈判人员为了达到自己的谈判目的而有意识进行的情绪发作,准确地说,这是情绪表演,是一种谈判的策略。我们这里说的情绪爆发是指后者。

在谈判过程中,当双方在某一个问题上相持不下时,或者对方的态度、行为欠妥,或要求不太合理时,我们可以抓住这一时机,突然之间情绪爆发,大发脾气,严厉斥责对方无理,有意制造僵局,没有谈判的诚意。情绪爆发的烈度应该视当时的谈判环境和气氛而定。但不管怎样,烈度应该保持在较高水平上,甚至拂袖而去,这样才能震撼对方,产生足够的威慑作用和影响。在一般情况下,如果对方不是谈判经验丰富的行家,在这突然而来的激烈冲突和巨大压力下,往往会手足无措,动摇自己的信心和立场,甚至怀疑和检讨自己是否做得太过分,而重新调整和确定自己的谈判方针与目标,作出某些让步。

在运用"情绪爆发"这一策略迫使对方让步时,必须把握住时机和态度。无由而发会被对方一眼看穿;烈度过小,起不到震撼、威慑对方的作用;烈度过大,或者让对方感到小题大做,失去真实感,或者使谈判陷入破裂而无法修复。

当对方在利用情绪爆发来向本方施压时,最好的应对办法是:①泰然处之,冷静处理。尽量避免与对方进行情绪上的争执;同时,把话题尽量引回到实际的问题上,一方面要表示充分了解他的观点,另一方面又要耐心解释不能接受其要求的理由。②宣布暂时休会,给对方冷静平息的时间,让其自己平息下来,然后再指出对方行为的无礼,重新进行实质性问题的谈判。

(四) 车轮战术策略

车轮战术是指在谈判桌上一方遇到关键问题或与对方有无法解决的分歧时,借口自己不能决定或用其他理由,转由他人再进行谈判。这里的"他人"可以是上级、领导,也可以是同伴、合伙人、委托人、亲属、朋友。目的是通过不断更换自己的谈判代表,有意延长谈判时间,消耗对方的精力,促使其作出大的让步。这一策略也就是前面提到过的"走马换将"。

通过更换谈判主体,可以侦察对手的虚实,耗费对手的精力,削弱对手的议价能力,为自己留有回旋余地,进退有序,从而掌握谈判的主动权。此时对手需要向新的谈判人重新陈述情况,阐明观点,重新开始谈判,这样会付出加倍的精力、体力和投资,时间一长,难免出现漏洞和差错。一个谈判代表与对方谈了一段时间后,就找理由更换一个新的谈判代表上场,可以取消其前任所作出的让步,要求重新开始讨论。另外这种策略能够补救己方的失误。前面的主谈人可能会有一些遗漏和失误,或谈判效果不尽如人意,则可由更换的主谈人来补救,并且顺势抓住对方的漏洞发起进攻,最终获得更好的谈判效果。

(五) 分化对手策略

在磋商阶段,谈判双方都逐渐了解了彼此的交易条件和立场,这时,每个谈判人员都会自觉或不自觉地就双方讨价还价的问题进行反思。这时就可以运用分化对手策略,其基本做法是,把对方谈判小组中持有利于本方意见的人员作为重点,以各种方式给予支持和鼓励,与之结成一种暂时的无形同盟。比如说,对他的态度特别友善,对其意见多持肯定态度,有些意见如不能接受,则以很温和、委婉的方式予以说明和拒绝。而对待不利于本方意见的对方谈判人员,则采取强硬态度。这一策略如果运用得当,能使其本人毫无察觉。只要对方谈判小组中的某一成员松了口,其内部必然乱了阵脚,争取对方让步也就大有希望了。此外,这种做法也容易导致对方谈判小组内部成员之间的互相猜疑,从而瓦解其战斗力。

(六) 利用竞争策略

制造和利用竞争永远是谈判中逼迫对方让步的最有效的武器和策略。当谈判的一方存在竞争对手时,其谈判的实力就大为减弱。比如买方把所有可能的卖方请来,同他们讨论成交的条件,利用卖方之间的竞争,各个击破,为自己创造有利的条件。该策略成功的基础是制造竞争,对手竞争越激烈,本方获得的利益就越大。

(七) 得寸进尺策略

指一方在争取对方一定让步的基础上,再进一步,提出更多的要求,以争取己方利益。这一策略的核心是：一点一点地要求,积少成多,以达到最终目的。

有时也称它为"蚕食策略",意思是就像蚕吃桑叶一样,步步为营。有人也把它比喻为切"意大利香肠"。其来源是,你想得到整根意大利香肠,而你的对手抓得很牢,这时你一定不要去抢,而是恳求他给你切一片,这时他不会十分介意。第二天,你再恳求他给你切薄薄的一片,接着是第三天、第四天……这样一片一片,最终整个香肠都是你的了。

这种战术的运用有一定的冒险性,如果一方压得太凶,或要求的方式不恰当,反而会激怒对方,使其固守原价,甚至加价,以进行报复,从而使谈判陷入僵局。因此只有在具有一定条件的情况下,才采用这一策略。

(八) 先斩后奏策略

先斩后奏策略亦称"人质策略"。这在商务谈判活动中可以解释为"先成交,后谈判"。即实力较弱的一方往往通过一些巧妙的办法使交易已经成为事实,然后在举行的谈判中迫使对方让步。先斩后奏策略的实质是让对方先付出代价,并以这些代价为"人质",扭转自己实力弱的局面,让对方通过衡量已付出的代价和中止成交所受损失的程度,被动接受既成交易的事实。

（九）声东击西策略

就军事战术上讲,声东击西是指当敌我双方对阵时,我方为更有效地打击敌人,造成一种从某一面进攻的假象,迷惑对方,然后攻击其另一面,这种战术策略同样可运用于谈判。在谈判中,一方处于某种需要而有意将会谈的议题引到对对方来说并不重要的问题上,借以分散对方的注意力,从而达到己方的目的。实际的谈判结果也证明,只有更好地隐藏真正的利益需要,才能更好地实现目标,尤其是在你不能完全信任对方的情况下更是如此。

在了解、掌握这一策略的目的和作用后,我们就可以更加灵活、自如地运用它。比如,你希望对方在某个重要问题上先让步,就可以利用声东击西策略,故意把这一问题轻描淡写地一笔带过,反而强调不重要的部分,造成对方的错觉。

（十）最后通牒策略

在谈判双方争执不下,对方不愿作出让步、接受我方交易条件时,为了逼迫对方让步,我方可以向对方发出最后通牒。其通常做法是:给谈判规定最后的期限,如果对方在这个期限内不接受我方的交易条件,就宣布谈判破裂并退出谈判。

最后通牒在多数情况下是一个非常有效的策略。在谈判中人们对时间是非常敏感的,特别是在谈判的最后关头,双方经过长时间紧张激烈的讨价还价,在许多内容上已经达成一致或接近一致的意见,只是在最后的一两个问题上相持不下,如果这时一方给谈判规定了最后期限,另一方就必须考虑自己是否准备放弃这次合作的机会,牺牲前面已投入的巨大谈判成本,权衡作出让步的利益牺牲与放弃整个交易的利益牺牲孰轻孰重,以及坚持不作让步、打破对方的最后通牒而争取达成协议的可能性。

如果谈判对手没有足够的勇气和谈判经验的话,在最后通牒面前常常选择的是退却,即作出让步以求成交。运用最后通牒策略来逼迫对方让步必须注意几点:

(1)本方的谈判实力应强于对方,特别是该交易对对方来讲比对本方更为重要,这是运用这一策略的基础和必备条件。

(2)最后通牒只能在谈判的最后阶段或最后关头使用,因为这时对方已在谈判中投入了大量的人力、物力、财力和时间,花费了很多成本,一旦真正谈判破裂,他的这些成本也将付之东流,这样可以促使对方珍惜已花费的劳动,使之欲罢不能。同时,只有在最后关头,对方才能完全看清楚自己通过这笔交易所能获得的利益,意识到只要在这最后的一两个问题上作出让步,那些利益即可到手。利益的诱惑,使对方不能因小失大。这样,这一策略才会有效。

　　(3)最后通牒的提出必须非常坚定、明确、毫不含糊,不让对方存留幻想。同时,本方也要做好对方真的不让步而退出谈判的准备,不致到时反使自己惊慌失措。

案例阅读与讨论

【案例】　商务谈判中的策略
一、商务谈判中的"白脸"和"红脸"

　　有一回,传奇人物——亿万富翁休斯想购买大批飞机。他计划购买 34 架,而其中的 11 架,更是非到手不可。起先,休斯亲自出马与飞机制造商洽谈,却怎么也谈不拢,最后这位大富翁勃然大怒,拂袖而去。不过,休斯仍然不死心,便找了一位代理人,帮他出面继续谈判。休斯告诉代理人,只要能买到他最中意的那 11 架,他便满意了。而谈判的结果,这位代理人居然把 34 架飞机全部买到手。休斯十分佩服代理人的本事,问他是怎么做到的。代理人回答:"很简单,每次谈判一陷入僵局,我便问他们——你们到底是希望和我谈呢,还是希望再请休斯本人出面来谈?"经我这么一问,对方只好乖乖地说:"算了算了,一切就照你的意思办吧!"

　　要使用"红白脸"策略,就需要有两名谈判者,两名谈判者不可以一同出席第一回合的谈判。两人一起出席的话,若是其中一人留给对方不良的印象,必然会影响其对另一人的观感,这对第二回合的谈判是十分不利的。

　　第一位谈判者唱的是"白脸",他的责任,在于激起对方"这个人不好惹""碰到这种谈判对手真是倒了八辈子霉"的反应。而第二位谈判者唱的是"红脸",也就是扮演"和平天使"的角色,使对方产生"总算松了一口气"的感觉。就这样,两者交替出现,轮番上阵,直到达到谈判目的为止。

　　第一个谈判者只需要做到使对方产生"真不想和这种人谈下去"的反感便够了,不过,这样的战术,只能用在对方极欲从谈判中获得协议的场合中。当对方有意借着谈判寻求问题的解决时,是不会因对第一个谈判者的印象欠佳而终止谈判的。所以,在谈判前,你必须先设法了解对方对谈判所持的态度。如果是"可谈可不谈",那么"红白脸"策略便派不上用场了。

　　在使用"红白脸"策略时,以在对方的阵营中进行谈判为佳。不管第一位上场的谈判者用什么方式向对方"挑战",如果谈判是在对方的阵营中进行,基于一种"反正这儿是我的地盘"的安全感,对方通常不会有过度情绪化的反应。因此,当第二名谈判者出现时,他们的态度自然也不至于过分恶劣了。

　　相反地,若谈判是在自己的地盘进行,而对方又被第一位上阵的谈判者激怒了的话,便很可能拒绝再度前来,或者干脆提出改换谈判地点的要求,一旦谈判地点变更，对方便可能因此而摆脱掉上回谈判所带来的不悦，重新振奋起来，以高昂的斗志再度面对你的挑战。果真如此，那么"红白脸"策略的效果就要大打折扣了。

"红白脸"策略的功效源自第一位谈判者与第二位谈判者的"连线作业"上。第二位谈判者就是要利用对方对第一位谈判者所产生的不良印象，继续其"承前启后"的工作。第一位谈判者的"表演"若未成功，第二位谈判者自然也就没戏可唱了。

二、谈判心理的满足感

谈判是对己方利益的争取，又是对对方利益的满足。满足感来自于自己主动实施或应对方要求被动实施，针对对方欲求或让对方感到愉快的各种手法，使对方（无论是个体还是群体）在精神上感到被尊重，在认识上对己方言行不反感，从而达到让对方因满意的心理而放弃或减弱挑剔对立心态的目的的做法。

谈判中的互利互惠原则是一条不可动摇的原则。但对于具体的谈判当事人来说，正确地坚持和实施这一原则，首先应当有一个尽量满足对方需要的意识。这种需要不一定都是对方所明确要求的；也绝不仅仅限于对方前来进行谈判时，他事先和谈判进行中所抱有的那个利益目标。应当牢记，第一，这些需要中的核心需要，一般来说是利益的需要；第二，即便对方并没有明确要求，谈判者只要意识到了，并且完全可以在不损害己方利益的前提下给予满足的话，就应当尽量给予满足；第三，在这样做的时候，还应当明确了解，这实际上同样是一种心理战，对于自己一方实现预期的谈判目标，包括利益目标，永远是大有裨益的。该策略立足于先"律己"，因此，这是一种先"付出"的做法。从策略效果角度讲，它具有较强的攻击力。

美国百事可乐公司是在 20 世纪 80 年代初期才开始进入印度市场的。在刚刚与印方进行谈判时，百事可乐公司就很注意尽可能地满足印度政府多方面的利益需要。比如，主动提出帮助印度政府增加出口，并使所增加的创汇额，足以补偿对方进口百事可乐所需要的外汇，从而既满足了印度政府扩大出口的需要，又帮助对方有效地克服了其进口自己产品的实际困难。故而，该公司顺利地获得了进入印度国内市场的许可。百事可乐公司还通过同一家印度的软饮料公司合营，有效地消除了他们对美国公司进入印度国内市场的对立情绪，轻而易举地就将彼此之间的竞争对手关系，变成了亲密的合作伙伴关系，而且此举还使印度的"反跨国公司立法者"难以找到攻击自己的借口。此外，他们还承诺向印度提供食品加工、包装和污水处理的新技术，并主动赞助社会慈善事业，这又使他们博得了印度公众的普遍好感。这些对对方利益的满足，基本上都不是印度政府首先提出来的。但一经美方代表提出，对方当然求之不得，因为一则正是他们的所需，一则是"意外"地获得了许多实际利益，为什么不接受呢？实际上，百事可乐公司在帮助对方时，也正是在帮助自己。

聪明的谈判者通过运用这一策略,完全可以创造出奇迹来。有一位制造玻璃的小老板,一次他得知阿根廷欲购买 2000 万美元的丁烷气体,就打起了主意。他了解到阿根廷牛肉过剩,就对其政府说:"如果你们向我购买 2000 万美元的丁烷气体,我就向你们买 2000 万美元的牛肉。"成交后,他又了解了西班牙一家造船厂因为缺少订单而濒临倒闭,于是对造船厂经理说:"如果你们向我买 2000 万美元的牛肉,我就向你们订购一艘价值 2000 万美元的超级油轮。"又成交了。然后他向美国太阳石油公司说:"如果你们租用我正在西班牙建造的价值 2000 万美元的超级油轮,我就向你们购买 2000 万美元的石油。"于是一个石油生意的门外汉,简直不费吹灰之力,就战胜了非常强大的竞争对手英国石油公司和壳牌石油公司,成功地做成了一笔价值 2000 万美元的石油交易。这其中的关键是:有针对性地满足谈判对象的利益需要。

三、有限权力策略

有限权力是指谈判人员使用权力的有限性。谈判专家认为,受到限制的权力才具有真正的力量。这是因为,一个受到限制的谈判者要比大权独揽的谈判者处于更有利的地位。

当谈判双方就某些问题进行协商,一方提出某种要求企图让对方让步时,另一方反击的策略就是运用有限权力,向对方宣称,在这个问题上,他无权作出这样的让步。这样,既维护了己方的利益,又给对方留下了面子。

在一般情况下,谈判人员不具有全权处理谈判中所有问题的权力(特殊授权除外)。这样,谈判人员的权力就受到了某种限制。怎样把受到限制的权力这一不利条件变为谈判中的优势,很值得认真研究。谈判人员受到限制的权力可以是多方面的,就金额限制来讲,有标准成本的限制、最高最低价格的限制、购买数额的限制、预算限制等。善于利用限制的人员,并不把这些看成是对自己的约束,相反看成更能方便行事的优势。首先,可以把限制作为借口,拒绝对方某些要求、提议,但又不伤其面子。其次,可以利用限制借与高层决策人联系之机,更好地商讨处理问题的办法。再次,利用权力有限,可以迫使对方让步,在权力有限的条件下与你洽谈。一个优秀的谈判人员必须学会利用有限的权力作为谈判的筹码,巧妙地与对方讨价还价。

在埃及和以色列利益与冲突不断的 20 世纪 70 年代,为了调停两国的争端,苏联与美国一直不停地出面斡旋。1973 年 10 月,埃及的第三军团被以色列包围,当时的苏共总书记勃列日涅夫急电美国总统尼克松,建议美国国务卿基辛格博士速到莫斯科,作为总统授权的全权代表与苏方谈判,调停战事。

尼克松立即将谈判重任委以基辛格,但国务卿却不急于到达苏联,并要求苏联必须明确美国国务卿是在苏方邀请下前往莫斯科的。正当基辛格精心策划外交谈判策略的时候，尼克松向勃列日涅夫发去了一封电报，大意是他委托基辛格"全权"处理本次谈判事宜。勃列日涅夫见到电报后非常高兴，立即复电尼克松："完全像您说的那样，我理解基辛格博士是您所充分信任的、最亲密的同事，这次他将代表您讲话，并理解在我们同他商谈的过程中，他作的承诺得到您的全力支持。"基辛格知道后十分恼火，立即急电华盛顿，拒绝被授予全权：坚持对方提出的要求必须向总统汇报，并请他考虑。他认为，授予全权，就会使他在谈判中无能为力。

当然，有限权力也不能滥用，过多地使用这一策略，或时机不对，会使对方怀疑你的身份、能力。如果他认为你不具有对谈判中主要问题的决策权，就会失去与你谈判的兴趣。

【讨论】

1."红白脸"策略成功的前提是什么？

2."先满足对方的需要，再满足自己的需要"，你对这个观点有何评价？

3.为什么有限权力策略能帮助基辛格在谈判中获得成功？

思考题

1.简述商务谈判僵局的类型和产生原因。

2.联系实际谈谈如何化解商务谈判僵局。

3.商务谈判妥协让步是否就是"懦弱无能"的表现？

4.商务谈判的妥协让步应坚持什么样的原则？

5.如何让商务谈判的对方让步？

第十章 商务谈判协议文书

商务谈判协议文书 商务谈判方案 商务谈判备忘录 商务谈判合同

商务谈判文书是商务谈判成果的书面形式。掌握谈判中各类文书的写作知识,是商务谈判参加者的基本功之一。本章将介绍商务谈判协议文书的概念、特点等基础知识,并具体分析商务谈判方案、商务谈判备忘录、商务谈判纪要、商务合同书等各类文书的撰写要点。

第一节 商务谈判协议文书概述

一、商务谈判协议文书的概念

合作或交易关系的形成,不仅要求各方磋商后思想上一致、口头上承诺,还需要用书面文书的方式,把合作或交易的意图、具体方式方法、彼此的承诺记载固定下来,以得到法律上的保证和各方面相互的监督,最终使商务项目按预期的目标落实。这就是商务签约的过程。在商务谈判与商务签约过程中所使用的文书统称为商务谈判协议文书。

二、商务谈判协议文书的特点

(一)商谈性与协议性

谈判与签约都是有"对手"的,都要既从自己的情况出发,有自己的意图,也要考虑"对手"的情况与意愿,不能孤立、封闭地想问题。要设立"假想敌",要有"作战方案",要有商洽和协商的内容,最终要体现出双方一致的意愿。这一切,在商务谈判协议文书里有充分的体现。诸如对对手情况的估计、争取和让步的策略、体现双方或多方一致意愿的词语和条款等,构成了商务谈判协议文书的主要内容。

（二）平等性与互利性

无论是商务洽谈还是签订协议，都是在各自的利益基础上寻求合作的共同点，以达成一致，求得交易的成功。平等、互利是各方必须遵循的准则，否则便不能取得谈判成功、签订合作的协议。为此，商务谈判协议文书从指导思想、商洽的目标到具体的内容和条款都体现着平等性和互利性的基本准则。

（三）程式性与规定性

商务谈判协议文书大都是国家规定了格式或约定俗成了格式的文本，特别是协议文书，规定得更为细致、严格。为此，商务谈判协议文书从首部、正文到尾部都按照规定的格式和规定的程序写作，甚至按照表格填写，大都采用条款式结构形式写作，文本形式简洁，一目了然，便于阅读、记忆和操作。

三、商务谈判协议文书的作用

（一）商务谈判协议文书是谈判前的周密准备，是谈判过程、谈判阶段性成果和谈判最终成果的记录

商务谈判协议文书不仅对保障商务谈判顺利进行、促使谈判取得成功具有重要的指导意义，而且具有存档备查、总结经验、进一步开拓发展的重要意义。商务签约是一种法律行为，是以法律认可的书面形式规定相互之间的权利、义务关系的过程。为此，商务谈判协议文书是获得法律保护的不可缺少的必要工具，是保证市场正当竞争、维护社会经济秩序、维护当事人合法经济利益的重要工具。

（二）商务谈判协议文书又是保证企业相互协作、社会化大生产得以实现的工具

商务谈判协议文书以法律所认可的形式保证双方或多方信守承诺，履行各自应该履行的义务，保证了企业之间相互协作的顺利实现，从而保证了企业的正常运行和企业目标的完成，也保证了高度分工的社会化大生产能够有条不紊地进行下去。

四、商务谈判协议文书的种类

商务谈判协议文书可分为商务谈判文书和商务契约文书两大类。

商务谈判文书是在商务谈判中所使用的各种文书。根据谈判程序和功能，商务谈判文书包括：商务谈判方案、商务谈判执行方案、商务谈判记录、商务谈判纪

要、商务谈判备忘录、商务谈判总结书等。

商务契约文书是记载交易各方达成初步合作意向和最终签订合作契约,明确各方权利、利益、义务、责任,具有一定法律约束力的文书。依据协议的区域、内容和法律约束力的程度,商务契约文书包括:商务合作意向书、商务项目建议书、商务合作协议书、商务代理协议书、商务通用合同、技术合作协议书、国际货物买卖合同、国际劳务合同、补偿贸易合同等。

五、商务谈判协议文书写作的基本原则

(一)纪实性

商务谈判协议文书是在双边或多边构成了一定的谈判关系的基础上形成的。因此,它必须是双边或多边意志的凝聚和集合,同时它又是谈判情况的真实记录。因此,写作中要受到实际情形的严格限制,要忠实地反映实际情况,不能随意发挥、引申。

(二)法律性

商务谈判协议文书是法律性很强的文书,制作中必须在法律的规范下进行。程序、内容、格式、语言等方面都要符合有关法律、法规的具体规定。

(三)双赢性

从本质上说,商务谈判文书和商务契约文书是一种"双赢"文书,即谈判和签约的各方都从中看到自己的目的和目标。在谈判、签约和文本的制作过程中一定要平衡各方的利益,本着平等、互利、公平、友好的原则进行,也只有这样才能最终达成协议,实现合作。

第二节　商务谈判方案的写作

谈判方案的制订可根据谈判的规模、重要程度的不同而定。内容可多可少,可简可繁,可以是书面形式,也可以是口头交代。

一、商务谈判方案的基本内容

假设我们将与一位大公司的采购经理谈判,首先我们就应自问以下问题:要谈的主要问题是什么?有哪些敏感的问题不要去碰?应该先谈什么?自从最后一笔生意,对方又发生了哪些变化?如果谈的是续订单,以前与对方做生意时有哪些

经验教训要记住？与我们竞争这份订单的企业有哪些强项？我们能否改进我们的工作？对方可能会问哪些问题？在哪些方面我们可以让步？我们希望对方做哪些工作？对方会有哪些需求？他们的谈判战略会是怎样的？以上就是商务谈判方案应该包含的内容。

二、商务谈判方案的写作格式与范例

（一）标题

一般为：事由＋文种。如《关于进口某某商品的谈判方案》《与美国某某公司洽谈商品的方案》。

（二）主体

包括以下两项内容：①前言，写明谈判的总体构想、原则，说明谈判内容或谈判对象的情况；②具体条款，包括谈判主题、谈判目标、谈判程序、谈判组织等条款。

（三）落款

包括单位名称与日期。

【案例】 关于引进A公司矿用大卡车的谈判方案

（一）五年前我公司曾经引进A公司的矿用大卡车，经试用性能良好，为适应我矿山技术改造的需要，打算通过谈判再次引进A公司矿用大卡车及有关部件的生产技术。A公司代表于4月8日应邀来杭洽谈。

（二）具体内容

1. 谈判主题

以适当价格谈成29台矿用大卡车及有关部件生产技术的引进。

2. 目标设定

（1）技术要求

① 矿用大卡车车架运押15000h不开裂。

② 在气温为40摄氏度条件下，矿用大卡车发动机停止运转8h以上在接入220V的电源后，发动机能在30min内启动。

③ 矿用大卡车的出动率在85%以上。

（2）试用期考核指标

① 一台矿用大卡车试用10个月（包括一个严寒的冬天）。

② 出动率在85%以上。

③ 车辆运行 375h,行程 3125km。

(3)技术转让内容和技术转让深度

① 利用购 29 台车为筹码,A 公司免费(不作价)转让车架、厢斗、举升缸、转向缸、总装调试等技术。

② 技术文件包括:图纸、工艺卡片、技术标准、零件目录手册、专用工具、专用工装、维修手册等。

(4)价格

① ××年购买××公司矿用大卡车,当时每台 FOB 单价为 23 万美元;5 年后的今天如果仍能以每台 23 万美元成交,那么定为价格下限。

② 5 年时间按国际市场价格浮动 10% 计算,今年成交的可能性价格为 25 万美元,此价格为上限。

小组成员在心理上做好充分准备,争取价格下限成交,不急于求成。在非常困难的情况下,也要坚持不能超过上限达成协议。

3.谈判程序

第一阶段:就车架、厢斗、举升缸、总装调试等技术附件展开洽谈。

第三阶段:商定合同条文。

第三阶段:价格洽谈。

4.日程安排(进度)

×月×日上午 9:00—12:00,下午 3:00—6:00 为第一阶段

第二天上午 9:00—12:00 为第二阶段

第二天晚上 7:00—9:00 为第三阶段

5.谈判地点

第一、第二阶段的谈判安排在公司 13 楼洽谈室。第三阶段的谈判安排在××饭店二楼咖啡厅。

6.谈判小组分工

主谈:冯××为我方谈判小组总代表。

副主谈:袁××为主谈判提供建议,或见机行事。

翻译:叶××为主谈、副主谈担任翻译,还要留心对方的反应情况。

成员 A:负责谈判记录中技术方面的条款。

成员 B:负责谈判记录中财务及法律方面的条款。

矿用大卡车引进小组
××××年×月×日

第三节　商务谈判备忘录的写作

一、商务谈判备忘录的概念

备忘录,本为外交往来文书,其内容一般是对某一具体问题的详细说明和据此提出自己的观点或辩驳。另外,外交会议一方为了使自己所作口头陈述不致被对方误解或忘记,而在会议结束时交给对方的书写记录,也是一种备忘录。

商务谈判备忘录是指在商务谈判时,经过初步讨论后,记载双方的说明与承诺,以作为进一步洽谈时参考的一种记事性文书。

二、商务谈判备忘录的特征

商务谈判备忘录不同于谈判纪要。纪要一经双方签字,即具有合同的效力,而备忘录一般不具备法律效力。纪要所记录的是双方达成的一致性意见;而备忘录所记录的则是双方各自的意见、观点,它有待于在下一次洽谈时进一步磋商。纪要是以"双方一致同意"的语气来表达的;备忘录是以甲、乙方各自的语气来表达的。

三、商务谈判备忘录的结构与写法

(1)标题。可写成"备忘录"或"×××谈判备忘录"。

(2)谈判双方情况。包括双方国别、单位、名称、谈判代表姓名、会谈时间、地点、会谈项目。

(3)事项。即双方通过谈判,各自作出的承诺。

(4)签署。双方谈判代表署名。

【案例】　备忘录

中国××股份有限公司(以下简称甲方)和××国际股份有限公司(以下简称乙方)的代表,于×年×月在甲方公司本部就技术引进一事进行了初步协商,双方交换了意见,获得了了解,形成了以下初步意向:

一、××产品技术转让问题

双方共同努力加快技术引进速度。先期可进行技术引进谈判,若谈判成功,双方先签订合同,编写可行性研究报告。

二、乙方的合作意向

1.×年×月,乙方组织了一批考察团对中国生产企业进行了考查之后,经董事会决定,只选择与甲方进行技术转让或合资谈判。

2.××公司董事会认为,主要进行技术转让,基本上不与中国客车厂谈合资;即使合资,也只是象征性地投入非常少的资金。

三、甲方公司技术引进的意向

1.甲方董事会已决定和外国公司进行技术合作。乙方是首先考虑的合作对象。并且认为若双方不尽快进行谈判,则会失去许多国内外的市场,因此甲方希望尽快在合作上有所进展。

2.甲方介绍了和有关公司谈判的进度情况。并承诺保留和乙方谈判的优先权。

四、甲方与乙方公司合作方式

1.双方认为以引进技术的方式合作,能生产国际性的最有竞争力的产品。这种国际间的资源组合是降低产品成本的最有效途径。

2.双方均不赞成50%+50%股份的合作方式。

3.双方都认为开始合作时,最好以贸易方式进行。

4.技术引进的主要产品为。(略)

五、其他事项

这次洽谈虽未能解决主要的问题,但双方都表达了合作的愿望。期望在以后的两个月内再进行接触,以便进一步商洽合作事宜,具体时间待双方磋商后再定。

中国××股份有限公司　　　　　　　××国际股份有限公司

代表:×××(签字)　　　　　　　　代表:×××(签字)

××××年×月×日　　　　　　　　××××年×月×日

第四节　商务谈判纪要的写作

一、商务谈判纪要的概念

商务谈判纪要是指记载商务谈判情况和谈判的主要内容及议定事项的带有一定协约性的文书。商务谈判纪要是在谈判记录的基础上整理而成的,集中反映了谈判的基本精神和议题、结果。它是相当于谈判各方共同对前一阶段谈判进行的总结。商务谈判纪要是下一步签订协议或合同的依据,也是向有关领导、部门汇报谈判情况和成果的载体。有些谈判纪要经过会谈双方签字确认后,还可以作为意向书,从而起到法律依据的参考作用。

二、商务谈判纪要的特征

(一) 纪要性与契约性

所谓纪要,是记录要点的文字,并非原原本本的记录。同时,商务谈判纪要必须经双方或谈判各方认可才行,因此带有一定的契约性。

(二) 契约性而非法律性

作为商务协约性文书,谈判纪要是双方协商的产物,并经双方同意认可共同签署。对双方有一定的约束性。这种约束主要是指业务道德的约束性而不是直接的法律约束力。

三、商务谈判纪要的结构与写法

商务谈判纪要的标题由谈判事由和文件名称构成。如《关于筹建××化妆品公司的会谈纪要》。

(一) 开头

对谈判情况的综述。具体包括:谈判时间、地点,谈判双方国别、单位名称或谈判代表姓名,谈判目的、议题、取得的主要成果或就哪些问题达成了初步协议。综述的要求是简洁、概括。例如:"××公司(甲方)与日本××(乙方)就建立合资公司一事于 2009 年 8 月 17—19 日在北京建国饭店举行洽谈,并取得圆满成功。会谈就以下几个问题达成了一致意见。"

(二) 主体

按相互之间的逻辑关系分条列项,概括列出谈判的主要议题,在每一议题下写明谈判双方或多方经谈判协商后取得的一致意见。具体包括:①双方取得一致意见的主要目标及其具体事项;②双方的权利和义务;③需要进一步磋商的问题。或者为了留有余地,写明"对未尽事宜,另行协商"字样,以便会后具体化或使内容更趋完善。

作为契约性文书,商务谈判纪要写作时常使用"双方同意""双方认为""双方一致表示""双方商定"等习惯性用语。

【案例】 关于筹建××化妆品公司的会谈纪要主体内容

(1)甲、乙双方为发展中国化妆品市场,加强两国经济技术合作,扩大化妆品业务,决定合资经营一家公司。

（2）合资公司名称定为"××化妆品公司"。其主要任务是生产和销售化妆品，培养设计人员和制造人员，开拓国际市场，促进两国经济技术发展。

（3）总公司设在中国北京，分公司设在浙江杭州。总公司设正、副总经理各一人，总经理由甲方委派，副总经理由乙方委派。分公司设正、副经理各一人，经理由乙方委派，副经理由甲方委派。总公司、分公司各配备工作人员 2—3 人，工资标准另定。

（4）甲、乙双方共同担负筹建工作。总投资为 250 万元人民币，甲方投资52%、乙方投资 48%。

（5）公司成立后，凡由公司完成的业务，佣金从公司资金中提取。

（6）凡经营所得利润，按双方投资比例分配。

（7）公司一切活动必须遵守双方政府的有关法令。

（8）为尽早建成"××化妆品公司"，双方应精诚合作，最大限度地提供方便。

（三）落款

双方谈判代表签名、日期。

四、商务谈判纪要的写作要点提示

商务谈判纪要的写作是一项非常严肃的工作，写作中要注意以下几个问题：一是忠于谈判记录，真实、准确反映谈判情况，不可随意更改记录内容。二是突出中心、明确重点，对谈判中的实质问题、敏感问题、有争议的问题的表述明确无误。三是语言简练准确，不可模棱两可以致发生歧义；层次要清晰，避免杂乱无章．前后矛盾。

第五节　商务合同书的写作

一、商务合同书的结构模式

现实生活中合同内容丰富多样，合同形式也多种多样。随着社会经济的发展、交易的复杂化，各类合同示范文本也应运而生。综观内容繁简不一的合同文本，可以发现合同文本具有较为稳定的书面结构模式。商务合同书的书面结构模式一般由首部、正文、尾部和附件四部分构成。

（一）首部

由标题、当事人基本情况及合同签订时间、地点构成。

标题是合同的性质、内容、种类的具体体现，如《生猪、鲜蛋、牛、羊、家禽购销合同》，表明该合同是买卖合同中鲜活农副产品买卖合同，切不可出现标题与合同内容不一致的现象。

当事人基本情况及合同签订时间、地点居标题之下，正文之上。当事人基本情况即当事人的名称或者姓名和住所（《合同法》将此项内容划入主要条款之列），同时写明双方在合同中的关系，如"买方""卖方"等。当事人是法人或其他组织的，写明该法人的名称和地址；当事人是自然人的，写明该自然人的名称和住所。此项内容是确定当事人、确定合同权利和义务承担者的主要依据。

（二）正文

这是合同最重要的部分，也是合同的内容要素，即合同的主要条款。

（三）尾部

即合同结尾，一般包括以下内容：双方当事人签名、盖章；单位地址、电话号码、电报挂号、邮政编码；开户银行名称、银行账号；签证或公证。

（四）附件

主要是对合同标的条款或有关条款的说明性材料及相关证明材料。如技术性较强的商品买卖合同，需要用附件或附图形式详细说明标的的全部情况。合同附件是合同的组成部分，同样具有法律效力。

二、商务合同书的内容要素

合同正文由合同的内容要素构成，合同内容要素即主要条款，主要包括以下几方面内容。

（一）标的

标的是合同当事人权利和义务共同指向的对象。合同标的可以是货物，可以是货币，也可以是工程项目、智力成果等。合同的标的要写明标的名称，以使标的特定化，以便确定当事人的权利和义务。

（二）数量和质量

数量是以数字和计量单位来衡量标的的尺度。质量是标的内在素质和外观形态的综合，包括标的名称、品种、规格、型号、等级、标准、技术要求、物理和化学成分、款式、感觉要素、性能等。数量和质量条款是合同的主要条款，没有数量，权利义务的大小很难确定；没有质量，权利义务极易发生纠纷。因此该条款要给予明确、具体的规定。

（三）价款或者报酬

价款是根据合同取得财产的一方当事人向另一方当事人支付的以货币表示的代价。报酬是根据合同取得劳务的一方当事人向另一方当事人支付的货币，又可以称为酬金。价款或报酬是有偿合同的必备条款，合同中应说明价款或报酬数额及计算标准、结算方式和程序等。

（四）合同的期限、履行地点和方式

合同的期限包括有效期限和履行期限。有的合同如租赁合同、借款合同等必须具备有效期限。合同的履行期限是当事人履行合同的时间限度。履行的地点和方式是确定验收、费用、风险和标的物所有权转移的依据。

（五）违约责任

违约责任是违反合同义务的当事人应承担的法律责任。合同规定违约责任有利于督促当事人自觉履行合同，发生纠纷时也有利于确定违约方所承担的责任，这是合同履行的保障性条款。

（六）解决争议的方法

合同发生争议时，其解决方法包括当事人协商、第三者调解、仲裁、法院审理等几种。当事人在订立合同时，应当约定解决争议的方法。

（七）其他

除合同主要条款以外，双方当事人应根据实际情况约定其他有关双方权利和义务的条款。

案例阅读与讨论

【案例1】

新华网济南2013年4月17日电（记者王志） 济南市工商局直属分局近日开展合同格式条款专项治理行动发现，经营者违规订立"不可抗力"合同条款现象十分普遍。据工商部门调查，95％以上的消费者在遭受违法"不可抗力"条款侵害时选择"忍气吞声"。

济南市工商局直属分局检查发现"不可抗力"条款违规使用主要表现为自行扩大"不可抗力"范畴和超出行业示范文本附加"不可抗力因素"条款两种情况。

据介绍，我国《民法通则》第一百五十三条规定："本法所称的'不可抗力'，是指不能预见、不能避免并不能克服的客观情况。"《合同法》第一百一十七条沿袭了此规定。但由于缺乏对上述条款的准确定义，部分行业打起了"擦边球"。

工商部门检查发现，济南一家汽车4S店《车辆销售合同》约定"因厂方供货、运输等不可抗力造成卖方无法按时交车，日期顺延，以卖方通知为准，卖方不承担违约责任"。有的楼盘在《预售合同》中约定"因供水、供电、供气等市政部门未能按时接通室内外的水、电、气设施等不可抗力因素，导致实际交楼时间延迟，开发商不承担任何责任"。尽管销售方确实非因"主观因素"导致合同不能按时履行，但显然是自行扩大"不能预见、不能避免并不能克服"的定义，将经营风险转嫁给消费者。

"不可抗力事件"的范畴为"战争、地震、洪水、火灾、暴风雪、重大传染性疫情等"。济南工商部门发现，即便是存在示范文本的规制，有的企业在自己制订合同格式条款中擅自将"不可抗力"范畴进行扩大，如交通事故、景点关闭等，并作为合同附加条款强制消费者签订。一旦出现合同中所指的"不可抗力"，企业便借此予以免责。

根据济南市工商局直属分局的调查，80％以上的消费者不能准确理解"不可抗力"的定义，更有95％以上的人群在遭受违法"不可抗力"条款侵害时选择"忍气吞声"。由于普法和宣传教育不到位，消费者在自身权益受到侵害时大多不投诉或不举报，一定程度上助长了相关行业违规制订该类条款的气焰。

济南市工商部门表示，将加大对企业违规订立"不可抗力"合同条款的打击力度，联合有关职能部门拓宽对重点行业合同示范文本的推广领域，加强对已制订示范文本应用情况的监督管理，以维护消费者的合法权益。①

---

①参见新华网，http://news.xinhuanet.com/2013-04/17/c_115422438.htm。

【讨论】

1.为什么合同中"不可抗力"条款违规使用现象严重?

2.试分析大多数消费者在遭受违法"不可抗力"条款侵害时选择"忍气吞声"的原因。

【案例2】

《今日早报》曾报道,2011年李女士在城北买了一套精装修的小户型公寓,前去签约时,发现开发商拿出来的购房合同附件中,关于住宅装饰、装修标准约定相当模糊,不少地方出现"高档涂料""品牌电梯"等模糊的描述。李女士心里没底,要求开发商进一步明确,但开发商解释说,因为公司的采购招投标还没有最终完成,因此有些品牌无法确定。无奈之下,李女士只好签了约,但心里却非常担心以后的装修质量。

【讨论】

1.精装房合同标准模糊,开发商的解释是否合理?

2.精装房合同标准模糊,在履行中会导致哪些问题?

▶ 思考题

1.什么是商务谈判协议文书,商务谈判协议文书有哪些特点?

2.商务谈判协议文书有哪些种类?

3.什么是商务谈判方案?简述商务谈判方案的写作格式。

4.什么是商务谈判备忘录?简述商务谈判备忘录的写作格式。

5.什么是商务谈判纪要?简述商务谈判纪要的写作格式。

6.商务谈判合同的主要条款应包括哪些内容?

第十一章　国际商务谈判

国际商务谈判　文化差异　谈判风格

　　随着经济全球化进程的加速,特别是我国加入世界贸易组织以来,广大企业参与国际分工、开展国际贸易的格局在深度和广度上都发生了深刻的变化。国际商务谈判作为商战的序幕,已越来越频繁地出现。国际商务谈判是一个国际商务活动中必不可少的重要环节,其结果直接关系着企业的微观利益和国家的宏观利益。本章在介绍国际商务谈判的概念和特点的基础上,着重考察文化差异对国际商务谈判带来的影响,以及世界主要区域和国家的谈判风格。

第一节　国际商务谈判的概念及特点

　　国际商务谈判,是国际商务活动中不同的利益主体,为了达成某笔交易,而就交易的各项条件进行协商的过程。国际商务谈判是对外经济贸易工作中不可缺少的重要环节。在现代国际社会中,许多交易往往需要经过艰难繁琐的谈判,尽管不少人认为交易所提供的商品是否优质、技术是否先进或价格是否低廉决定了谈判的成败,但事实上交易的成败往往在一定程度上取决于谈判的成功与否。因此,怎样谈判并提高谈判效率,已经成为紧迫而现实的课题。

一、国际商务谈判的概念

　　国际商务谈判是指在国际商务活动中,处于不同国家或不同地区的商务活动当事人为了达成某笔交易,彼此通过信息交流,就交易的各项要件进行协商的行为过程。国际商务谈判是国际商务活动的重要组成部分,是国际商务理论的主要内容,是国内商务谈判的延伸和发展。

　　在国际商务活动中,不同的利益主体需要就共同关心或感兴趣的问题进行磋商,协调和调整各自的经济利益或政治利益,谋求在某一点上取得妥协,使双方都感到有利,从而达成协议。可以说,国际商务谈判是对外经济贸易活动中普遍存在的一项十分重要的经济活动,是调整和解决不同国家和地区政府及商业机构之间不可避免的经济利益冲突的必不可少的一种手段。

二、国际商务谈判的特点

国际商务谈判既具有一般商务谈判的共性,又有其特殊性。

(一)国际商务谈判具有一般商务谈判的共性

1. 以经济利益为谈判的目的

人们之所以进行各种谈判是因为需要实现一定的目标和利益。国际商务谈判的目的集中而鲜明地指向经济上的利益,虽然参与商务谈判的双方要受政治、外交因素的制约,但他们考虑的却是如何在现有政治、外交关系的格局下取得更多的经济利益。

2. 以经济利益为谈判的主要评价指标

商务谈判本身就是经济活动的组成部分,或其本身就是一项经济活动,而任何经济活动都要讲究经济利益。不仅要核算从谈判中能获得多少经济利益,还要核算谈判的三项成本,即谈判桌上的成本、谈判过程的成本和谈判的机会成本。

3. 以价格为谈判的核心

虽然商务谈判所涉及的项目和要素不仅仅是价格,价格只是谈判内容的一个部分,谈判者的需要和利益也并不仅表现在价格上,但在几乎所有的商务谈判中价格都是谈判的核心内容。这不仅是因为价格的高低最直接、最集中地表明了谈判双方的利益切割,而且还由于谈判双方在其他条件,诸如质量、数量、付款形式、付款时间等利益要素上的得与失,在很多情况下都可以折算为一定的价格,并通过价格的升降而得到体现或予以补偿。

(二)国际商务谈判的特殊性

1. 政治性强

国际商务谈判既是一种商务交易的谈判,也是一项国际交往活动,具有较强的政治性。由于谈判双方的商务关系是两国或两个地区之间整体经济关系的一部分,常常涉及两国之间的政治关系和外交关系,在谈判中两国或地区的政府常常会干预和影响商务谈判。因此,国际商务谈判必须贯彻执行国家的有关方针政策和外交政策,同时,还应注意国别政策,以及执行对外经济贸易的一系列法律和规章制度。

2.以国际惯例为准则

由于国际商务谈判的结果会导致资产的跨国转移,必然要涉及国际贸易、国际结算、国际保险、国际运输等一系列问题,因此,在国际商务谈判中要以国际商法为准则,并以国际惯例为基础。谈判人员要熟悉各种国际惯例,熟悉对方所在国的法律条款,熟悉国际经济组织的各种规定和国际法。这些问题是一般国内商务谈判所无法涉及的,要引起特别重视。

3.国际商务谈判涉及面广

由于受供求关系的影响,加之国际市场价格变化多端,竞争十分激烈,因此必须特别重视调查研究工作。如通过调查研究,了解国外的经济情况和市场情况;出口业务要了解市场的需求,进口业务要了解国外的供应;对不同国家和地区,还应根据国别政策,区别对待。

4.影响谈判的因素复杂多样

由于国际商务谈判的谈判者代表了不同国家和地区的利益,有着不同的社会文化和经济政治背景,人们的价值观、思维方式、行为方式、语言及风俗习惯各不相同,从而使影响谈判的因素更加复杂,谈判的难度更大。在实际谈判过程中,对手的情况千变万化,作风各异,不同表现反映了不同谈判者有不同的价值观和不同的思维方式。因此,谈判者必须有广博的知识和高超的谈判技巧,不仅能在谈判桌上因人而异、运用自如,而且要在谈判前注意资料的准备、信息的收集,使谈判按预定的方案顺利地进行。

第二节　商业文化差异与谈判

世界各国由于文化渊源不同,对谈判者产生了不同的影响,因而在进行国际商务谈判之前,谈判人员必须熟悉各国文化的差异,认真研究对方谈判人员的文化背景及其特点。考察文化因素对国际商务谈判带来的影响,可从以下几个方面进行:谈判者所在国家的风俗习惯,文化对谈判者的语言及非语言交往模式带来的影响,谈判者对时间价值的理解,谈判者的决策方式,谈判者对人际关系的关注等。

一、风俗习惯

在国际商务谈判中,通常有一些正式或非正式的社交活动,如喝茶、喝咖啡、宴请等。这些活动受文化因素的影响很大,并制约着谈判的进行。

美国商人喜欢开门见山,不必过多地握手与客套,贸易谈判可直截了当地进入主题,甚至从吃早点时即可开始。

英国人严谨、内向,为了尽快达成生意,谈判者往往会向对方施加压力。

法国人注重衣着、个人友谊,喜欢用法语。和法国人谈判的过程中,与他们共进工作餐或游览名胜古迹,对缓和气氛、增进彼此的友谊大有裨益。严忌过多地谈论个人私事,因为法国人不喜欢大谈家庭及个人生活隐私。

德国人办事认真,很注重工作效率,立场比较强硬。德国人很守时,如对方谈判者迟到,德国人就可能会很冷淡。德国人喜欢分析和统计数据,谈判决定通常很慢。同他们洽谈贸易时,严忌节外生枝地闲谈。

芬兰人谈判地点多在办事处,一般不在宴会上。谈判成功之后,芬兰商人往往要请你赴家宴与洗蒸气浴,这是芬兰人一项重要的礼节,表示对客人的欢迎,对此是不能拒绝的,因为芬兰人经常在蒸气浴中解决重要问题和加强友谊。

瑞士人崇拜老字号的公司,如果你的公司是"百年老店",那么你应该在工作证件上或名片上特别强调出来。

在澳大利亚,大部分交易活动是在小酒馆里进行的。在澳大利亚进行谈判时,谈判者要记住每一顿餐费应该由谁支付。在对待付钱的问题上,既不能忘记也不能过于积极。

在南美洲,不管当地气候怎样炎热,都以穿深色服装为宜。南美商人与人谈判时相距很近,表现得亲热。有些南美国家的商人乐于接受一些小礼品。

在日本,很多交易都是在饭店、酒吧和艺妓馆里消磨几个小时后达成的。

中东地区的商人好客,但在谈判时缺乏时间观念。在咖啡馆里与他们会面时,宜喝咖啡、茶或清凉饮料,严忌饮酒、吸烟、谈女人、拍照、谈论中东政局和国际石油政策。

二、语言及非语言沟通

国际商务谈判中语言差异是最显而易见的。受文化因素的影响,谈判者语言的取向性,即对同一语句的理解是不同的,如日本人在谈判中往往会不断地点头并说"哈依",这个动作常常是告诉对方他们在注意听,并不是表示"同意"。如果不了解这种基于语言习惯而产生语言取向性差异,那么很容易误解谈判对手所传播的信息,从而影响商务谈判目标的实现。同样,受文化因素的影响,会导致语言的非对应性,即一种语言难以在另一种语言中找到准确的对应用语,或一种语言转换为另一种语言时,存在歧义的多种解释,语言的这种非对应性会给谈判的语言沟通制造许多障碍,甚至会导致谈判失败。

文化差异对谈判过程的影响不仅表现在语言沟通过程中,还表现在非语言沟通过程中。在商务谈判中,谈判人员常常以非语言的、更含蓄的方式发出或接受大量的比语言信息更为重要的信息,而且所有这类信号或示意总是无意识地进行的。

文化的差异会导致不同国家或地区的谈判者在形体语言、动作语言的运用上有着巨大差异,甚至同样的动作语言传递出截然相反的信息。例如,绝大多数国家都是点头表示赞成,但在印度等国一边摇头、一边面露微笑以示肯定。这种不知不觉中所产生的个人摩擦如果得不到纠正,同样给谈判中的沟通制造了障碍,会影响商业关系的正常展开。

文化差异还会导致谈判者沟通方式的差异。不同文化的人群有其偏好和习惯的沟通方式,跨文化谈判中的谈判双方经常属于不同的文化圈,有各自习惯的沟通方式。习惯于不同沟通方式的双方要进行较为深入的沟通,往往就会产生各种各样的问题。有些人采用直接或简单的沟通方式,有些人则喜欢采用间接或复杂的方式。美国人办事干脆利落,不兜圈子。正是因为美国人具有这种干脆的态度,与美国人谈判,表达意见要直接,"是"与"否"必须清楚。日本人非常讲面子,他们不愿对任何事情说"不"字。他们认为直接的拒绝会使对方难堪,甚至恼怒,是极大的无礼。所以在同日本商人谈判时,语气要尽量平和委婉,切忌妄下最后通牒。

三、时间观念

不同文化具有不同的时间观念。如北美文化的时间观念很强,对美国人来说时间就是金钱;而中东和拉丁美洲文化的时间观念则较弱,在他们看来,时间应当是被享用的。

美国人类学家、跨文化研究学者爱德华·T.霍尔把时间的利用方式分为两类:单一时间利用方式和多种时间利用方式。单一时间利用方式强调"专时专用"和"速度"。北美人、瑞士人、德国人和斯堪的纳维亚人具有此类特点。单一时间利用方式就是线性地利用时间,仿佛时间是有形的一样。这种时间利用方式的文化表现形式是直率。在单一时间利用方式下,不守时是很严肃的问题。多种时间利用方式则强调"一时多用"。中东和拉丁美洲文化具有此类特点。多种时间利用方式涉及关系的建立和对言外之意的揣摩。在多种时间利用方式下,人们的时间观念淡薄,时刻表宽松,迟到、延期是无足轻重的。这就需要有较深的私交和静观事态发展的耐性。

因此,在国际商务谈判中,要学会适应多种时间利用方式的工作方式,这样可以避免当两个采用不同时间利用方式的谈判者遇到一起时,由于"本地时间"与"当地时间"不一致而引起的不安和不满。

四、决策方式

国际商务谈判中,来自不同文化背景的谈判者往往会遭遇思维方式上的冲突。以东方文化和英美文化为例,两者在思维方面的差异有:

（一）东方文化偏好形象思维，英美文化偏好抽象思维

形象思维是指凭借事物的形象或表象进行联想或想象的一种思维形式，形象思维的物质基础是事物的形象或表象，而它的运动形式则主要是联想与想象；抽象思维是指人类的大脑在分析、综合和比较的基础上，抽取同类事物的一般性或本质属性而舍弃其非一般特性或非本质性的东西而形成的概念，这种概念是以语言的词或符号替代的。

（二）东方文化偏好综合思维，英美文化偏好分析思维

综合思维是指在思想上将各个对象的各个部分联合为整体，将它的各种属性、方面、联系等结合起来；分析思维是指在思想上将一个完整的对象分解成各个组成部分，或者将它们的各种属性、方面、联系等区别开来。

（三）东方人注重统一，英美人注重对立

以中国为例，中国哲学虽不否认对立，但比较强调统一方面，而西方人注重把一切事物分为两个对立的方面。

基于客观存在的思维差异，不同文化的谈判者呈现出决策上的差异。决策方式总体上可以分为两种：自上而下与自下而上。西方人通常采取自上而下的方式作出决策，谈判的主要负责人具有完成任务时决策的所有权力和精力，这样就可以尽快完成谈判。而东方人强调共同参与和群体决策，所有成员协商一致，自下而上集体决策，所以东方人作出一项决策要花费很长的时间。

五、人际关系

成功的谈判要求始终保持畅通无阻的信息交流，然而不同的文化背景使国际商务谈判者之间的信息交流面临许多障碍和冲突。因此，国际商务谈判人员必须能够在谈判中和对手保持良好的人际关系，保证良好的沟通以便谈判顺利进行。

西方社会的基础是以市场交换和市场竞争为主要特征的现代市场经济，在这种社会中，人们追求的是利润最大化，在这种社会中形成的人际关系主要是利益关系，遵循公事公办的规则，而人情关系则十分淡漠。生意归生意，朋友归朋友，公私分得很清楚。而受儒家文化的影响，东方文化则更具有"人情味"，人际关系网的建立往往在谈判中发挥关键作用，人们之间不主要以利益交换为基础，更重视非经济性资源的人情关系，所谓"买卖不成仁义在"。如与日本人进行第一次洽谈，首先应进行拜访，让本公司地位较高的负责人拜访对方同等地位的负责人，以引起对方的重视，这将有利于接下来的正式谈判。

综上所述,风俗习惯、时间观念、决策方式、语言及非语言沟通、人际关系等因素的文化差异塑造了不同国家各异的谈判风格。

第三节　各国商人谈判风格介绍

在国际商务活动中,企业面临的是来自世界各地商人的竞争与合作。由于世界各国历史传统、政治制度、经济状况、文化背景、风俗习惯及价值观念存在明显差异,各国谈判者在商务谈判中都会形成不同的谈判风格。所谓谈判风格,主要是指在谈判过程中谈判人员所表现出来的言谈举止、处事方式及习惯爱好等特点。因此,作为一个商务谈判者应尽可能了解对方的风俗习惯,在商务活动中尽可能尊重并迎合对方的风俗习惯和特点,这将有助于商务活动的顺利进行。诚然,要全部了解和掌握世界各地的风俗习惯绝非易事。因为不但各民族之间风俗习惯有差异,即使是同一民族乃至同一血缘的人们相互之间在性格和习惯上也有较大差异。这就要求我们的商务工作者在实际工作中要因民族而异、因人而异地灵活对待。本节将简单介绍一些主要区域和国家的谈判风格,为已经和即将从事国际商务谈判的企业及个人提供参考。

一、北美商人的谈判风格

(一) 美国商人的谈判风格

在国际贸易中,美国占有举足轻重的地位,相应地,美国商人的谈判风格在世界上也具有相当大的影响力。

美国谈判人员有着与生俱来的自信心和优越感,他们总是十分自信地步入谈判会场,不断发表自己的意见和提出自己的权益要求,往往不太顾及对方而显得气势上咄咄逼人,而且语言表达直率,喜欢开玩笑。

美国商人办事干脆利落,不兜圈子。在谈判桌上,他们精力充沛,头脑灵活,会在不知不觉中将一般性交谈迅速引向实质性谈判,并且一个事实接一个事实地讨论,直截了当,不兜圈子。谈判过程中,美国商人总是兴致勃勃,乐于以积极的态度来谋求自己的利益。为追求物质上的实际利益,他们善于使用策略,采用各种手法。正因为他们自己精于此道,所以他们十分欣赏那些说话直截了当、干净利落,又精于讨价还价,为取得经济利益而施展策略的人。谈判中,他们十分重视办事效率,尽量缩短谈判时间,力争每一场谈判都能速战速决。如果谈判一旦突破其最后期限,谈判很可能破裂。除非特殊需要,同美国商人谈判时间不宜过长。因为大多美国公司每月或每季度都必须向董事会报告经营利润情况,如果谈判时间过长,就会对美国商人失去吸引力。

美国商人的法律意识根深蒂固,律师在谈判中扮演着重要角色。因为生意场上普遍存在着食言或欺诈等现象,美国谈判人员往往注重防患于未然,凡遇商务谈判,特别是谈判地点在国外的,他们一定要带上自己的律师,并在谈判中会一再要求对方完全信守有关诺言。一旦发生争议和纠纷,最常用的办法就是诉诸法律,因为此时友好协商的可能性不大。美国谈判人员提出的合同条款大多是由公司法律顾问草拟、董事会研究决定的,谈判人员一般对合同条款无修改权,对法律条款一般不轻易让步。美国商人习惯于按合同条款逐项讨论直至各项条款完全谈妥。

美国商人既重视商品质量,又重视商品包装。商品的外观设计和包装,体现一国的消费文化状况,也是刺激消费者购买欲望、提高销售量的重要因素。美国商人不仅对自己生产的商品不遗余力地追求内在品质和包装水平,而且对于购买的外国商品也有很高的要求。

(二) 加拿大商人的谈判风格

加拿大是靠移民建设起来的国家,人口中主要是英法移民的后裔,加拿大商人中 90% 是英国后裔和法国后裔。

英国裔商人同法国裔商人在谈判风格上差异较大。英国裔商人正统严肃,比较保守,却注重信誉。他们在进行商务谈判时相当严谨,一般要对所谈事物的每个细节都充分了解后,才可能答应对方的要求。并且,英国裔商人在谈判过程中喜欢设置关卡,一般不会爽快地答应对方提出的条件和要求,所以从开始到价格确定这段时间的商谈是颇费心计的,可谓"好事多磨"。对此,要有耐心,急于求成往往不能把事情办好。不过,一旦最后签订契约,英国裔商人日后执行时很少出现违约的事情。

法国裔商人没有英国裔商人那么严谨。与法国裔商人刚刚开始接触时,你会觉得他们和蔼可亲,易于接近。但是只要坐下来谈判,涉及实质问题时,他们就判若两人,讲话慢吞吞,难以捉摸。因此,若希望谈判成功,就要有耐性。法国裔商人对于签约比较马虎,常常在主要条款谈妥之后就急于签约。他们认为次要的条款可以等签约后再谈,然而往往正是那些未引起重视的次要条款成为日后履约纠纷的导火线。因此,与他们谈判时应力求慎重,一定要在所有合同条款都仔细定夺之后,才可以签约,以避免日后不必要的麻烦和纠纷。

二、欧洲商人的谈判风格

(一) 英国商人的谈判风格

英国是最早的工业化国家,早在 17 世纪,它的贸易就遍及世界各地,但英国人的民族性格是传统、内向、谨慎的。英国尽管从事贸易的历史较早,范围广泛,但是商务谈判特点却不同于其他欧洲国家。

英国商人一般比较冷静和持重。英国商人在谈判初期,尤其在初次接触时,通常与谈判对手保持一定距离,绝不轻易表露感情。随着时间的推移,他们才与对手慢慢接近,熟悉起来,并且你会逐渐发现,他们待人和善,容易相处。他们常常在开场简明扼要地阐述立场,陈述观点,愿意让对方了解他们的有关立场和观点,同时也常常考虑对方的立场和行动,对于建设性意见反应积极。他们对于物质利益的追求,既不如日本人表现的那样强烈,也不如美国人那样直接。他们宁愿做风险小、利润少的买卖,也不喜欢做高风险、高利润的买卖。

英国商人十分注重礼仪,具有绅士风度。无论在谈判场内外,英国谈判人员都很注重个人修养,尊重谈判对手,不会没有分寸地追逼对方。同时,他们也很关注对方的修养和风度,如果你能在谈判中显示出良好的教养和风度,就会很快赢得他们的尊重,为谈判成功打下良好的基础。尽管英国是老牌的资本主义国家,但那种平等和自由更多地只表现在形式上。在人们的观念中,等级制度依然存在,在人们的社交场合,"平民"与"贵族"仍然是不同的。他们颇为看重与自己身份对等的人谈问题,而不是像美国人那样更看重对手在谈判中的表现。因此在谈判时,选派有较高身份、地位的谈判人员,有一定的积极作用。英国商人的绅士风度还表现在他们谈判时不易动怒,也不易放下架子,喜欢有很强的程序性的谈判。谈判条件确定后不愿改动,注意钻研理论并注重逻辑性,喜用逻辑推理表明自己的想法。他们听取意见时随和,采纳意见时却不痛快,处理复杂问题比较冷静。这种外交色彩浓厚的谈判风格常使谈判节奏受到一定制约。

英国商人颇讲信用,行动按部就班。在商务活动中,招待客人时间往往较长,当受到英国商人款待后,一定要表示感谢,否则会被视为不懂礼貌。与英国商人约会时,若是过去不曾谋面的,一定要事先告之面谈目的,然后再去约时间,一旦确定约会,就必须排除万难,按时赴约。

英国商人在商务活动中也有一些明显的缺点。有时不能保证合同按期履行,如按时交货。据说这一点举世闻名。英国商人为此也作了很大努力,但效果不明显。原因是什么?众说纷纭,较为令人信服的论据就是,英国工业历史较为悠久,但近几个世纪发展速度放慢,英国人更追求生活的秩序与舒适,而勤奋与努力是第二位的。另外,英国的产品质量、性能优越,市场广泛,这又使英国商人忽视了作为现代贸易应遵守的基本要求。

(二) 德国商人的谈判风格

从整个民族的特点来看,德国人具有自信、严谨、保守、刻板的特点,以及办事富有计划性、注重工作效率、追求完美的特征。德国谈判人员身上所具有的这种日耳曼民族的性格特征会在谈判桌上得到充分的展现。

德国商人严谨保守的特点使他们在谈判前就准备得十分充分周到。他们会想方设法掌握翔实的第一手资料，他们不仅要调查研究对方要购买或销售的产品，还要仔细研究对方的公司，以确定对方能否成为可靠的商业伙伴。只有在对谈判的议题、日程、标的物的品质和价格，以及对方公司的经营、资信情况和谈判中可能出现的问题及对应策略作了详尽研究、周密安排之后，他们才会坐到谈判桌前。

德国商人自信而固执。他们对本国产品极有信心，在谈判中常会以本国的产品为衡量标准。德国企业的技术标准相当严格，对于出售或购买的产品他们都要求很高的质量，因此要让德国商人相信你公司的产品能够满足交易规定的高标准，他们才会与你做生意。德国商人的自信与固执还表现在他们总是强调自己方案的可行性，千方百计迫使对方让步，常常在签订合同之前的最后时刻还在争取使对方让步。

德国商人非常讲究效率，并且他们的思维富于系统性和逻辑性。德国商人在谈判桌上会非常果断，善于明确表达思想，准备的方案清晰易懂。如果双方讨论列出问题清单，德国商人一定会要求在问题的排序上体现各问题的内在逻辑关系，否则就认为逻辑不清，不便讨论。他们认为每场讨论应明确议题，如果讨论很久却不涉及主要议题，他们会认为组织无效率。因此，在与德国商人谈判时，进行严密的组织、充分的准备、清晰的论述，并明确鲜明的主题，可以提高谈判效率，促进谈判的顺利进行。

德国人素有"契约之民"的雅称，他们崇尚契约，严守信用，权利与义务的意识很强。在商务谈判中，他们坚持己见，权利与义务划分得清清楚楚，涉及合同任何条款，他们都非常细心，对所有细节认真推敲，要求合同中每个字、每句话都准确无误。德国商人对交货期限要求严格，一般会坚持严厉的违约惩罚性条款，外国客商要成功地同德国商人打交道，就得严格遵守交货日期，而且可能还要同意严格的索赔条款。德国商人十分尊重合同，一旦签约，就会努力按合同条款一丝不苟地去执行，不论发生什么问题都不会轻易毁约，而且签约后，他们对于交货期、付款期等条款的更改要求一般都不予理会。他们注重发展长久的贸易伙伴关系，求稳心理重。

德国商人非常守时，对于迟到的谈判人员，德国商人对之不信任的反感心理会无情地流露出来，破坏谈判气氛，令对方处于尴尬的境地。另外，在德国，谈判时间不宜定在晚上，除非特别重要。虽然德国人工作起来废寝忘食，但他们都认为晚上是家人团聚、共享天伦之乐的时间，而且他们会认为你也有相同的想法。

（三）法国商人的谈判风格

法国人对本民族的灿烂文化和悠久历史感到无比骄傲。他们时常把祖国的光荣历史挂在嘴边。法国人为自己的语言而自豪，他们认为法语是世界上最高贵、最优美的语言，因此在进行商务谈判时，他们往往习惯于要求对方同意以法语作为谈判语言，即使他们的英语讲得很好也是如此，除非他们是在国外或在生意上对对方有所求。所以，要与法国人长期做生意，最好学些法语，或在谈判时选择一名好的法语翻译。

法国商人在谈判方式上偏爱横向式谈判，即先为协议勾画出一个轮廓，然后达成原则协议，最后再确认谈判协议各方面的具体内容。法国商人不如德国商人那么严谨，但法国商人却喜欢追求谈判结果，不论什么谈判，在不同阶段，他们都希望有文字记录，而且名目繁多，诸如"纪要""备忘录""协议书""议定书"等等，用以记载已谈的内容，对以后的谈判起到实质性作用。对于频繁产生的文件应予以警惕，慎重行事，对己有利的内容，可同意建立文件；对己不利却难以推却的可建立初级的纯记录性质的文件。注意各种不同类型文件的法律效力，严格区别"达成的协议点""分歧点""专论点""论及点"等具体问题，否则产生的文件会变得含糊不清，成为日后产生纠纷的隐患。

法国商人谈判时思路灵活，手法多样，为促成交易，他们常会借助行政、外交的手段或让名人、有关的第三者介入谈判。这种承认并欢迎外力的心理和做法我们可以充分利用。法国商人很重视交易过程中的人际关系。一般来说，在尚未结为朋友之前，很少谈及大宗生意，而一旦建立起友好关系，他们则乐于遵循互惠互利、平等共事的原则。法国商人大多注重凭借自身力量达成交易，愿以自己的资金从事经营，因而他们办事不勉强。

法国商人对商品的质量要求十分严格，条件比较苛刻，同时他们也十分重视商品的美感，要求包装精美。法国人从来就认为法国是精品商品的世界潮流领导者，巴黎的时装和香水就是典型代表，因此他们在穿戴上都极为讲究。在他们看来，衣着可以代表一个人的修养与身份。所以在谈判时，稳重考究的着装会带来好的效果。

法国商人的时间观念不强，他们在商业往来或社会交际中经常迟到或单方面改变时间，而且总会找一大堆冠冕堂皇的理由。在法国还有一种非正式的习俗，即在正式场合，主客身份越高，来得越迟。所以，要与他们做生意，就需学会忍耐。但法国商人对于别人的迟到却不予原谅，对于迟到者，他们会很冷淡地接待。

法国全国在8月份都会放假，应注意尽量避免在这段时期与法国商人谈生意。

（四）北欧商人的谈判风格

宗教信仰、民族地位及历史文化使北欧人形成了心地善良、为人朴素、谦恭稳重、和蔼可亲的性格特点。

北欧商人的工作计划性很强，做事按部就班。与其他国家商人相比，北欧人在谈判中显得沉着冷静。他们喜欢谈判有条不紊地按议程逐一进行，谈判节奏较为舒缓，但这种平稳从容的态度与他们的机敏反应并不矛盾，他们善于发现和把握达成交易的最佳时机并及时作出成交的决定。

北欧商人在谈判中态度谦恭，非常讲究文明礼貌，不易激动，善于同外国客商搞好关系。同时，他们的谈判风格坦诚，不隐藏自己的观点，善于提出各种建设性方案。他们喜欢和谐的气氛，但这并不意味着他们会一味地顺应对方的要求。

北欧商人为保证其竞争力，总是大规模地投资于现代技术，他们的出口商品往往是高质量、高附加值的产品，而他们进口的商品也多半是自己需要而在国内难以买到的高品质产品。北欧人有着强大的市场购买力，在谈判中，对于高档次、高质量、款式新颖的消费品，他们会表现出很大的兴趣，千方百计达成交易；而对一般性商品则不屑一顾，常以种种苛刻条件让对方知难而退。

北欧国家所处纬度较高，冬季时间长，所以北欧人特别珍惜阳光。夏天和冬天分别有三周与一周的假期。这段时间，几乎所有公司的业务都处于停顿状态，人们都休假去了。因此，做交易应尽量避开这段时间。当然，也可以假期将至为由催促对方赶快成交。

三、大洋洲商人的谈判风格

大洋洲中的澳大利亚和新西兰是两个较发达、也较为重要的国家。居民有70％以上是欧洲各国移民，其中以英国和法国的移民后裔居多。

澳大利亚商人在商务谈判中很重视办事效率。他们派出的谈判人员一般都具有决定权，同时也希望对方的谈判代表同样具有决定权，以免在决策中浪费时间。他们极不愿意把时间浪费在毫无意义的空谈中，也不愿采用开始报价高，然后逐步讨价还价的做法。他们采购货物时大多采用招标的方式，以最低报价成交，根本不给对方讨价还价的机会。澳大利亚商人待人随和、不拘束、乐于接受款待。但他们认为招待与生意无关，是两项活动，公私分明。所以与他们交往，不要以为在一起喝过酒生意就好做了。恰恰相反，澳大利亚商人在签约时非常谨慎，不太容易签约，一旦签约，也较少发生毁约现象。他们重视信誉，而且成见较重，加上全国行业范围狭小，信息传递快，如果谈判中有不妥的言行会产生广泛的不良反应。所以谈判人员必须给他们留下好的第一印象，才能使谈判顺利进行。

新西兰是一个农业国,工业产品大部分需要进口。国民福利待遇相当高,大部分人都过着富裕的生活。其商人在商务活动中重视信誉,责任心很强,加上经常进口货物,多与外商打交道,他们都精于谈判,很难应付。

四、亚洲商人的谈判风格

(一) 日本商人的谈判风格

现代的日本人兼有东西方观念,具有鲜明特点。他们讲究礼仪,注重人际关系;工作态度认真、慎重,办事有耐心;进取心强,勤奋刻苦。这些特征在日本商人身上表现为事前工作准备充分,计划性强,注重长远利益,善于开拓新的市场。

日本文化所塑造的日本人的价值观念与精神取向都是集体主义的,以集体为核心。个人对集体产生强烈的依赖感、归属感和忠诚心,使企业组织内部有高度的统一性和协调性。日本的文化教化人们将个人的意愿融于和服从于集体的意愿。所以,日本人认为,寻求人们之间的关系和谐是最为重要的。任何聚会和商务谈判,如果是在这样的感觉和气氛下进行的,那么它将存在一种平衡,一切也就进行得很顺利。日本人在业务交往中,注重建立个人之间的人际关系。许多谈判专家都认为,要与日本人进行合作,朋友之间的友情、相互之间的信任是十分重要的。日本人不喜欢对合同讨价还价,他们特别强调能否同外国合伙者建立可以相互信赖的关系。如果能成功地建立这种相互信赖的关系,几乎可以随便签订合同。因此在初访日商时,最好事先托朋友、本国使馆人员或其他熟悉的人介绍。

日本人在谈判中的耐心是举世闻名的。耐心使日本人在谈判中具有充分的准备,多次成功地击败那些急于求成的欧美人。日本人一般不愿率先表明自己的意图,而是耐心等待,静观事态发展,决策谨慎小心,时间对于他们来讲不是第一位的,只要能达到他们预想的目标,或取得更好的结果。同时,日本人具有耐心还与他们交易中注重个人友谊、相互信任有直接的联系。要建立友谊、信任就需要时间。日本人不习惯欧美人那样纯粹的业务往来,谈判只限于交易上的联系。另外,日本人刻苦耐劳,他们在商务谈判中常常连续作战、废寝忘食。一旦谈判中发生细节变化,他们会主动整理,形成文字,不管这项工作多么繁重累人。这也是他们的一项重要谈判策略,通过整理过程中使用词语发生的细微变化,尽量使协议有利于自己。因此,对其整理好的文件应小心审阅,保持高度警惕。

日本人的等级观念根深蒂固,他们崇尚尊卑有序。日本人讲究资历,不愿与年轻的对手商谈,因为他们不相信对方年轻的代表会有真正的决策权。日本商人走出国门进行商务谈判时,总希望对方谈判人员的地位能与自己的地位相当。因此,合理利用日本人尊老敬长的心理,选派合适的谈判人员出场,会有利于谈判的顺利进行。

日本商人十分善于用小恩小惠或表面的小利去软化对手的谈判立场,从而获取更大利益。例如,他们常用折扣手法来奉迎买方心理,其实在主动提出打折之前他们早已抬高了价格,留足了余地。另外,许多日本商人在谈判战略上都能灵活处理眼前利益与长远利益的关系。面对日方商人的这种做法,应注意通盘考虑,要追求根本利益和长远利益。

(二)韩国商人的谈判风格

韩国商人对贸易谈判是相当重视的。如果对对方没有一定的了解,他们是不会与对方坐在同一谈判桌前的。这种了解包括对方的经营项目、资金、规模、经营作风以及有关商品的行情等,而这种咨询了解一般是通过国内外的有关咨询机构。

谈判地点的选择是很重要的,韩国商人尤其重视这一点。他们比较喜欢将谈判地点安排在有名气的酒店。如果是他们选择的地方,他们会按时到达,一般主谈人,即"拍板者"总是走在最前面。初谈阶段,他们做的第一件事,就是获得对方的好感,使彼此信任,创造一个和谐信赖的气氛,然后才开始谈判。

韩国商人逻辑性较强,做事喜欢条理化,谈判也不例外,尤其是较大的谈判,往往是直奔主题,开门见山。谈判的方法很多,而韩国商人喜欢用下面两种:横向协商法,即进入实质性谈判后,先列出需要讨论的条款,然后逐条逐项磋商;纵向协商法,即对共同提出的条款,逐条协商,取得一致后,再转入下一条。此外,韩国商人有时也把这两种方法结合起来使用,总之,一切以自己的需要为主。同时,谈判中,韩国商人较爽快,但非常善于讨价还价。

韩国人很注意自己的国际形象,这与韩国的历史有极大关系,所以韩国人对自己的国际形象很敏感。

(三)阿拉伯商人的谈判风格

受地理、宗教、民族等问题的影响,阿拉伯人以宗教划派,以部族为群。他们家庭观念较强,性情固执而保守,脾气也很倔强,重义气,热情好客,却不轻易相信别人,喜欢用手势和动作来表达思想。

在阿拉伯人看来,信誉是最重要的,谈生意的人必须首先赢得他们的好感和信任。与他们建立亲近关系的方法有:由回族人或信仰伊斯兰教或讲阿拉伯语的同宗、同族的人引见;以重礼相待,例如破格接待;在礼仪和实际待遇上均予以照顾,使其既有面子又得实惠。阿拉伯人好客知礼的传统使他们对亲友邻居敞开的大门对外国客商同样是敞开的。对远道而来并亲自登门拜访的外国客人,他们十分尊重。

在阿拉伯国家中,谈判决策由上层人员负责,但中下级谈判人员向上司提供的意见或建议会得到高度重视,他们在谈判中起着重要作用。一些富有的阿拉伯人是靠金钱和家庭关系获得决策者的地位的,而不是依靠自己的能力,因此他们的实际业务经验较少,不得不依靠自己的助手和下级工作人员。所以,外商在谈判中往往要同时与两种人打交道,首先是决策者,他们只对宏观问题感兴趣;其次是专家及技术员,他们希望对方尽可能提供一些结构严谨、内容翔实的资料以便仔细加以论证,与阿拉伯人做生意时千万别忽视了后者的作用。

阿拉伯人缺少计划性,谈判节奏较缓慢,与阿拉伯商人谈判要有足够的耐心和宽容心。阿拉伯商人不喜欢一见面就谈业务,而喜欢先聊天,甚至要聊到很长时间才进入正题。从某种意义上说,与阿拉伯商人的一次谈判只是同他们进行磋商的一部分,因为他们往往要很长时间才能作出谈判的最终决策。一般来说,阿拉伯人看了某项建议后,会去证实是否可行,如果可行,他们会在适当的时候安排由专家主持的会谈。这时切忌急躁,不断催促,因为闲散的阿拉伯人一旦感到你把他挤进了繁忙的日程中,他很可能就把你挤出他的日程。

阿拉伯商人极爱讨价还价。阿拉伯人的逻辑是讨价还价者尊重他。因此,为适应阿拉伯人讨价还价的习惯,外商最好能够充分准备讨价还价方案。阿拉伯人注重小团体和个人利益,所以他们谈判的目标层次极为鲜明,谈判手法也不相同。在整体谈判方案中,应预先分析他们利益层次的所在范围,要注意交易的主体利益与小团体和个人利益是成反比的,应以某种小的牺牲换取更大的利益。只有先解决好利益层次的问题,在谈判时才会有合理的利益分配,从而为最终的成功打下基础。

五、南美商人的谈判风格

南美商人比较开朗和直爽,与处事精明敏捷的北美商人有所不同。固执不妥协的特点体现于南美商人的商贸谈判中,他们对自己意见的正确性坚信不疑,往往要求对方全盘接受,很少主动作出让步,如果他们对别人的某种请求感到不能接受,一般也很难让他们转变。个人人格至上的特点使得南美商人特别注意的是谈判对手本人而不是对手所属的公司或者团体。他们对谈判对手的工作能力以及在公司、团体中所处的地位往往是根据对手讲话的语气和神情来判断,一旦他们认定对方是有较强工作能力和丰富工作经验并且是公司或团体中的重要人物,便会对之肃然起敬,以后的谈判就会比较顺利。

南美商人的生活比较悠闲和恬淡,他们不很注重物质利益,而比较注重感情,这与崇尚实际利益的美国商人大为不同。因此,想与南美人做生意,最好先与他们交朋友,一旦你成为他们的知己,他们会优先考虑你为做生意的对象。同样,在和南美人进行商务谈判时,感情因素也很重要,以公事公办、冷酷无情的态度对待他们是绝对行不通的。相反,若彼此关系熟悉、私交不浅的话,如果你有事拜托他们,他们会毫不犹豫地为你优先办理,并充分考虑你的利益和要求,这样,双方的洽谈会自然而然地顺利进行下去。此外,南美人是享乐至上主义者,工作时间普遍较短而且松懈,即便是谈判做生意,他们也不愿意使一些娱乐活动受到妨碍。

在南美做生意,至关重要的一点是寻找代理商,建立代理商网络。大多数南美国家普遍存在代理制度。如果在当地没有代理商,做生意时会困难重重。尽管你可以向这些国家派驻代表,但派出的代表同样必须与当地的代理商打交道。外国人在南美的首次谈判很可能发生在与期望成为其代理商的南美人之间。

南美各国的商人,既有相同点,也有不同点。巴西人酷爱娱乐,他们不会让生意妨碍其享受闲暇的乐趣。当举世闻名的巴西狂欢节来临之时,千万别去谈生意,否则会被视为不受欢迎的人。巴西人重视与个人的良好关系,他们愿意和自己喜欢的人做生意。阿根廷人比较正统,非常欧洲化,一见面时就会不停地握手,在商谈中也会不厌其烦地与对方反复握手。哥伦比亚、智利、巴拉圭人非常保守,他们穿着讲究,谈判时服饰正规,特别欣赏彬彬有礼的客人。厄瓜多尔人和秘鲁人的时间观念不强,他们大多不遵守约会时间。但作为谈判另一方,在这点上千万不能"入乡随俗",而应遵守时间,准时出席。

六、非洲商人的谈判风格

非洲各部族内部的生活,具有浓厚的大家庭色彩。他们认为,有钱人帮没钱人是天经地义的。这种风俗使得很多人不愿去积极谋职、努力赚钱,大多数人都将希望寄托在已有职业或家境富裕的族人身上。由此带来的后果就是,非洲人工作效率低下,办事能拖就拖,时间观念极差。谈判时,他们很少准时到会,即使到了也很少马上开始谈论正事,往往要海阔天空地闲谈一番。对此,其他国家的谈判人员只能接受。

由于历史的原因,整个非洲的文化素质较低,有些从事商务谈判的人员对业务并不熟悉,因此与其洽谈时,应把所有问题乃至各个问题的所有细节都以书面确认,以免日后产生误解或发生纠纷。另外,在非洲还要避免与那些"皮包商"做生意。他们往往只为骗取必要的许可证再转卖出去,或为了拿到你提供的样品,积极找你谈生意并一口答应你的条件和建议,得手后便逃之夭夭。非洲国家的法制不健全,很难依靠法律追究他们的责任。

在非洲诸国中,南非的经济实力最强,黄金和钻石的生产流通是其经济的支柱。南非商人的商业意识较强,讲究信誉,付款守时。他们通常派出有决定权的人负责谈判,一般不会拖延谈判时间。尼日利亚的经济实力也较强,虽以农业为主,但石油储量丰富,工业发展很快。当权人物都受过高等教育,能巧妙运用关税政策,低价进口物美价廉的外国产品。

与非洲商人洽谈时,首先要尊重其礼仪风俗,维护对方的自尊心,力求通过日常的交往增进友谊,为谈判顺利进行打下良好的基础。洽谈时不要操之过急,而应适应其生活节奏,尽量按照其生活习惯,使对方感到我方对其的尊重与关照,增进认同感。谈判中要对所有问题乃至各种术语和概念、条款细节逐一阐明与确认,以免日后发生误解与纠纷,否则既伤了感情,又蒙受损失。

案例阅读与讨论

【案例】 美日的一次谈判

在美国人看来,日本企业家参加谈判的作风是十分独特的:制定决策慢条斯理,而实行决策却雷厉风行。这前后一百八十度的大转弯往往使得他们的西方伙伴既怕又敬。

日美商人有一项重大的技术合作的谈判。谈判开始,美方代表便拿着各种技术资料、方案等一大堆材料,滔滔不绝地发表意见。而日方代表则一言不发,仔细倾听并埋头记录。美方讲了几个小时后,向日方征求意见,日方代表却报以沉默,第一次交锋就这样结束了。

第二次交锋的时候,日方以上一次的成员不称职为由,撤换了谈判代表。一切犹如第一次谈判那样,日方代表最终又以研究为名结束了第二次谈判。几个月后日方又如法炮制了第三轮谈判。美方人员大为恼火,认为日方没有诚意,于是下了最后通牒:如果半年后日方仍然如此,两国的协定将被取消。随后美方解散了谈判团,封闭了所有的资料,以等待半年后的最后一次谈判。

谁料到,几天之后,日方即派出由前几批谈判团的首要人物组成的庞大代表团飞抵美国。美方人员在慌忙中仓促应战,匆忙将原来的谈判成员召集起来。在谈判中,日方一反常态,带来了相关的详尽资料,作了精细的筹划,并将协议书的初稿交给了美方。这使美方代表无从抗拒,只有签字。谈判自然以日方获胜而告终。

关于日本人的"慢条斯理",西方众说纷纭。有人认为这是优柔寡断、犹豫不决的表现;有人指责这是故意拖延时间、玩弄权术;但也有人把这看作是一种认真求实的精神。不管怎样评价,日本人的方法取得了成功,这一点却是无法否认的。

【讨论】

1. 为什么日本人作出一项决策要花很长时间?

2. 日本人最终谈判成功的关键是什么?在关于国际商务谈判文化差异方面,本案例能给我们哪些启示?

思考题

1.国际商务谈判与普通商务谈判相比具有哪些不同的特点？

2.影响谈判风格的文化因素有哪几个方面？

3.试分析美国商人的谈判风格，并说明应当怎样和他们进行谈判？

4.怎样理解日本商人在谈判过程中不断点头的行为，这是表示他们赞同我方的意见吗？日本商人的谈判特点是什么？

5.与北欧商人进行谈判要注意哪些文化方面的问题？

第十二章　商务谈判礼仪

■|本章关键词

　　商务谈判环境　　迎送礼仪　　餐桌礼仪　　书信礼仪　　洽谈礼仪　　礼仪禁忌

　　商务谈判既是一门科学,又是一门艺术。优秀的谈判者,不仅要求精通专业知识,掌握社会学、心理学、语言学等方面的知识,还要求通晓礼仪,这样才能在谈判中得心应手、应付自如。随着人们日常交际的频繁,在商务活动、公务活动、社交活动中越来越重视交往的细节,也许一个微小的细节就会影响谈判的成败。礼仪在商务谈判中起着重要作用,有利于创造良好的谈判氛围,拉近双方距离,推动交易成功,加深理解,促进友谊。

第一节　商务谈判的基本礼仪

　　在人际交往中,有些人对他人有很强的交往引力,人们乐意与他交往;有些人却缺乏这种交往引力,人们不愿同他交往;有些人在他人心目中有很高的威信,人们非常信任他、崇拜他;有些人却在他人的心目中威信很低,人们轻视他。在公关活动中,就是谈同样的事情,有些人很有能力促成谈判成功;有些人却时常使谈判陷入僵局或者谈判失败。推销同一种商品,有些人很容易引起人们的购买欲望,使产品很快就推销出去;有些人却激不起人们的购买欲望,推销失败。所有这些截然相反的结果,是由很多因素造成的,但一个人的礼貌修养却起着至关重要的作用。一个人的礼貌修养主要表现在服饰衣着和言谈举止两个方面。

　　在欧洲,"礼仪"一词最早见于法语的"etiquette",原意是"法庭上的通行证"。日本也是一个非常讲究礼仪的国家。当代礼仪专家松平靖彦先生在日本全国社出版的《正确的礼仪》一书中认为:"礼仪是人们在日常生活中为保持社会正常秩序所需要的一种生活规范。礼仪本身包含了人们在社会生活中应予遵守的道德和公德,人们只有不拘泥于表面的形式,真正使自己具备这种应有的道德观念,正确的礼仪才得以确立。"而谈判礼仪是现代人用以沟通思想、联络感情、促进了解的一种行为规范,是现代交际不可缺少的润滑剂。

一、礼仪的特征

现代生活中,人们所讲究的自然是现代礼仪。一般而论,现代礼仪通常具有以下五个基本特征:规范性、限定性、可操作性、传承性、变动性等。

(一)规范性

礼仪,指的就是人们在社会交际和待人接物时必须遵守的行为规范。这种规范性,不仅约束着人们在一切交际场合的言谈话语、行为举止,使之合乎礼仪,而且也是人们在一切交际场合必须采用的一种"通用语言",是衡量他人、判断自己是否自律、敬人的一种尺度。总之,礼仪是约定俗成的一种自尊、敬人的惯用形式。因此,任何人要想在交际场合表现得合乎礼仪、彬彬有礼,都必须对礼仪无条件地加以遵守。另起炉灶,自用一套,或是只遵守个人适应的部分,而不遵守不适应自己的部分,都难以为交往对象所接受、所理解。

(二)限定性

礼仪主要适用于交际场合,适用于普通情况之下一般的人际交往与应酬。在这个特定范围之内,礼仪肯定行之有效;离开了这个特定的范围,礼仪则未必适用,这就是礼仪的限定性特点。理解了这一特点,就不会把礼仪当成放之四海而皆准的标准,就不会在非交际场合拿礼仪去以不变应万变。必须明确,当所处场合不同,所具有的身份不同时,所要应用的礼仪往往会各有不同,有时甚至还会差异很大。这一点,是不容忽视的。一般而论,适合应用礼仪的,主要是初次交往、因公交往、对外交往三种交际场合。

(三)可操作性

切实有效,实用可行,规则简明,易学易会,便于操作,是礼仪的一大特征。它不是纸上谈兵、空洞无物、不着边际、故弄玄虚、夸夸其谈,而是既有总体上的礼仪原则、礼仪规范,又在具体的细节上以一系列的方式、方法,仔细周详地对礼仪原则、礼仪规范加以贯彻,把它们落到实处,使之"言之有物""行之有礼",不尚空谈。礼仪的易记易行,能够为其广觅知音,使其被人们广泛地运用于交际实践,并受到广大公众的认可;而且反过来,又进一步地促使礼仪以简便易行、容易操作为第一要旨。

(四)传承性

任何国家的礼仪都具有自己鲜明的民族特色,任何国家的当代礼仪都是在本国古代礼仪的基础上继承、发展起来的。离开了对本国、本民族既往礼仪成果的传承、扬弃,就不可能形成当代礼仪。这就是礼仪传承性的特定含义。作为一种人类的文明积累,礼仪将人们在交际应酬之中的习惯做法固定下来,流传下去,并逐渐形成自己的民族特色,这不是一种短暂的社会现象,而且不会因为社会制度的更替而消失。对于既往的礼仪遗产,正确的态度不应当是食古不化、全盘沿用,而应当是有扬弃、有继承,更有发展。

(五)变动性

从本质上讲,礼仪可以说是一种社会历史发展的产物,并具有鲜明的时代特点。一方面,它是在人类长期的交际活动实践之中形成、发展、完善起来的,绝不可能凭空杜撰,一蹴而就,完全脱离特定的历史背景;另一方面,社会的发展,历史的进步,由此而引起的众多社交活动的新特点、新问题的出现,又要求礼仪有所变化,有所进步,推陈出新,与时代同步,以适应新形势下新的要求。与此同时,随着世界经济的国际化倾向日益明显,各个国家、各个地区、各个民族之间的交往日益密切,各种礼仪随之也不断地相互影响,相互渗透,相互取长补短,不断地被赋予新的内容。这就使礼仪具有相对的变动性。了解了这一点,就不会把它看作一成不变的东西,而能够更好地以发展、变化的眼光去对待它;也不会对礼仪搞"教条主义",使之一成不变,脱离生活,脱离时代。

二、谈判礼仪的内容

(一)礼节角度

主要包括称呼礼节、见面礼节、介绍礼节、座次礼节、交谈礼节、私下交往礼节、合影礼节,等等。

(二)礼仪角度

主要包括迎进礼仪、会谈准备礼仪、会谈过程中的礼仪等。

三、谈判礼仪的原则

在商务活动中,如何运用社交礼仪,怎样才能发挥礼仪应有的效应,怎样创造最佳人际关系状态,这同遵守礼仪原则密切相关。

(一)真诚尊重原则

苏格拉底曾言:"不要靠馈赠来获得一个朋友,你须贡献你诚挚的爱,学习怎样用正当的方法来赢得一个人的心。"可见在与人交往时,真诚尊重是礼仪的首要原则,只有真诚待人才是尊重他人,只有真诚尊重,方能创造和谐愉快的人际关系,真诚和尊重是相辅相成的。

真诚是对人对事的一种实事求是的态度,是待人真心实意的友善表现,真诚和尊重首先表现为对人不说谎、不虚伪、不骗人、不侮辱人,所谓"骗人一次,终身无友";其次表现为对于他人的正确认识,相信他人、尊重他人,所谓"心底无私天地宽",真诚的奉献,才有丰硕的收获,只有真诚尊重方能使双方心心相印,友谊地久天长。

真诚尊重当然是重要的,然而在社交场合中,真诚和尊重也表现为许多误区:一种是在社交场合,一味地倾吐自己的所有真诚,甚至不管对象如何;一种是不管对方是否能接受,凡是自己不赞同的或不喜欢的一味地抵制排斥,甚至攻击。如果在社交场合中,陷入这样的误区也是糟糕的。故在社交中,必须注意真诚和尊重的一些具体表现,在你倾吐衷言时,有必要看一下对方是否是自己真能倾吐肺腑之言的知音,如对方压根儿不喜欢听你的真诚的心声,那你就徒劳了。另外,如对方的观点或打扮等你不喜欢、不赞同,也不必针锋相对地批评,更不能嘲笑或攻击,你可以委婉地提出或适度地有所表示或干脆避开此问题。有人以为这是虚伪,非也,这是给人留有余地,是一种尊重他人的表现,自然也是真诚在礼貌中的体现,就像在谈判桌上,尽管对方是你的对手,也应彬彬有礼,显示自己尊重他人的大将风度,这既是礼貌的表现,同时也是心理上战胜对方的表现。要表现你的真诚和尊重,在社交场合,切记三点:给他人充分表现的机会,对他人表现出你最大的热情,给对方永远留有余地。

(二) 平等原则

在社交场上,礼仪行为总是表现为双方的,你给对方施礼,自然对方也会相应地还礼于你,这种礼仪施行必须讲究平等的原则,平等是人与人交往时建立情感的基础,是保持良好的人际关系的诀窍。平等在交往中,表现为不要骄狂,不要我行我素,不要自以为是,不要厚此薄彼,不要傲视一切、目中无人,更不能以貌取人,或以职业、地位、权势压人,而是应该处处时时平等谦虚待人,唯有此,才能结交更多的朋友。

(三) 适度原则

即交往应把握礼仪分寸,根据具体情况、具体情境而行使相应的礼仪,如在与人交往时,既要彬彬有礼,又不能低三下四;既要热情大方,又不能轻浮谄谀;要自尊,却不能自负;要坦诚,但不能粗鲁;要信人,但不能轻信;要活泼,但不能轻浮;要谦虚，但不能拘谨；要老练持重，但又不能圆滑世故。

（四）自信自律原则

自信的原则是社交场合中一个心理健康的原则，唯有对自己充满信心，才能如鱼得水、得心应手。自信是社交场合中一份很可贵的心理素质。一个有充分自信心的人，才能在交往中不卑不亢、落落大方，遇到强者不自惭，遇到艰难不气馁，遇到侮辱敢于挺身反击，遇到弱者会伸出援助之手。一个缺乏自信的人，就会处处碰壁，在谈判中落花流水。

自信但不能自负，自以为了不起、一贯自信的人，往往就会走向自负的极端，凡事自以为是，不尊重他人，甚至强人所难。那么如何剔除人际交往中自负的劣根性呢？自律原则正是正确处理好自信与自负关系的一大原则。自律乃自我约束的原则。在社会交往过程中，应在心中树立起一种内心的道德信念和行为修养准则，以此来约束自己的行为，严于律己，实现自我教育、自我管理，摆正自信的天平，既不必前怕虎后怕狼的缺少信心，又不能凡事自以为是而自负高傲。

（五）信用原则

孔子曾有言："民无信不立，与朋友交，言而有信。"强调的正是守信用的原则。守信是我们中华民族的美德，在社交场合，一是要守时，与人约定时间的约会、会见、会谈、会议等，绝不应拖延迟到。二是要守约，即与人签订的协议、约定和口头答应他人的事一定要说到做到，所谓"言必信，行必果"。故在社交场合，如没有十分的把握就不要轻易许诺他人，许诺做不到，反落了个不守信的恶名，从此会永远失信于人。

（六）宽容原则

即与人为善的原则。在社交场合，宽容是一种较高的境界，《大英百科全书》对"宽容"下了这样一个定义：宽容即容许别人有行动和判断的自由，以及对不同于自己或传统观点的见解有耐心公正的容忍。

宽容是人类一种伟大思想，在人际交往中，宽容的思想是创造和谐人际关系的法宝。我们应做到宽容他人、理解他人、体谅他人，千万不要求全责备、斤斤计较，甚至咄咄逼人。站在对方的立场去考虑一切，是你争取朋友的最好方法。

总之，不管你从事的是哪一类性质的谈判，你们的谈判属于哪一层次，都必须遵循上述谈判原则，只有如此，才能推动谈判顺利进行，避免不必要的失误和走弯路。

第二节　常见商务谈判场合的礼仪介绍

一、选择谈判环境

商务谈判的环境布置很重要。选择谈判环境，一般看自己是否感到有压力，如果有，说明环境是不利的。不利的谈判场合包括：嘈杂的环境，极不舒适的座位，谈判房间的温度过高或过低，不时有外人搅扰，环境陌生而引起的心力交瘁感，以及没有与同事私下交谈的机会，等等。这些环境因素会影响谈判者的注意力，从而导致谈判的失误。

心理学家 N. L. 明茨早在 20 世纪 50 年代就做过这样一个实验：他把实验对象分别安排到两个房间里，一间窗明几净，典雅庄重，而另一间粗俗龌龊、凌乱不堪。他要求每人必须对 10 张相片上的人作出判断，说出他是"精力旺盛的"还是"疲乏无力的"，是"满足的"还是"不满足的"。结果在洁净典雅房间里的实验对象倾向于把相片上的人看成"精力旺盛的"和"满足的"；在龌龊凌乱房间里的实验对象则倾向于把相片上的人看成"疲乏无力的"和"不满足的"。这个实验表明环境是会影响人的感知的。

从礼仪要求讲，一般合作式谈判应安排布置好谈判环境，使之有利于双方谈判的顺利进行。

（1）光线。可利用自然光源，也可使用人造光源。利用自然光源即阳光时，应备有窗纱，以防强光刺目；而用人造光源时，要合理配置灯具，使光线尽量柔和。

（2）声响。室内应保持宁静，使谈判能顺利进行。房间不应临街、临马路，不在施工场地附近，门窗应能隔音，周围没有电话铃声、脚步声、人声等噪音干扰。

（3）温度。室内最好能使用空调机和加湿器，使温度与湿度保持在适宜的水平上。温度在 20℃，相对湿度在 40%—60% 之间是最合适的。一般情况下，至少要保证空气的清新和流通。

（4）色彩。室内的家具、门窗、墙壁的色彩要力求和谐一致，陈设安装应实用美观，留有较大的空间，以利于人的活动。

（5）装饰。用于谈判活动的场所应洁净、典雅、庄重、大方。如宽大整洁的桌子、简单舒适的座椅（沙发），墙上可挂几幅风格协调的书画，室内也可装饰适当工艺品、花卉、标志物，但不宜过多过杂，以简洁实用为主。

二、迎送礼仪

(一) 迎接礼仪

当客人抵达某地时,在车站、码头和机场,主人要前往迎接且有明确的要求,尤其在规格上应注意以下几个方面。

(1)由级别相当的人员或人数出面迎接。如果对方是应邀就某些问题前来谈判的,在礼节上更要严格注意,以显示出己方的诚意。如果级别相当的对应对口的人员因为特殊情况或意外原因不能前往,必须要委托相应的有关人员代行迎接工作,并且向对方说明原因,希望得到对方的理解。

(2)交通工具安排符合规格。在重要公务迎送中,一般而言不要租用出租车,要自带车辆为对方提供便利交通。

(3)食宿安排要符合规格。在食宿上可以根据对方人员的身份、级别,安排相应规格。既要事先准备妥当,也要注意尊重对方意见。

(二) 迎客时介绍礼仪

在迎客时,介绍礼仪存在于相互介绍过程中,无论是在车站、码头、机场或是公司、谈判地点,介绍的先后顺序有一定的礼仪要求。

(1)自我介绍。在迎客的场合,主人应先走上前去与来客边握手边进行自我介绍,要介绍清楚自己的姓名、身份、职务等。

(2)介绍他人。在主人作自我介绍之后,还要为在场的其他人逐个进行介绍,并要注意顺序先后,应该先介绍年长者和身份较高者,再介绍年轻者和身份较低者;先介绍女性再介绍男性。

(3)注意要点。如果双方以前有过较好的合作或私人关系比较密切,可以先作寒暄,再向别人介绍。在熟人间寒暄时,要注意控制时间和寒暄的亲热度,否则会给其他人以冷落之感。

(三) 行走次序礼仪

(1)二人并坐或并立,右为上,左为下。二人并行,右为尊,左为次。因此,在引导对方洽谈人员行走时,主方人员应在客人的左前方,以示尊重。三人并行或并坐,居中者为尊;三人前后行时,前者为尊(中国古代则是居后者为尊)。

(2)上楼梯、上车、进出办公室、进出电梯时,应该让尊者先行,有女士在场应让女士先行,但是下车、下楼、出电梯等存在不安全因素时,则让尊者在后。

(3)公事陪车时,凡是乘坐轿车,上车时应先让尊者从右车门上车,陪车人员应在关好门后再从车后绕到左车门上车,坐在尊者的左边,轿车中座位次序一般为:后排中间为尊,其右次之,其左又次之,前排司机旁边的位置为最后。当然这种排法也不是固定的。如果后排仅仅坐两个人的话,显然右侧为尊,左侧次之,这一点在国际上不存在任何疑问。

三、接、打电话的礼仪

(一)打电话要做好充分准备

打电话联系商务事宜前,要事先做好准备,想好要说的事情。比如要谈一笔生意,从何处说起,用什么方式交谈,说到什么程度,还要考虑好应变的方法等。这样才能用尽可能短的时间达到预期的目的,而不浪费对方的时间。

(二)通话时要热情、诚恳

接电话时,要用温柔的语调先说"您好",再问是哪位,找谁,如果被找的人正巧不在,就说明情况,问一下有什么重要事情,要不要传达或留言等。虽然打电话时只能听到声音,而看不见形象,但是双方都能感觉得到,所以,打电话时,也要面带笑容,语气要温和、缓慢,口齿要清楚,语言要简洁。如果是代表单位或公司打电话,就要说明白领导的意图和目的,最后要把重要内容确认一下,或者必要时予以录音,然后再结束通话。

(三)电话轻拿轻放

持电话时要轻,一般情况下要等对方放下电话机后,再挂断电话。特别是与长辈、领导、女士通话后,一定要等他们挂断电话后再放下话筒。

(四)一般情况下,电话铃响三遍后立即接通,且在铃响的间隙拿起话筒

如果电话铃响了一段时间才接起电话,要先说"久等了""对不起"之类的抱歉话。如果在接电话的过程中,有紧急事情插入,要向对方说"对不起!稍等",然后用手按住话筒。电话声音不清楚时,不要大声吼叫,要把语速放慢,口齿再清晰些。通话结束时要说"再见""谢谢"之类的礼貌语。

四、餐桌上的礼仪

(一)入座的礼仪

入座时,要从椅子左边进入,坐下以后要坐端正身子,不要低头,使餐桌与身体

的距离保持在10—20厘米。入座后不要动筷子,更不要弄出什么声响,也不要经常起身走动。如果有事情,要向主人打个招呼。动筷子前,要向主人或掌勺者赞赏其手艺高超、安排周到、热情邀请等。

(二) 进餐时礼仪

进餐时,先请客人、长者动筷子;加菜时每次少一些,离自己远的菜少吃一点;吃饭、喝汤时不要发出声响,喝汤最好用汤匙一小口一小口地喝,不宜把碗端到嘴边喝,汤太热时等凉了以后再喝,不要一边吹一边喝。有的人吃饭时喜欢用劲咀嚼食物,特别是使劲咀嚼脆食物,发出很清晰的声音来,这种做法是不合礼仪要求的,特别是和众人一起进餐时,要尽量防止出现这种现象。

进餐时不要打嗝,也不要发出其他声音,如果出现打喷嚏、肠鸣等不由自主的声响时,就要说一声"真不好意思""对不起""请原谅"之类的话,以示歉意。

给客人或长辈布菜最好用公用筷子,也可以把离客人或长辈远的菜肴送到他们跟前。按我们中华民族的习惯,菜是一个一个往上端的,如果同桌有领导、老人、客人的话,每当上来一个新菜时,就请他们先动筷子,或者轮流请他们先动筷子,以表示对他们的尊敬和重视。

吃到鱼头、鱼刺、骨头等物时,不要往外面吐,也不往地上扔,要慢慢用手拿到自己的碟子里,或放在紧靠自己的餐桌边,或放在事先准备好的纸巾上。

要适时地抽空和左右的人聊几句风趣的话,以调和气氛。不要光低着头吃饭,不管别人,也不要狼吞虎咽地大吃一顿,更不要贪杯。

最好不要在餐桌上剔牙,如果要剔牙,要用餐巾挡住自己的嘴巴。

(三) 要明确进餐的主要任务

现在商海如潮涌,很多生意都是在餐桌上谈成的,所以要明确这顿饭是以谈生意为主,还是以联络感情为主,或是单纯的吃饭。如果是以谈生意为主,在安排座位时就要注意,应把主要谈判人的座位相互靠近,以便于其交谈或交流情感。

(四) 离席时的礼仪

离席时,必须向主人表示感谢,或者邀请主人以后到自己家做客,以示回谢。

总之,和客人、长辈等众人一起进餐时,要使他们感到轻松、愉快、气氛和谐。我国古代就有所谓的站有站相,坐有坐相,吃有吃相,睡有睡相。这里说的进餐礼仪就是指吃相,吃相要优雅,既符合礼仪的要求,也有利于我国饮食文化的继承和发展。

五、书信礼仪

(一) 要按照书信规格写信

即抬头要顶格写尊称,另起一行空两格写问候语,下面一段才是正文,正文写完后要写上期望或祝贺的话语,最后才是写信人的落款和时间。有些人写信易忘记写时间,这是不应该疏忽的。如果信写完以后又想起了什么事需要加在信里,就在信的最后加一个附言,把要补充的话写上去。外文书信与中文书信的内容要求是完全一样的,但格式上有所不同。如果用外文写信,就要根据该国文字的常规要求和书信规格进行书写,不要随心所欲。

(二) 把想要说的事情说清楚

一般书信只要把想说的话都写上就可以了,只要收信人能读懂你写的全部意思就算达到了目的。如果是商务往来和其他经济业务性质的书信,在内容的叙述上就要讲究一些,必须把重要的因素全都包括在内容中,不能有遗漏。例如商业往来方面的业务信函,就要说明商品名称、牌号、规格、数量、质量、价格、起运时间、出厂时间、合约签订情况或规定,交付款项的时间、地点、方式,运输过程中的保护、保险、到货时间、提取方式,万一发生意外如何赔偿等。并且商务和其他经济业务方面的往来信函要留下底稿,收到来函要妥善保存,以便将来查询,万一出现什么问题也有凭证。

(三) 及时、准确,富有感情

如果是传达信息、联络感情等方面的书信,要做到及时、准确,感情表露要恰当,遣词造句要和缓,字要书写工整,不要出现错别字,以免造成收信人的误解和不悦。

(四) 禁忌

写信时忌用红笔或铅笔;私人的书信最好不要打印;如果是公函可以打印,但是末尾的签字必须用手写。如果别人让你带信,要当面把开口信封好,以表示谨慎、认真。

(五) 信写完以后要注意检查

信写完以后,一定要检查一下,至少阅读一遍,看看有无遗漏、错别字等。还有一点要特别注意,即在同时写几封信时,千万不要把信封和信纸(内容)弄错。

六、谈判中的交谈礼仪

交谈是商务谈判活动的中心活动。而在圆满的交谈活动中,遵守交谈礼仪占十分重要的作用。

(一) 尊重对方、理解对方

在交谈活动中,只有尊重对方、理解对方,才能赢得对方感情上的接近,从而获得对方的尊重和信任。因此,谈判人员在交谈之前,应当调查研究对方的心理状态,考虑和选择令对方容易接受的方法和态度;了解对方的文化程度、生活阅历、讲话习惯,考虑这些因素对谈判可能造成的种种影响,做好多手准备。交谈时应当意识到,说和听是相互的、平等的,双方发言时都要掌握各自所占有的时间,不能出现一方独霸的局面。

(二) 及时肯定对方

在谈判过程中,当双方的观点出现类似或基本一致的情况时,谈判者应当迅速抓住时机,用溢美的言词,中肯地肯定这些共同点。赞同、肯定的语言在交谈中常常会产生异乎寻常的积极作用。当交谈中的一方适时中肯地确认另一方的观点之后,会使整个交谈气氛变得活跃、和谐起来,陌生的双方从众多差异中开始产生一致感,进而十分微妙地将心理距离拉近。当对方赞同或肯定我方的意见和观点时,我方应以动作、语言进行反馈交流。这种有来有往的双向交流,易于双方谈判人员感情融洽,从而为达成一致协议奠定良好基础。

(三) 态度和气,语言得体

交谈时要自然,充满自信,态度要和气,语言表达要得体。手势不宜过多,谈话距离要适当,内容一般不要涉及不愉快的事情。

(四) 注意语速、语调和音量

在交谈中语速、语调和音量对意思的表达有比较大的影响。交谈中陈述意见要尽量做到平稳中速。在特定的场合下,可以通过改变语速来引起对方的注意,加强表达的效果。一般问题的阐述应使用正常的语调,保持能让对方清晰听见而不引起反感的高低适中的音量。

(五) 善于倾听

既是交谈,首先就应善于倾听。在人际交往中,善于倾听的人往往会给人留下有礼貌、尊重人、关心人、容易相处和理解人的良好印象。一些谈判者往往利用倾听首先树立起己方愿意成为对方朋友的形象,从而获得对方的信任与尊重,当对方把你当成了朋友,就为达到说服、劝解等目的奠定了基础。

倾听是指听话者以积极的态度,认真、专注地悉心听取讲话者的陈述,观察讲话者的表达方式及行为举止,及时而恰当地进行信息反馈,对讲话者作出反应,以促使讲话者全面、清晰、准确地阐述,并从中获得有益信息的一种行为过程。倾听的礼仪要求是:

1. 专注

倾听别人讲话一定要全神贯注,努力排除环境及自身因素的干扰。

2. 注意对方的说话方式

对方的措辞、表达方式、语气、语调,都传递了某种信息,认真予以注意,可以发现对方一言一语后面隐含的真实意图,从而理解对方传递的全部信息。

3. 观察对方表情

察言观色是判断说话者态度及意图的辅助方法。谈判场合的倾听,是"耳到、眼到、心到、脑到"四种方式的综合效应。"听"不仅是用耳朵去听,而且要用眼睛观察,用心去为对方的话语作设身处地的构想,并用脑子去研究判断对方话语背后的动机。

4. 运用适度的肢体语言

倾听的过程中可以通过某些恰当的方式,如目光的注视、关切同情的面部表情、点头称许、前倾的身姿及发出一些表示注意的声音,促使讲话者继续讲下去。

5. 学会忍耐

对于难以理解的话,不能避而不听,尤其是当对方说出不好听、甚至触怒自己的话时,只要对方未表示说完,都应倾听下去,不可打断其讲话,甚至离席或反击,以免"上钩"、失礼,对于不能马上回答的问题,应努力弄清其意图,切勿匆忙表达,应寻求其他办法解决。

(六) 提问的礼仪要求

提问对于了解对方、获取信息、促进交流都有很重要的意义。一个掌握了提问的礼仪要求、善于提问的人,不但能掌握交谈的进程,控制谈判的方向,而且能开启对方的心扉,拨动对方的心弦。

1. 把握提问的时机

提问的时机包括以下几方面的要求:一是当对方正在阐述问题时不要提问,"打岔"是不尊重对方的表现。二是在非辩论性场合应以客观的、不带偏见的、不具任何限制的、不加暗示、不表明任何立场的陈述性语言提问。有些领导在开会一开始就讲:"关于这个问题我们的立场是……请问大家有什么意见?""这项计划基本上不再作什么更改了,诸位还有什么建议?"等等。这种过早带有限制的提问,往往给人以虚假的感觉。三是在辩论性场合要先用试探性的提问证实对方的意图,然后再采用直接性提问方式,否则提问很可能是不合时宜的或招致对方拒绝。如谈判者可以说:"我不知是否完全理解了您的意思。我听您说……您是这个意思吗?"如果对方表示肯定或否定,谈判者可以说:"如果是这样,那么您为什么不同意这个条件呢",等等。四是重要问题要事先准备好(包括提问的条件、措辞、由谁提问等),并设想对方的几种回答,针对这些回答设计好己方的对策。五是对新话题的提问不应在对方对某一个问题谈兴正浓时提出,应诱导其逐渐转向。

2.因人设问

提问应与对方的年龄、职业、社会角色、性格、气质、受教育程度、专业知识深度、知识广度、生活经历相适应,对象的特点决定了我们提问是否应当率直、简洁、含蓄、委婉、认真、诙谐、幽默、周密、随意等等。

3.分清提问的场合

提问要注意环境场合。是公开谈判还是秘密谈判,是个人间谈判还是组织间谈判,是"场内"桌面上谈判还是"场外"私下谈判,是质询还是演讲,等等,对提问都有不同的要求。

4.讲究提问的技巧

在谈判活动中,一些谈判者为了获得有利的谈判地位或显得尊敬有礼,会对谈判语言进行语序及结构上的变换,使听话者产生语意判断上的错觉,并对之进行积极呼应。如不少国外谈判理论著述中都举过一个典型例子。一名教士问主教:"我在祈祷的时候可以抽烟吗?"主教感到这位教士对上帝极大地不尊敬,断然拒绝了他的请求。而另一名教士也去问这位主教:"我在抽烟的时候可以祈祷吗?"主教认为他念念不忘上帝,连抽烟时都想着祈祷,可见其心之诚,便欣然同意了。后一名教士的请求之所以获准,正是由于他审慎组织语句,玩了一个以谓语与前置状语"调包"的游戏。

5.简明扼要地提问

提问太长、太多有碍于对方的信息接收和思考,当问题较多时,每次至多问一两个问题,待对方表示回答完后,再接着往下问。

6.对敏感问题提问要委婉

由于谈判的需要,有时需要问一些对方敏感的、在公众场合下通常忌讳的问题,这时最好在提问之前略加说明理由,以避免尴尬。如有的女士对年龄很敏感,则可以说:"为了填写这份表格,可以问问您的年龄吗?"同时,提问后允许对方有思考后作答的时间,不要随意搅扰对方的思路。

第三节　谈判过程中的礼仪

一、洽谈开始时应注意的礼仪

商务谈判之前首先要确定谈判人员,与对方谈判代表的身份、职务要相当。谈判代表要有良好的综合素质,谈判前应整理好自己的仪容仪表,穿着要整洁正式、庄重。男士应刮净胡须,穿西服必须打领带。女士穿着不宜太性感,不宜穿细高跟鞋,应化淡妆。

布置好谈判会场,谈判前应对谈判主题、内容、议程作好充分准备,制订好计划、目标及谈判策略。

(一)准时到达洽谈地点

工作中,一定要养成守时的良好工作作风。守时是对他人的尊重。

(二)着装适合谈判环境

根据谈判环境,要注意下列问题:
(1)身着西装或轻便西装。
(2)衣着式样和颜色应保持大方稳重。
(3)不要佩戴一些代表个人身份或宗教信仰的标记。
(4)不要穿绿色衣服,流行服装最好不要穿。
(5)不要戴太阳眼镜或变色眼镜。
(6)不要佩戴大多的饰品。
(7)携带一个大公事包。
(8)尽量不要脱去上装,以免削弱说话的权威和威严。

(三)注意个人卫生

良好的卫生习惯,是个人修养的重要体现。在社会交往中,也是对他人的一种尊重。

二、洽谈中应注意的交谈礼仪

(一) 选择适当非正式话题,以培养、交流情感

谈判之初,谈判双方接触的第一印象十分重要,言谈举止要尽可能创造出友好、轻松的良好谈判气氛。作自我介绍时要自然大方,不可露傲慢之意。被介绍到的人应起立微笑示意,可以礼貌地说"幸会""请多关照"等。询问对方要客气,如"请教尊姓大名""贵姓"等。如有名片,要双手接、递。介绍完毕,可选择双方共同感兴趣的话题进行交谈,稍作寒暄,以沟通感情,创造和谐的气氛。

(二) 掌握口语交谈的礼仪,以增进彼此交流

在谈判活动中,交谈即发表自己的看法和交换意见,是信息传递和相互沟通的渠道。在口语交流中的礼仪要求具体包括"倾听""提问""答辩"和"说服"四个方面。

(三) 运用非口语交谈的礼仪,以加强交谈活动的开展

在交谈过程中,非口语活动与口语活动紧密相关。谈判人员必须在非口语活动上培养自己良好的礼仪。非口语活动具体包括:态度、姿态、手势、眼神、面部表情、位置和距离。谈判之初的姿态动作对营造良好的谈判气氛有着重要作用。谈判者注视对方时,目光应停留于对方双眼至前额的三角区域,这样使对方感到被关注,觉得你诚恳严肃。手势自然,不宜乱打手势,以免造成轻浮之感。谈判之初的重要任务是摸清对方的底细,因此要认真听对方讲话,细心观察对方的举止表情。

(四) 相关问题的处理

在谈判的实质性阶段,主要是解决报价、查询、磋商、矛盾、冷场等问题。报价要明确无误,恪守信用,不欺蒙对方。在谈判中报价不得变幻不定,对方一旦接受价格,即不再更改。查询事先要准备好有关问题,选择气氛和谐时提出,态度要开诚布公。切忌气氛比较冷淡或紧张时查询,言辞不可过激或追问不休,以免引起对方反感甚至恼怒。但对原则性问题应当力争不让。对方回答查问时不宜随意打断,答完时要向解答者表示谢意。讨价还价事关双方利益,容易因情急而失礼,因此更要注意保持风度,应心平气和,求大同,容许存小异。发言措词应文明礼貌。解决矛盾要就事论事,保持耐心、冷静,不可因发生矛盾就怒气冲冲,甚至进行人身攻击或侮辱对方。发生冷场时主方要灵活处理,可以暂时转移话题。如果确实已无话可说,则应当机立断,暂时中止谈判,稍作休息后再重新进行。主方要主动提

出话题,不要让冷场持续过长。

三、签订协议时应注意的礼仪

签约仪式上,双方参加谈判的全体人员都要出席,共同进入会场,相互致意握手,一起入座。双方都应设有助签人员,分立在各自一方代表签约人外侧,其余人排列站立在各自一方代表身后。助签人员要协助签字人员打开文本,用手指明签字位置。双方代表各在己方的文本上签字,然后由助签人员互相交换,代表再在对方文本上签字。签字完毕后,双方应同时起立,交换文本,并相互握手,祝贺合作成功。其他随行人员则应该以热烈的掌声表示喜悦和祝贺。

签约是谈判活动中的一个重要细节,在签约时,除了遵循谈判原则之外,还应该在礼仪上加以注意,主要有以下几个方面:

(1)注意着装整洁。在签约时,不管身着哪种类型服装,都应注意整齐、清洁和挺直。衣服应该熨平整,衣领、袖口及内衣外露部分都要干净。着装是否得体、整洁,可以体现出签约者的心态、习惯,甚至能够反映出之后合作中的履约情况,切不可忽视。

(2)掌握好抵、离时间,切勿迟到。

(3)安排好座次。

(4)签好协议之后要相互致意。

第四节　公开交往的礼仪与禁忌

一、交往中的一般礼仪与禁忌

礼节是一个人知识、修养与文明程度的综合反映,世界各国人民虽生活于不同的文化背景之下,但在交往过程中却形成了相似的礼仪规范。

(一)守时守约

守时守约是商务谈判中最基本的礼貌,是对对方的友好与尊重。参与谈判中的各种活动,都要按约定的时间到达,既不要过早,也不要过晚。若登门拜访,则需要提前约好,不要贸然造访。如果遇到特殊情况不能按时赴约,则需设法提前通知对方。

(二)尊妇敬老

在许多国家的社交场合和日常生活中,都奉行"女士优先"的原则,作为一种礼节,至少在正式的场合应引起重视,如上下电梯、进出门厅等都应让女士和老人先行。

(三) 尊重风俗习惯

不同国家、民族在自己的历史文化背景中,已经形成了自己的风俗习惯,在商务谈判活动中必须予以尊重。

(四) 举止落落大方

在交往中要端庄稳重,落落大方,表情诚恳自然,平易可亲。要站有站相,坐有坐姿,不要放声大笑或高声谈论等。

二、见面礼仪与禁忌

对谈判而言,彼此美好的第一印象是迈向成功的关键,因此了解在交际场合中见面时的一些礼仪是十分重要的。

(一) 介绍

介绍一般有两种形式,即自我介绍和通过第三者进行介绍。自我介绍由于其介绍的局限性,在商务谈判中使用较少,所以由第三者介绍较为普遍。

介绍时,被介绍的一方应主动站起,面带微笑,以示尊重。介绍一般按下列礼节进行:
(1)先把年轻的介绍给年长的。
(2)先把职位、身份较低的介绍给职位、身份较高的。
(3)先把男性介绍给女性。
(4)先把客人引见给主人。

(二) 握手

在介绍认识或见面时,握手作为一种最简单的动作语言被世界各国广泛采用。握手虽然简单,但也有许多地方应加注意:
(1)握手的主动与被动。一般情况下,主动和对方握手,表示友好和尊重。在来宾登门拜访时,主人应主动握手,用以表示欢迎和感谢;在客人离别时,主人应被动握手,否则是不礼貌的。
(2)握手的时间和力度。握手时间要适中,时间过短显得没有诚意,时间太长又会使对方尴尬,一般是3—6秒之间;同时间一样,力度也应适度,过轻或过重都不可取。
(3)握手者的姿态。握手者的面部表情是配合握手行为的一种辅助动作。握手时,应注视对方,面带微笑,使人有亲切、友好的心理感受。切忌左顾右盼、心不在焉和面部表情冷淡;否则,容易引起对方猜疑和不信任。

(4)女士与人握手时应先脱去右手手套,男士则必须先脱去手套再行握手。

握手这一礼节虽说在许多国家都适用,但在世界各国有不同的评价标准,而且也并非所有人都适用这种方式。如瑞典人见面时以有力的握手表示热情和诚意。而在我国的香港,人们见面时要轻轻握手,并且握手时伴随着点头或稍行鞠躬礼。在马来西亚,握手只限于男性之间使用,男女之间很少相互握手,男子应该向女子点头或稍行鞠躬礼,并且以口头问候为宜。

(三) 致意

有时谈判的双方或多方之间相距较远,在不需逐一介绍的情况下,可采用举右手打招呼或点头的形式表示敬意;对于不相识或仅有很少接触的谈判人员和相识者,在同一场合多次会面的情况下也可采用此种形式。

三、会谈中的礼仪禁忌

(一) 谈判者的举止

谈判者的举止是指谈判者在谈判过程中坐、站、行的姿态。在商务谈判中,对举止的要求是适度即可。

1. 坐姿

从椅子的左边入座,坐下后,身体应尽量保持端正,并把两腿平行放好。坐在椅子上转动、将腿向前伸或向后靠,都是违反礼仪的表现。谈判中,不同的坐姿传递着不同的信息:

(1)挺着腰笔直的坐姿,表示对对方或对谈话有兴趣,同时也是一种对人尊敬的表示。

(2)弯腰曲背的坐姿,是对谈话不感兴趣或感到厌烦的表示。

(3)斜着身体坐,表示心情愉快或自我感觉良好。

(4)双手放在跷起的腿上,是一种等待、试探的表示。

(5)一边坐着一边双手摆弄手中的东西,表示一种漫不经心的心理状态。

2. 站姿

正确的站立姿势应该是两脚脚跟着地,两脚成 45 度,腰背挺直,挺胸,两臂自然下垂。在谈判中,不同的站姿会给人不同的感觉:

(1)背脊笔直给人充满自信、乐观豁达、积极向上的感觉。

（2）弯腰曲背给人缺乏自信、消极悲观、甘居下游的感觉。

3.行姿

行走的姿态男女有不同的要求。

男性走路的姿态应当是：昂首、闭口、两眼平视前方，挺胸、收腹、直腰。行走时上身不动、两肩不摇、步态稳健，以显示出刚强、雄健、英武、豪迈的男子汉风度。

女性走路的姿态应当是：头部端正，但不宜抬得过高，目光平和，直视前方。行走时上身自然挺直、收腹，两手前后摆动，幅度要小，两腿并拢，小步前进，走成直线，步态要自如、匀称、轻柔，以显示出端庄、文静、温柔、典雅的女子窈窕美。

（二）谈判者的谈吐

与举止一样，谈判者的谈吐是影响谈判的又一重要因素。总的来说，交谈时表情要自然、表达要具体。具体要求有：

（1）我方发言之后，应留出一定的时间供对方发表意见，切忌喋喋不休，以自我为中心。

（2）对方发言时，应认真听取，不要表现出心不在焉的样子，注视别处、伸懒腰、玩东西等漫不经心的动作都是应该避免的。

（3）要善于聆听对方讲话，不要轻易打断别人的发言，即使有不同的观点和看法，也应等对方讲完后再表达。打断别人的讲话是很不礼貌的行为。

（4）交谈时应使用礼貌用语。如"你好""请""谢谢""对不起"等。

（5）交谈中不能出现伤害对方的言词，否则会激怒对方。应避免的语句有："你总是……""你需要明白的是……""冷静下来！不用说……""显然……""听着……"，等等。

另外，谈判服饰的选择也很重要，谈判者应根据自己的身份、地位、年龄、场合的不同，选择得体的服饰。一般说来，西装（西装套裙）已成为谈判中普遍认可的服装。

案例阅读与讨论

【案例1】

读者王跃来信说，他们公司英国总部的几个同事前两天来北京谈生意，他全程陪同。在酒会上他发现对方单位的几位同事聊天时总涉及一些隐私话题，包括年龄、婚姻状况、收入、经历、住址、个人生活、宗教信仰与政治见解等，似乎很不恰当。

【讨论】

1.酒会上谈论隐私合适吗，为什么？

2.根据案例,你认为在商务活动中与西方人交谈时要注意哪些问题?

【案例 2】

美国微软公司创始人比尔·盖茨 2013 年 4 月 22 日与韩国总统朴槿惠握手时,一只手插在口袋内。这一"随意"行为遭到了韩国媒体的批评。

韩国各大媒体均在头版刊登这幅握手照片。《中央日报》在照片说明中写道:"文化差异,或是无礼行为?"《东亚日报》则发问:"无礼的握手? 随意的握手?"

一些社交网站同样对此热议。有人发布留言:"即便考虑到文化差异,某些场合应有恰当礼仪……他(盖茨)怎么能在会晤一国领导人时把手插在口袋里?"

部分新闻门户网站还配发盖茨与其他一些国家领导人握手图片,显示他在一些非正式会晤中保持某些礼节。

法新社评述,韩国人注重礼节,对任何可能伤及其民族自豪感的行为尤其敏感。2008 年,盖茨会晤韩国前总统李明博时,同样一手插在口袋内;2011 年会晤韩国前总统金大中时则采取更为尊重的双手握手。

【讨论】

1.盖茨手插裤兜与韩国总统握手你认为有失礼仪吗,为什么?
2.如何正确理解商务谈判礼仪中的"文化差异"?

思考题

1.什么是礼仪,礼仪有什么特征?
2.商务谈判礼仪的原则主要有哪些?
3.商务谈判环境布置具体有哪些要求?
4.迎送礼仪的要点主要有哪些?
5.餐桌礼仪的要点主要有哪些?
6.书信礼仪的要点主要有哪些?
7.洽谈礼仪的要点主要有哪些?
8.公开交往的礼仪与禁忌主要有哪些?

第十三章　商务谈判合同的签订

■本章关键词

　　商务谈判合同　有效终结　无效终结　即时终结　延时终结

　　商务谈判一般以合同的签订作为整个谈判过程终结的标志。只有通过合同的签订来确定、变更或终止双方或多方的权利、义务关系,取得法律的确认和保护,才说明谈判取得了最终的成功。由于在谈判过程中只能就重大问题达成一致意见,在合同签订时还需就一些细节问题展开讨论和落实,因此,合同的签订既意味着谈判的有效终结,又是整个谈判过程的延续,是保证谈判目标最终实现的重要环节。

第一节　商务合同的特点与种类

一、商务谈判终结的方式和原则

　　商务谈判的终结,就其成功与否,可分为有效终结和无效终结。就时间来说,可分为即时终结和延时终结。

（一）有效终结

　　谈判双方经过友好商洽,就各自应得的经济利益或双方共同利益达成一致意见,即可视为谈判的有效终结。

　　商务谈判的出发点和归宿都是追求一定的经济利益。这种利益不论是个人的(即自然人)或企业法人的,还是国家的,最终都要通过谈判来确定和划分。这种确定和划分,一旦被参与谈判的双方或几方所共同接受,谈判的商讨阶段即可视为结束。

　　接受是指交易的一方完全同意对方实盘(要约)中的内容的肯定表示。接受这一特定概念,根据国际贸易的普遍规则,一般应具备以下 4 个条件:

1.接受必须由特定的受盘人作出

一项实盘(书面的要约或面对面口头谈判)均有明确的、特定的受益人,只有实盘指定的受盘人表示接受才有效,任何第三者针对该实盘作出的接受对发盘人均无约束力。

2.接受必须表示出来

接受必须由受盘人以一定方式表示出来。表示的方式大多采用口头或书面声明,也可以根据发盘的要求或当事各方已确立的习惯做法作出行动,如卖方用交运货物、买方用支付货款的行动来表示。

3.接受必须在有效期内传达到发盘人

口头谈判可立即传到,通过函电(信、电报、传真和电传等)就有一个送达的问题。对此,英美法系的国家与大陆法系的国家有不同的解释。英美法系认为函电交发,接受即告生效,即使接受的函电遗失或邮递途中延误,合同也告成立。而大陆法系则认为函电必须到达,接受才生效。《联合国国际货物销售合同公约》第十八条规定:接受于到达发盘人时生效。

4.接受必须与发盘相符

即接受必须是绝对的、无保留的,必须与发盘人所发实盘的条件相符。如果对发盘"接受"但又有添加、限制或其他更改的答复,即不属接受。

（二）无效终结

谈判的几方中只要有一方对谈判的实质性内容持保留意见,并明确表示不打算继续谈下去,这种终结即为无效终结。无效终结具有以下特征:①参加谈判的各方没有达成任何一致性的协议,也没有共同接受对方的发盘;②只要一方表示中止;③这种中止表示针对的是正在进行的谈判。

无效终结主要是相对有无达成协议而言的。至于通过谈判,各方增进了彼此间的沟通和理解,增加了友谊和信任,可能又为后来的谈判带来某种效益,则是另一回事。

商务谈判无效终结时,应注意的问题包括:

1.要以平静的心态对待无效终结

商务谈判常常会由于价格、交期等问题,使交易没有达成,但了解了对方的需求,了解了市场行情,增加了双方的交流,等等,也都是好的,交易不成情谊在。

2.不要因无效终结而责难对方

一次交易不成功,要学会从多方面去总结教训。不能一味地指责对手,这样才有可能得到谈判桌上所得不到的东西——彼此的理解和友谊。

（三）即时终结和延时终结

谈判终结按时间分,有即时终结和延时终结之别。在当事各方约定时期内谈判结束,为即时终结;当一方或各方由于某种原因,在原约定时间内没有结束谈判,需延长一些时日,即为延时终结。延时终结可能达成协议,也可能不能达成协议。不论即时终结还是延时终结,都包含着有效终结和无效终结两种情况。所以,商务谈判实际终结状态具有即时有效终结、即时无效终结、延时有效终结和延时无效终结4种。

商务谈判终结的原则可归纳成以下几点：

(1)商务谈判的终结是一个自然过程,任何一方都不能强求对方。

(2)商务谈判的终结是受法律或国际贸易惯例制约和保护的,它的有效终结应当建立在依法(或依国际惯例)的基础上。

(3)商务谈判的终结是当事各方自觉自愿的行为,任何无关的方面都不应介入或横加干预。

(4)商务谈判终结的形式以是否共同接受作为区分的唯一尺度。

掌握这些原则不仅可以使我们避免一些无知、可笑甚至违法的行为发生,而且也为最终正确地签约、认真地履约奠定了基础。

二、商务合同的特点

商务合同是谈判各方在经济合作和贸易交往中,为实现各自的经济目标、明确相互之间的权利义务关系、通过协商一致而共同订立的协议。因此,商务合同一般具有以下特点。

（一）遵循法律依据

商务合同的签订是一种经济、法律行为,在合同中既规定了当事人可以依法享有的权利,又确定了当事人应该履行的义务和责任。因此,任何一方违反合同规定都要承担法律的和经济的责任。至于涉外商务合同,它不仅表现合同的一方当事人是外国机构或独立法人,还表现为合同的标的物及合同的履行过程会涉及两个或两个以上的国家,这就要求签订合同的法律依据不但要注重本国的法律,而且要考虑对方国家的法律,在某些情况下还要充分考虑国际公约与国际商务中的不成文法,即国际惯例。商务谈判人员首先应注意我国涉外经济合同法的基本要求,准确掌握我国有关外汇管理、许可证管理、国家安全、公共健康、外资企业管理、涉外税收等方面的法律和法规。与此同时,在合同谈判中要清楚了解对方国家上述各方面的法律和规定。在涉外商务合同中,有关当事人国家的法律对其活动都有一定的管辖权,但必须分清各自的管辖范围,明确在发生冲突情况下如何进行调整和处理。在可能的情况下,运用联合国、国际商会等国际组织颁布或推荐的一些国际公约和国际惯例,常常会使合同条款更加国际化,简化洽谈过程,易得到双方政府的批准。

(二)体现权利义务平衡

合同签订时必然会涉及前期谈判中没有遇到或尚未充分展开讨论的有关谈判双方的权利、义务承担问题。合同条款的拟定必须体现权利与义务两者平衡的原则,即当事人一方所享受的权利,必须与其所承担的义务相对应,双方应互有权利和义务,这种平衡要体现在合同的每一个条文之中,并贯穿始终。如在货物贸易合同中,"支付"和"结算与交单"的条件要平衡,在交货中保证前提与验收条件之间必须平衡。总之,只有在合同条款上充分体现权利义务的平衡,该合同才能为双方真诚执行,使相互间的经济活动得以长期持续地进行下去。

(三)合同当事人应有合法行为能力

签订商务合同的主体必须具有法人的资格,即有一定的组织机构和正常的业务范围;有独立支配的财产或依法经营管理的财产;能以自己的名义进行民事活动,享受民事权利,承担民事义务,能在仲裁机构和法院起诉与应诉;其组织机构依据法定程序成立。

(四)合同条文必须明确、规范

合同作为一种法律文件,应同时具备严肃性、规范性和可保存性。首先,条款的用词要明确,专业和法律方面的术语及其表达方式,应力求标准、规范,这是避免发生歧义的先决条件。如商品的"品名""规格"等词语都有其特定的、为人们普遍接受的含义,外销合同中如 CIF(到岸价)、FOB(离岸价)等均有其明确、固定的内容,一定要准确使用。在某种情况下,若无统一、规范的术语可资采用,应经双方认真磋商取得共同理解后,使用一致同意的文字表述,不可出现模棱两可的用词,否则必将导致日后的纠纷,甚至造成重大的损失。其次,要注意合同行文的精练,把握整个合同的内在逻辑,使前后文连贯,一气呵成。

三、商务合同的种类

商务合同种类繁多,可从不同角度加以区分。

如以参加商务谈判和签订合同主体来区分,可分为:①政府间签订的合同;

②法人间签订的合同;③法人与自然人间签订的合同;④自然人与自然人间签订的合同。

如以涉及单位所属国家来区分,可分为:①国内商务合同,如国内企业间签订的货物购销合同、技术转让合同等;②国际商务合同,如进出口货物贸易合同、国际技术转让合同、融资合同等。

如以合同标的物来区分,可分为:①货物购销合同;②技术贸易合同;③合资、合作经营合同;④融资信贷合同;⑤来料加工、来件装配合同;⑥补偿贸易合同;⑦产权转移合同;⑧信息咨询合同;⑨劳务合同;⑩工程施工合同;⑪租赁合同;⑫承包经营合同;⑬证券交易合同;⑭企业兼并合同;等等。

如以合同形式来区分,包括口头合同和书面合同。

(1)口头合同。在贸易上并非只有正式签订书面文件才是合同,如卖方在一个实盘电报中发出要约,买方在规定时期内予以口头承诺(最好予以录音),合同即告成立。国际贸易中也是如此。《联合国国际货物销售合同公约》第十一条规定:"销售合同无须以书面订立或书面证明,其形式方面也不受任何其他条件限制,销售合同可以用包括人证在内的任何方法证明。"因此,国际贸易中通过口头或电话达成的合同,在法律上同样生效。当然,口头合同一般用于交易金额不大、双方熟悉、交易频繁、履约时间不长的经济交往活动。这种合同形式在发生违约和争议时,举证困难,较大的商务活动很少采用。

(2)书面合同。许多国家都规定,商务合同在一定情况下必须采用书面合同的形式,如美国法律规定500美元以上的动产买卖或协议成立后一年内不能履行完毕的合同,都必须采取书面合同形式。我国的《涉外经济合同法》也有类似规定。常见的书面合同形式有以下三种:

一是正式合同。这种合同条款较多,内容全面,签约各方各执一份作为履约依据。

二是确认书,也称简式合同,如销售确认书、订单等。通过函电或面对面谈判,在取得一致意见后,卖方或买方可寄交对方确认书,列明交易条件,作为书面证明。由卖方发出的,称销售确认书;由买方发出的,称为订单。确认书内容一般比正式合同简单,确认书一式两份,由发出的一方填写并签字后寄交对方,对方接到后签字保存一份,将另一份寄回,合同即生效。

三是电报电传合同。在商务洽谈中,一方的要约为对方所承诺,若买卖双方不愿再签订合同,可以发实盘和接受的函电代替合同。这种合同形式虽非签订的正式文件,也完全符合《联合国国际货物销售合同公约》的规定,具有法律上的效力。至于国内商务活动中成交额不大或经常发生的交易,以成交的函电代替合同,也被经常使用。

此外,以合同当事人的直接和间接性来区分,合同还可分为直接合同或代理合同(亦称居间合同)。

第二节　商务合同的审核与签订

一、合同的审核

合同条款拟订之后,无论是由我方起草还是由对方起草,在正式定稿和签署之前,应有一项重要的工作程序,即对合同条文及其附件进行认真的审核和检查。其中特别要注意以下各点。

（一）对重要条款的审核应特别精心、细致

如货物购销合同中标的物的数量、单位、价格和金额等,应认真进行查对和复核。因为合同的草拟常常是在激烈的争辩之后进行,此时谈判者的身心都已十分疲乏,匆忙之间容易出错。重大项目的谈判往往各阶段由不同的人员参加,也常易在前后衔接中发生沟通问题,导致错误的发生。如计价单位本应是"件",在合同草拟时误写成"打";单价或总金额的小数点位置发生错位等。这些问题如果不能在合同审核中及时纠正,签约后将会产生严重的后果。又如在重大项目合同签订时,对相关条款及其技术附件,必须逐项认真审核,避免发生不一致的情况。有时在验收条款中可能作以下规定:"一次验收不合格,可进行第二次验收。第二次验收不合格,若责任在卖方,则一切费用由卖方承担。"而在技术附件中可能写成:"一次验收不合格可进行第二次验收,第二次验收时,若责任在卖方,则买方不支付卖方技术指导费。"类似情况还会有很多。这种看来细小的文字差异,如在审核中不能发现和解决,日后很可能酿成重大纠纷。

（二）对谈判中双方争议较大、最后实现某种妥协的问题,审核时要特别注意把好关

合同拟订时应坚持由我方为主起草合同文本,文字的表述应反复推敲,尽量把双方最终达成一致的意见准确地反映出来,避免由于表述不准确而发生新的争议,甚至导致谈判的重大挫折。若对方坚持起草合同,要特别注意其可能采取的"文字进攻"策略,即在婉转、隐蔽的词句后面暗含着于我方不利的"潜台词",实际上仍坚持其在谈判中原来的立场,这就需要特别留神把关。有时对方采用含混不清、令人费解的词句,均须一一查对,如难以准确转译时,应坚持要求更换成确定无疑的文字,不能因碍于情面而轻易放过,否则不仅不能保证合同条款的公平合理,还可能

因一时迁就而铸成大错。

(三) 对合同拟订中的一些技术性问题,在审核中也必须高度重视

有些谈判者往往只重视口头的承诺,并没有注意在具体条款中应该做到内容、用词和表述方式三者的统一。故在谈判中要对重要内容作好文字记录,由双方对此作出确认,否则对方一旦改变主意,就"口说无凭",导致争论不休。再如合同签署人的法人身份要有确切证明,最后落款和加盖的公章要与谈判对象完全一致;在涉及产权问题时,应查验产权证明,不然就可能造成重大失误。外销合同中的"目的港"一栏看似简单,但需精心审核,否则相差一个字母,就可能差之千里、万里,加之世界上同名港口很多,如维多利亚港就有 4 个,对于这种情况应在港口名称之后加上国名(或地区名),以免发生意外。总之,对于比较重要的合同,在签署前一定要由水平较高、了解项目谈判全过程的人将合同条文、技术附件从头至尾通读一遍,从用词用句的规范性、条件的一致性、前后的连贯性等方面进行认真的审核,这是保证合同公正性和顺利履行的重要条件。

总之,签订合同要遵循以下原则:①不签可能无法执行的合同;②不签留有隐患的合同;③不签不符合国家法律规定及国际惯例的合同;④不签权利和义务不对等、责任条款不明确、无约束力的合同。

二、合同的签订程序及对出现问题的处理

(一) 商务合同的签订必须满足其应具备的条件

1.签订合同的当事人必须具有完全的缔约能力和合法的资格

就自然人来说,除法律专门有限制或禁止的人以外,神智正常的、符合法定年龄的人都可以签订合同。就法人而言,其签约的法人行为能力是由法人注册登记国家的公司法所规定,法人行为能力的行使必须由其法定代理和授权代表来执行,非法定代表或非授权代表没有资格签订合同。

2.商务合同必须是当事人真实意愿的一致表示

如果合同是在胁迫或欺诈的情况下达成,这种合同在法律上属于无效。所谓"胁迫",即合同当事人一方利用其财力、物力、技术等优势,对另一方施加精神上、心理上的威胁和压力,而使对方产生心理恐惧的有目的行为;所谓"欺诈",是指合同一方当事人在订立合同之前对重要事实进行隐瞒、歪曲、夸大,或通过金钱、女色等不正当手段使谈判对方置于其控制之下的故意行为。世界各国法律都一致认为,因胁迫、欺诈而订立的合同是无效的,受害一方有权撤销合同,并要求赔偿。

3.商务合同成立的形式必须符合法定的要求

(1)商务合同必须符合当事人国家的有关法律规定,国际商务合同还需符合相应的国际准则。

(2)双方当事人必须在合同上签字,并加盖单位公章;合同附件系合同的组成部分,具有同等的法律效力。

(3)某些涉外商务合同须经国家或国家授权的主管部门批准,合同在批准之后方能成立、生效。

4.商务合同的签订要有序地进行

合同如系己方起草,在完成拟订和审核程序后,应交对方审阅,并请对方先签字。如合同由对方起草,交己方签字,则应仔细审阅合同全文,再征询对方意见,也请对方先签字。这既是礼貌的需要,也反映出从容不迫的风度。有的缺乏经验的谈判者,拿到合同后未经仔细审阅即匆忙签字,不仅会给人造成草率从事的印象,而且还会引起对方的误解,甚至导致借机反悔。合同有关双方或几方签字,每方至少要保留一份正本。内销合同在签字后应在每一份正本上加盖法人公章。有的合同有数页,还可加盖骑缝章。自然人参与签订的合同,可记载本人身份证号码,或加盖私章、手印等。

(二) 合同签订中对可能出现的问题的处理

在合同起草、签订过程中,很可能会出现一些新的问题,需要认真处理。这些问题的出现常常是因为:

(1)谈判时未涉及的一些细节,在合同拟订时必须加以详细说明。如果这些说明不涉及有关各方的重大利益,双方均易于接受;否则,就可能重开谈判。所以应慎重处理有关问题。

(2)口头谈判时或因考虑不周,或因对方施展的策略未能识透,当时已作出某些承诺,而当口头谈判转为书面表述时,往往认识已经深化,头脑开始清醒,此时对关系各方利益的一些新问题,会引起新的争议和商洽。

(3)谈判的某一方或双方因受外部环境的影响(如汇率变动、价格涨跌),往往对前期谈判中的口头承诺寻找各种借口或托辞,企图改变以前的承诺,重新调整相互关系。

凡此种种,都避免不了一场新的"舌战"。这既可能是坏事,也可能是好事,应当学会冷静妥善地处理。

一要审时度势,权衡利弊。对于枝节问题,该让则让;对于利益攸关的问题,则必须争取。

二要冷静分析,找到症结。需要了解对方究竟出于何种心态:是想对合同作技术性修改,还是根本就不想签合同。

三要对症下药,当机立断。对于确实不想签合同的,不要勉强。对出于慎重考虑而提一些合理建议和要求的,在不损害己方利益的前提下,可以接受。

四要把握时机,为我所用。有时我方由于各种原因需要退步,也可以利用签约的机会,寻找理由,推迟签约。最好的办法是在合同书上加注类似"此合同以我方最后确认为准"的字样,这种办法通常称之为签订"开口合同"。这样,形式上是把合同签下来,又不伤和气,实际上是给自己留下了回旋的余地。当然,一般不到万不得已,不要用此下策。

特别要注意的是,谈判的成果要靠严密的合同来确认和保证。一般说来,合同是以法律形式对谈判结果的记录和确认,它们之间应该完全一致。但是,常常有人有意无意地在签订合同时故意更改谈判的结果,故意犯错误,在数字、日期、关键性的概念上搞小动作,甚至推翻当初的承诺和认可。因此,将谈判成果转变为合同形式的成果是要花费一定精力的,不能有任何松懈。在签订合同之前,应与对方就全部的谈判内容、交易条件进行最终的确定。合同签字前,再将内容与谈判结果一一对照,确定无误之后再签字。对一个谈判人员来讲,必须明白这一点:一旦在合同上签了字,那么就与以前的谈判无关,双方的交易关系一切都以合同为准。

第三节　商务合同的履行及争议的处理

一、合同的履行

合同经双方或有关各方签署后依法成立,各方均应按合同约定的条件,在规定的时间、地点,以约定的方法,履行自己所承担的义务并获得应有的权利。因此,合同的履行即指合同当事人实现或完成合同中所规定的权利和义务事项的法律行为。

（一）合同履行的方式

在实际经济活动中,合同履行往往有以下几种方式。

1.实际履行

指按照合同规定的标的履行,而不以货币或其他财物代替履行。

2.全面履行

即按合同规定的标的数量、质量、规格、技术条件、价格条件,以及履行的时间、地点、方法等全面完成双方所承担的义务。如商品买卖合同，一方按约定金额按时全部付清货款；另一方则按时、按量、按质（包括包装要求）交货。

3.中止履行

即指对合同暂时停止履行，它是合同一方当事人有另一方不能履行合同的确切证据时所采取的措施，违约方应承担相应责任，并支付遭受损失一方违约金和赔偿金。

4.合同转让

是指合同一方当事人将合同规定的一部分或全部权利和义务转让给第三者。

（1）权利和义务的部分转让，即合同一方当事人将合同中的部分权利和义务转让给第三方，这样合同由原双方构成主体，即变为由三方构成新合同主体，原来双方当事人之间的单一关系分解为三方当事人之间的相互关联的两组合同关系。

（2）权利和义务的全部转让。这样经转让后的合同主体就由原合同未转让的一方与新的受让方之间构成，由受让方履行让与方转让的全部权利与义务。

（二）合同履行的管理

即使在谈判和合同审核中做到十分精心、周密，在细节问题上也规定得相当完善，但还是不可能包罗万象，在履行中还会出现一些无法预料的情况，因此，要本着互信、互让、互惠的原则，做好合同履行的管理。

1.建立合同履行情况的监督统计制度

对合同成立及其履行过程要有完善的统计记录。如商品贸易合同应包括合同本身主要交易条件记录，以及成交、备货、发运直至结算进程的记录，以掌握合同履行的全过程。对于重大技术引进或建设项目的合同执行过程，双方都有可能发生有意或无意的细小违约行为，项目管理机构应把每一件违约行为都记载下来，并由对方的项目执行人签字确认，然后到一定时候从总体上予以解决。因为对于大型项目来说，对细小的违约现象要求一笔笔即时处理，不仅事实上不可能，而且会严重影响项目的进度，使双方利益都遭受损失。当然，如在履约过程中出现影响项目质量和进度的重大问题，必须及时予以解决，不能拖延。

2.建立信用证和收汇管理制度

出口贸易的顺利履约重在及时、安全收汇。建立信用证和收汇管理制度，就是要检查督促催证，复核对方来证，督促及时出运，防止信用证误期。货物出运后，要及时检查收汇情况，与银行保持密切联系，定期催索应收未收账款。

3.建立合同岗位责任制

为保证合同的顺利履行,要建立以合同为中心的明确的责任制,防止各工作环节出现脱节和差错,如在进出口贸易合同的执行中,主要应建立起外销业务员、货源业务员、综合单证员和合同员的"四员"岗位责任制。

4.工程项目合同履行过程中,要加强与对方委派的工程技术专家的联系与交流

与外方签订的工程和技术合作合同,其实际履行很大程度上有赖于与对方派遣的专家和工程技术人员的合作。在履约过程中,要尊重对方的专家和工程技术人员,加强与他们的交流,密切相互关系,这是保证合同履行的重要条件。事实证明,一份完好的合同往往由于执行者的原因,而使纠纷不断;而一份存有不少缺陷的合同,由于执行者的互尊互让却能得到圆满的履行。

二、争议处理

商务合同的争议是指合同当事人不履行或不完全履行合同而发生的权益纠纷。国内商务合同的争议,应在国内通过适当方式解决;涉外商务合同争议,根据我国涉外经济法规定,应通过协商、调解、仲裁和诉讼 4 种方式解决,当然这类纠纷的解决要比国内的合同争议更为复杂。

(一)协商

协商也称和解。它是指合同当事人就合同争议通过平心静气的洽商以取得一致意见,从而达成和解协议以解决纠纷的一种方法。在合同执行中很容易发生对条款解释的分歧,如条款文字"甲方对乙方提供生活上的方便",乙方理解为甲方将尽可能提供免费生活服务,而甲方则认为是在手续办理上提供协助。此类涉及双方权利、义务的争议,一般易于通过协商解决。对于合同执行中发生的一些重大分歧,如货物损失、产品质量不合格、付款延误等,如双方有长期友好交往,宜本着平等互利、坦诚合作的精神,通过友好协商解决纠纷。在协商中应表现出足够的灵活性,如上批货物确实存在一些质量问题,下批货物一定要保证质量,并在价格上给予优惠,以弥补对方的损失,问题就能得到圆满解决。通过协商解决争议,有利于及时化解矛盾,保持和发展双方之间的信任与合作关系。

(二)调解

调解是在第三者主持下,在查明事实、分清责任的基础上,通过说服的办法使双方当事人进一步协商达成协议,从而解决争议的一种方法。在涉外商务合同中

调解有多种渠道,如由合同双方主管的上级机构出面调解;私人公司由其主要领导人出面调解;也可请双方所在国的外交机构和政府出面调停;更多的是通过有关当事人公认的、具有权威性的、公正的第三者,如商会性质的机构或著名的贸易和法律界的名人出面调解纠纷。调解的结果没有强制性,只有双方当事人接受调解方案时,争议才得到最终解决,否则,可由合同当事人进一步提交仲裁或向法院进行诉讼。

(三) 仲裁

仲裁是指涉外商务合同的当事人在合同履行过程中发生争议,在通过协商或调解不能解决的情况下,自愿将有关争议提交双方同意的第三者进行裁决,裁决的结果对合同双方都具有约束力,必须遵照执行。以往较有影响的国际仲裁机构有国际商会在巴黎的仲裁院、英国伦敦仲裁院、瑞典斯德哥尔摩仲裁院,我国也设有对外经济贸易仲裁委员会。

国际商事仲裁的规则对仲裁庭的组成、仲裁员的选定、仲裁裁决及仲裁费用等都有规定。凡在商务合同中已有仲裁条款的,仲裁机构可予以受理;如合同中没有仲裁条款,则必须由双方达成书面的仲裁协议,仲裁机构才能受理。合同写明仲裁条款或仲裁协议的作用,就在于明确规定双方发生的争议通过仲裁方法解决,不到法院起诉,仲裁机构取得争议案件的管辖权,排除了法院有关争议的管辖权。

一般国际经济交往中发生的争议都愿意通过仲裁方式解决,它有利于保持双方的关系,避免由于进行诉讼而造成企业形象的损害,而且仲裁的手续和程序较为简便,费用和时间也比较节省。

在决定将争议提交仲裁时,应注意两个问题:

1. 仲裁地点的选择

因为在哪一个国家进行仲裁,就要采用那个国家有关的仲裁规则和程序。就我国企业而言,仲裁地点可以有三种选择:①规定在中国国际贸易促进委员会对外经济贸易仲裁委员会仲裁;②规定在对方所在国家进行仲裁;③规定在第三国进行仲裁。在以上三种选择中,规定在我国进行仲裁当然最为有利。但如外方不同意,可选择公正合理、我方对其仲裁规则和程序较熟悉的第三国进行仲裁。

2. 掌握仲裁进程,做好材料准备

仲裁机构在进行仲裁过程中先有一个调查阶段,然后进行审理。争议有关当事人要根据仲裁各阶段的进程,做好充分的材料准备。

(1)尽量收集有关争议的资料和证据,掌握争议的实质与具体情况,进行充分的分析研究,预测可能的仲裁结果。

（2）把掌握的材料和证据进行归纳整理，寻找充分的法律依据，形成"诉状"或"答辩状"，及时送交仲裁庭。

（3）当事人在仲裁庭出庭发言时，要懂得礼仪规则，思路要清晰，态度要坚定，处理要灵活；要掌握时机，观察仲裁人的态度，有利则进，不利则退，做到及时结案，既保留双方面子，又减少费用支出。

（四）诉讼

在商务活动中，合同双方当事人在发生纠纷后，通过协商或调解都未能解决问题，其中一方向有管辖权的法院起诉，要求通过司法程序来解决双方之间的争议，即所谓诉讼。诉讼必须通过严格的司法程序，需要耗费较多的时间，承担一定的费用。诉讼的结果在一般情况下能强制性地解决争议，但往往也导致双方关系的最终破裂，所以，企业经营者在一般情况下都不愿以诉讼方式解决双方之间的纠纷。

▶▶ 案例阅读与讨论

【案例】 粗心签错合同打输官司

甄小姐在一家贸易公司上班，来广州将近5年，还没有自己真正的窝。整日"寄人篱下"的日子实在难过，于是她下了决心一定要结束漂泊的日子，为自己购买一套房子，结束"无家可归"的日子。考虑到只是单身居住，而且一个人还贷款会较为吃力等原因，甄小姐把购房的目标锁定为70平方米以下的小户型。

经过比较，甄小姐看中了白云区某大型小区的一套68平方米的小户型。她认为该小区设施齐全、交通方便，而且房价只有每平方米4000元，总价不到30万元，是自己可以承受的价位。经过一段时间的仔细考虑，甄小姐与开发商签订了商品房预售合同，合同中关于购房面积误差的条款注明："乙方（购房方）所购单位的建筑面积为68平方米（暂测面积），房屋竣工后，若实测面积与暂测面积有误差，甲乙双方按销售价格多退少补。"甄小姐当时认为，一套小户型的房子面积误差应该大不到哪里去，况且即将结束漂泊的生活让她充满了期待，她已经顾不得仔细研究合同条款了。

由于签订合同时没有仔细查看购房条款，也没有请律师对这份合同进行过查验，甄小姐在等待了半年自以为可以收房开始幸福生活的时候，却遇到了令她难以接受的改变：收房时，开发商通知她，她购买的房子销售时候的面积出现了误差，销售合同中注明暂测面积为68平方米的房子，在竣工后的实际测量中得出实际面积是90平方米！在甄小姐还没有来得及对房屋是否真的"变大"作出确认的时候，开发商通知：如果想要收房，则必须遵守购房合同中的约定，补交多出面积的房款,共计约 9 万元。

　　"购房总价一直在我的计划当中,我认为自己只能够承受不超过 30 万元的房子,如果当初知道会有这么大的误差,我是绝对不会买这套房子的! 我觉得这是发展商在误导我消费!"感觉受到了开发商愚弄的甄小姐自然没有同意开发商的要求,她希望通过法律途径来解决问题,于是把开发商告上了法院。

　　甄小姐本来是满怀信心,认为可以讨回属于自己的"公道",但是法院判决结果下来,却让她真正陷入了尴尬和后悔的境地。法院判决她败诉,要求她按照购房合同上的约定向开发商支付近 9 万元的购房差价! 原来,按照合同中该条款的实质含义解释,该合同签订之后,甄小姐与开发商已允许所购房屋的暂测面积与实测面积存在误差,而且无论误差超过或减少多少,均采取多退少补的方法进行结算。也就是说,由于在签订购房合同时太掉以轻心,甄小姐忽略了保护自己购房后的利益,同意了开发商提出的"多退少补"的条款,她也就不得不按照合同约定补交多出的 20 多平方米的房价。"也怪自己当初买房时想得太简单,没有要求签订额外的协议,以至于现在有苦说不出,这些钱算是买了教训。"甄小姐对自己的遭遇非常无奈。①

【讨论】

1.甄小姐在本案中失败的关键是什么?

2.谈谈你从本案中得到的体会。

思考题

1.商务谈判终结的含义是什么,有哪些类型?

2.商务合同有哪些特点?

3.如何加强合同履行中的管理?

---

① 参见找法网,http：//china.findlaw.cn/fangdichan/goufangzhinan/hetongqianding/71437.html。

参 考 文 献

[1] [美]霍华德·雷法.谈判的艺术与科学[M].兰东,译.武汉:湖北科学技术出版社,1986.

[2] [英]马什.合同谈判手册[M].章汝墀,主译.上海:上海翻译出版公司,1988.

[3] 刘必荣.谈判艺术/刘必荣谈谈判艺术[M].北京:海天出版社,2005.

[4] 丁建忠.商务谈判[M].北京:中国人民大学出版社,2006.

[5] 樊建廷.商务谈判[M].哈尔滨:东北财经大学出版社,2007.

[6] 李昆益.商务谈判技巧[M].北京:对外经贸大学出版社,2007.

[7] 贾书章.现代商务谈判理论与实务[M].武汉:武汉理工大学出版社,2007.

[8] 何志勇,吴显英.现代商务谈判理论与实务[M].哈尔滨:哈尔滨出版社,2007.

[9] [美]罗杰·道森.优势谈判[M].刘祥亚,译.重庆:重庆出版社,2008.

[10] 丁溪.国际商务谈判[M].北京:中国商务出版社,2009.

[11] 张国良,赵素萍.商务谈判[M].杭州:浙江大学出版社,2010.

[12] 王贵奇.如何与客户谈判[M].北京:中国经济出版社,2010.

[13] 张守刚.商务沟通与谈判[M].北京:人民邮电出版社,2010.

[14] 刘园.国际商务谈判[M].北京:中国人民大学出版社,2011.

[15] 朱春燕,陈俊红,孙林岩.商务谈判案例[M].北京:清华大学出版社,2011.

[16] 方明亮,刘华.商务谈判与礼仪[M].北京:科学出版社,2011.

[17] 方其.商务谈判——理论、技巧、案例[M].北京:中国人民大学出版社,2011.

[18] 李澍晔,刘燕华.商场谈判三十六计[M].天津:天津社会科学院出版社,2011.

[19] 潘马琳.商务谈判实务[M].北京:北京交通大学出版社,2012.

[20] [美]杰勒德·尼伦伯格,卡莱罗.谈判的艺术[M].陈琛,许皓皓,译.北京:新世界出版社,2012.

[21] [美]罗伊·J.列维奇,戴维·M.桑德斯,布鲁斯·巴里.商务谈判[M].程德俊,译.北京:机械工业出版社,2012.

[22] [美]希比.国际商务合同[M].倪晓宁,刘楠,译.北京:中国人民大学出版社,2012.

[23] [美]斯图尔特·戴蒙德.沃顿商学院最受欢迎的谈判课[M].杨晓红,李升炜,王蕾,译.北京:中信出版社,2012.